세계관 전쟁

동성애가 바꿔 버릴 세상
세계관 전쟁

지은이 | 이태희
초판 발행 | 2016. 5. 2
14쇄 | 2024. 10. 14
등록번호 | 제1988-000080호
등록된 곳 | 서울특별시 용산구 서빙고로65길 38
발행처 | 사단법인 두란노서원
영업부 | 2078-3333   FAX | 080-749-3705
출판부 | 2078-3331

책 값은 뒤표지에 있습니다.
ISBN 978-89-531-2541-4 03230

독자의 의견을 기다립니다.
tpress@duranno.com www.duranno.com

두란노서원은 바울 사도가 3차 전도여행 때 에베소에서 성령 받은 제자들을 따로 세워 하나님의 말씀으로 양육하던 장
소입니다. 사도행전 19장 8-20절의 정신에 따라 첫째 목회자를 돕는 사역과 평신도를 훈련시키는 사역, 둘째 세계선교
(TIM)와 문서선교 (단행본잡지) 사역, 셋째 예수문화 및 경배와 찬양 사역, 그리고 가정·상담 사역 등을 감당하고 있습니다.
1980년 12월 22일에 창립된 두란노서원은 주님 오실 때까지 이 사역들을 계속할 것입니다.

동성애가
바꿔 버릴
세상

이태희 지음

세계관
전쟁

두란노

contents

　제목 자체가 충격이었습니다.《세계관 전쟁 : 동성애가 바꿔 버릴 세상》이라니…. 그렇다면 세상은 어떻게 될 것인가? 교회는? 가정은? 우리의 삶은? 우리 자녀들, 우리 후손들의 삶은? 정말 단숨에 읽었습니다. 이렇게 몰두하며 읽은 책이 있었을까 할 정도로 집중해서 읽었습니다.

　이 시대의 선지자라고 할 수 있는 이태희 변호사, 그는 자신의 모든 삶을 걸고 이 시대에 가장 어려운 주제, 뜨거운 감자라고 할 수 있는 동성애 문제에 대해 성경적으로, 법률적으로, 그리고 사회과학적으로 변증하고 있습니다. 동성애 문제에 관련된 인권과 자유라는 문제를 그의 예리한 식견과 통찰력으로 분석하며 진정한 인권, 진정한 자유가 무엇인가에 대해 다루고 있습니다.

　저자가 많은 도전과 위험을 무릅쓰고 이 책을 쓴 이유는 나라와 민족, 교회와 가정의 미래를 위해서, 아니 동성애자들을 위해서입니다. 저자는 이렇게 단언합니다.

　"예수 그리스도는 동성애자를 사랑하신다. 이것이 바로 예수님이 동성애를 그토록 혐오하시는 이유다. 동성애가 아름다운 인간의 삶을 파괴하고 있기 때문이다."

"동성애자들에게 필요한 자유는 동성애를 위한 자유가 아니라 동성애로부터의 자유다. 즉 죄를 위한 자유가 아니라 죄로부터의 자유가 필요한 것이다."

포스트모더니즘 시대, 가치관이 혼돈되며 절대적 가치를 인정하지 않는 상대주의와 다원주의 시대를 살아가고 있는 이 시대 모든 사람들이 한번 읽어 봐야 할 책입니다. 동성애 문제에 관심 있는 분들에게도 권하고 싶습니다. 특히 이 시대 그리고 다가오는 시대, 기독교 세계관과 인본주의 세계관의 충돌 속에서 신앙인답게 살아가길 원하는 그리스도인들에게는 필독의 명저입니다.

_김성묵 두란노 아버지학교운동 본부장

남의 나라 일인 줄만 알았던 동성애 문제가 우리나라에서도 점점 이슈화되어 가고 있다. 우리나라에서도 법안을 국회에 제출하여 동성애 차별금지법을 만들려는 시도가 벌써 8번이나 있었고 작년에는 시청의 허가로 서울 한복판인 시청 앞 광장에서 이전에 보지 못한 해괴한 게이 축제가 벌어졌다.

동성애 운동가들은 우리나라를 동성애 국가로 만들려는 의도가 있는 듯하다. 그러나 이것은 당사자 개인이나 사회에 결코 좋은 일이 아니다. 국가에도 크게 후회될 일이다.

나는 작년 5월에 영국의 작은 거인 안드레아 윌리엄스(Andrea Williams) 변호사를 초청해 8일간 전국을 순회하며 강연하도록 도왔다. 그는 영국의 CCFON(Christian Concern For Our Nation) 대표이자 CLC(Christian Legal Centre) 대표로서 영국을 동성애로부터 구하려고 20년 넘게 애써 온 애국적인 여성이다.

그는 평등법(Equality Act, 우리나라에서는 차별금지법)과 동성결혼법이 입법 시행된 영국 사회가 얼마나 심각한 도덕적인 후퇴와 가정의 해체와 생명의 경시 현상을 경험하고 있는지를 설명했고 한국은 이러한 어리석음에 빠지지 않도록 경고하고 당부하였다.

우리는 서유럽의 잘못된 문화를 받아들일 필요가 없다. 에이즈 때문에 많은 사람이 죽고 혼이 난 아프리카 55개국 중 38개 국가가 동성애를 불법으로 만들어 금지했더니 에이즈 환자가 현저히 줄어들었다는 기사를 본 일이 있다.

반면 우리나라는 2000년 이전에는 에이즈 청정 국가였는데

2000년 이후부터 급격히 증가하여 2014년 말까지 1만 3,000여 명의 에이즈 환자가 발생하여 이미 상당수가 사망했다. 2014년 한 해에 에이즈 신규 환자가 1,191명이나 되었다. 유엔의 보고에 의하면 한 국가의 HIV/에이즈 감염자는 드러난 보균자의 3.9배라고 한다. 그러므로 우리나라는 에이즈 바이러스 감염자가 4만 명이 넘는다고 볼 수 있다.

이런 우리나라 현상은 서유럽의 영향으로 동성애를 개인의 성향으로 보고 사회나 국가가 동성애 문제에 개입을 자제하게 된 결과라고 생각한다.

이러한 때에 동성애로 인한 불행을 막으려고 같이 애써 온 이태희 변호사가 읽어 보면 반드시 도움이 될 책을 내게 된 것을 진심으로 축하하며 필독을 권하는 바이다.

_김승규 전 법무부 장관, 전 국정원장, 법무법인 로고스 상임고문

미국 변호사인 이태희 목사님이 《세계관 전쟁 : 동성애가 바꿔 버릴 세상》을 썼다. 이 책을 통해 저자는 외면하고 싶지만 직시해야 할 동성애에 대한 기독교적 관점과 그리스도인의 자세를 제시

하고 있다.

　최근 우리 사회는 개인주의와 프리섹스(free sex) 또는 성 개방적
사고가 확산됨에 따라, 동성애, 젠더 장애뿐 아니라 음란물, 성매매,
변태적 성, 성범죄 등 성에 관한 윤리 도덕적 문제와 법적 문제 등
이 급속히 증가하고 있다. 특히 우리나라도 동성결혼 합법화를 위
한 움직임이 본격적으로 시작되고 있는데, 이는 자연스럽게 개인과
가정의 붕괴로 이어지고 사회 질서를 파괴할 것으로 예측된다.

　이러한 현상에 대해 이 목사님은 "하나님의 질서와 법칙을 수호
하려는 기독교 세계관과 그것을 파괴하려는 인본주의 세계관 간
의 영적 전쟁"이라 해석하고, 동성애 문제가 그 핵심에 있다고 말
하고 있다. 그는 사회 각계 현장에서 모습을 드러내고 있는, 특히
성을 통해 나타나고 있는 "악"의 실체를 다양한 판결 사례와 통계
자료와 예시를 통해 조목조목 들려준다.

　이 책은 방관적 입장에 머물러 있는 그리스도인으로 하여금 기
독교 세계관이라는 전신갑주를 입게 하고, "선"을 향해 진군하도
록 이끈다.

　세상이 올바르게 되기를 원하는 일반인은 물론, 특히 종교, 교
육, 의료, 문화, 입법 등에 관련되어 일하시는 분들이 꼭 일독하고

새로운 통찰을 얻기를 바라며 기도하는 바이다.

_민성길 연세대학교 의대 명예교수

얼마 전인 2016년 3월 30일 서울대학교 기독교수회 주최 〈서울대 수요 열린예배〉에 제가 연사로 초청되어 갔습니다. 오후 7시 찬양을 하고 있을 때, 갑자기 문이 열리더니 피켓을 든 20여 명의 학생들이 우르르 몰려왔습니다. 서울대 동성애자 동아리 회원들이었고 그중엔 레즈비언이라고 밝힌 바 있는 총학생회장도 있었습니다.

이들은 "예배 중이니 다른 목적의 출입을 자제해 주시기를 부탁드린다"는 기독교수회의 권고를 무시한 채 예배 현장에 뛰어들었습니다. 그리고 예배 내내 피켓을 들어 올리는 등 방해를 하였습니다. 이들이 실력 행사의 방식으로 예배를 훼방한 것은 동성애와 에이즈의 상관성을 알리는 제 메시지에 반대하기 위해서였습니다.

그러나 다수의 남성 동성애자들은 에이즈 감염 위험성이 매우 높은 방식으로 성행위를 합니다. 남성 간의 항문성교는 에이즈 감염의 주된 경로이며, 남성 동성애자가 에이즈 감염의 고위험군인 것은 명백한 의학적 진실입니다.

그런데 진실을 말한다는 이유로 이날 예배를 방해하며 조롱하는 학생들에게서 무서운 역차별을 보았고, 동성애자들이 말하는 인권의 실체를 보았습니다. 그것은 정당한 의견조차 입막음하려는 선동적 용어에 불과하며, 기독교인을 반인권 세력으로 낙인찍기 위한 도구에 불과합니다.

그렇다면 진짜 혐오 행위를 하는 쪽은 어디일까요? 이 책이 이 질문에 대한 속 시원한 정리를 해주는 것을 보고 정말 잘되었다 생각합니다. 참다운 인권과 세계관이 무엇인지 너무나 잘 정리되어 있는 이 책을 꼭 읽으시고 혐오 논리를 앞세워 증오 행위를 벌이는 가짜 인권, 가짜 세계관을 파악하게 되길 당부 드립니다.

_염안섭 수동연세요양병원장, 의료기관평가인증원 심의위원

낙태, 동성애자의 인권이나 공교육의 쇠퇴는 국지전에 불과하다.

진짜 전쟁은 기독교 세계관과 이에 대항하고 있는

여러 가지 세속적 세계관 사이의 우주적인 갈등이다.

- 찰스 콜슨

프롤로그

세계관,
세상을 만드는 근본적인 힘

최근 우리 사회의 가장 뜨거운 이슈는 '동성애'다. 1999년 12월 교육부가 동성애자 인권연대의 민원을 수용해 "동성애는 에이즈를 초래하는 문란한 성관계"라는 내용을 윤리·교련 교과서에서 삭제하겠다고 발표했다. 이후 학교에서 "동성애가 에이즈의 주요 원인"이라는 사실을 가르치지 않게 되었는데, 2000년 연예인 H씨가 커밍아웃하면서부터는 동성애를 인정하고 선전하는 일이 급속하게 확산되기 시작했다. 그 결과 2000년부터 청소년 에이즈 환자가 꾸준히 늘어나고 있는 추세다.

국가인권위원회의 권고로 2004년 청소년 유해 매체물 목록에서 동성애 표현 매체물이 제외됐고, 이후 청소년들은 동성애가 표현된 드라마나 영화를 쉽게 접할 수 있게 되었다. 또 동성애자 커뮤니티 사이트가 활성화되면서 청소년들도 인터넷 채팅을 통해 동성애 정보를 쉽게 얻고 있다. 그 결과 성인 동성애자들이 커뮤니티를 통해 만난 남학생들에게 3~4만 원의 비용으로 성매매를

16

시키는가 하면, 한 동성애자 방송인은 남자 고등학생들에게 항문성교 시 반드시 콘돔을 사용할 것을 당부하는 조언을 인터넷 게시판에 올려 화제가 되기도 했다.

뿐만 아니다. 2011년 국가인권위원회는 한국기자협회와 인권보도준칙 협약을 맺고 동성애의 문제점과 병리적 현상을 보도하지 않기로 결의했으며, 이 보도준칙을 근거로 동성애와 에이즈의 관련성을 보도하거나 동성애의 여러 문제점을 지적하는 기사들에 대해 '반인권적 기사'라는 낙인을 찍고, 보도하지 못하도록 막고 있다.

이처럼 교육과 언론이 혼연일체가 되어 노력한 결과, 2013년 에이즈 감염자 수가 총 1만 명을 돌파하여 우리나라가 공식적으로 에이즈 확산 위험 국가 대열에 합류하는 지경에까지 이르렀다. 심지어 근래에는 "동성애는 정상적인 성적 취향이며 동성애를 비판하는 것은 동성애자들의 인권을 침해하는 차별적인 행위"라고 교육하며, 학생들에게 "동성애자 사이트를 방문해 보라"는 과제를 내주기도 했다.

한때 "침대는 과학입니다"라는 광고 문구가 유행했던 적이 있다. 당시 많은 학생들이 학교 시험 답안지에 침대를 '가구'가 아닌 '과학'으로 표기하는 웃지 못할 해프닝이 벌어지기도 했다. 광고문 하나가 사물의 정의를 뒤바꿀 정도이니 미디어의 영향력이 얼마나 막강한지 알 수 있다. 감수성이 예민한 청소년들에게는 더더욱 그렇다.

청소년 시절에 무엇을 듣고 무엇을 보느냐에 따라 인생이 달라질 수 있다. 그래서 어른은 청소년에게 옳은 것을 가르치고 아름다운 것을 보여 줘야 할 '책무'가 있다. 그런데 그와 같은 책임을 가진 어른이 오히려 틀린 것을 옳은 것으로 가르치고, 음란을 사랑으로 둔갑시켜 보여 주고 있으니 통탄하지 않을 수 없다.

이 같은 현실은 도대체 어디서 비롯된 것일까? 바로 이 세상을 지배하고 있는 시대정신에서 비롯되었다. 시대정신은 말 그대로 '정신'이기 때문에 눈에 보이지도 않고, 손에 잡히지도 않는다. 그래서 많은 사람들이 이것에 대해 무지하거나 또는 무시를 한다.

그러나 우리가 반드시 기억해야 할 사실은 시대정신이야말로 이 세상을 만들어 가는 가장 근본적인 힘이라는 것이다. 한 시대의 흥망성쇠가 시대정신에 달려 있다.

예컨대, 남유다왕국이 바벨론에 의해 멸망한 이유는 그들이 바벨론보다 경제적으로나 군사적으로 더 약했기 때문이 아니다. 하나님은 그들이 패망한 근본적인 이유를 다음과 같이 설명하신다.

> 땅이여 들으라 내가 이 백성에게 재앙을 내리리니 이것이 그들의 생각의 결과라 렘 6:19

생각의 결과, 즉 시대정신의 결과가 멸망의 원인이라고 말씀하신다. 그렇다면 이들의 시대정신은 어떠한 것이었는가?

> 그들이 내 말을 듣지 아니하며 내 율법을 거절하였음이니라 렘 6:19

하나님의 말씀을 떠난 시대정신이 다스리는 나라와 민족과 개인은 반드시 망하게 되어 있다. 그러므로 세상의 소금과 빛이 되라는 그리스도의 부르심은 하나님을 떠난 이 시대에 맞서라는 부르심이다. 하나님을 떠난 세상에 의해 변질되지 말고, 오히려 그리스도의 진리를 가르쳐 지키게 함으로써 세상을 변화시키라는 부르심이다.

선해 보이는 것과 선한 것을 분별하라

우리 시대를 다스리고 있는 시대정신은 무엇인가? 바로 자연주의 세계관(또는 인본주의 세계관)이다. 자연주의 세계관이란, 눈에 보이는 자연 세계가 전부이며 자연 세계를 초월한 초자연적 세계나 초자연적 절대자는 존재하지 않는다고 믿는 세계관이다. 절대자를 인정하지 않기 때문에 절대자가 정한 진리나 윤리 기준 또한 인정하지 않는다. 따라서 자연주의 세계관은 결과적으로 "모든 도덕적 기준은 개인의 선호도에 따라 정해진다"는 도덕적 상대주의와 "모든 문화는 도덕적으로 동등하다"는 문화 다원주의를 낳았다. 이 같은 세계관이 오늘날 우리 사회의 교육과 대중문화와 법에 녹아들어 우리의 마음과 생각을 사로잡아 가고 있다.

이 같은 시대정신이 다스린 결과, 이 세대는 진리를 잃어버리게 되었다. 진리와 비진리의 경계선이 허물어져 버린 것이다. 옳고 그름의 기준과 선과 악의 기준이 사라졌다. 그래서 모든 일에 있어서 "선하고 온전한 뜻"이 무엇인지를 분별할 수 있는 능력을 잃어버렸다. 이것이 바로 우리가 살아가고 있는 시대의 가장 중요한 특징이다.

그러므로 이 시대에 소금의 사명을 감당하기 위해서는 하나님의 진리를 기초로 한 분별력의 회복이 절실하다. 절대적인 진리를 인정하지 않는 다원주의 사회에서 '관용을 베풀어야 할 영역'과 '타협 없이 대결해야 할 영역'을 가릴 수 있어야 한다. 또 선과 악의 기준이 각자의 소견에 따라 정해지는 도덕적 상대주의의 시대에서 우리는 '선해 보이는 것'과 '선한 것'을 분별할 수 있어야 한다. 이 세상에서 선한 것이라고 주장하는 것들이 진정 하나님으로부터 온 것인가를 끊임없이 질문하며 분별해야 한다.

한마디로 성경적 세계관이 회복되어야 한다는 뜻이다. 그렇지 않으면 우리 그리스도인들조차도 세상의 가르침과 세상적 기준을 따라갈 수밖에 없게 된다. 자신도 모르는 사이에 바울이 경고한 것처럼 "하나님을 시인하나 행위로는 부인하는 가증한 자"(딛 1:16)

가 될 수 있다.

하나님의 진리는 종교적 진리가 아니다. 하나님의 진리는 교회 안에서의 진리일 뿐 아니라 가정과 사업장, 학교와 실험실, 법원과 국회 등 세상의 모든 영역을 다스리고 있는 유일한 질서이며 법칙이다. 그러므로 그리스도인들은 성경을 통해 계시된 신적 질서와 법칙의 본질을 확신하고, 그것을 삶의 유일한 기초로 삼아야 한다. 이것이 하나님의 제자로서의 사명을 감당할 수 있는 길이다.

2012년 1월, 치열한 영적 전쟁이 펼쳐지고 있는 세상 한복판으로 하나님이 나를 이끌어 내셨다. 그리고 이곳에서 벌어지고 있는 영적 전쟁의 본질을 깨우쳐 주셨다. 하나님을 인정하는 세계관과 하나님을 부정하는 세계관 사이의 충돌이 그것이다. 정치, 사회, 문화적 이슈를 둘러싸고 세상 곳곳에서 다양한 형태로 전쟁이 펼쳐지고 있다. 그 대표적인 예가 바로 동성애다.

동성애는 자유, 평등, 인권이라는 이름으로 포장되어 하나님의 창조 질서를 파괴하는 사탄의 한 수다. 지난 4년 동안 이 문제와 싸우면서 하나님이 깨우쳐 주신 것들과 내가 경험했던 것들을 이 책에 담아냈다.

이 책이 태어날 수 있도록 도와준 두란노서원 모든 분들에게 진심으로 감사를 드린다. 특별히 이 영적 전쟁의 여정에서 언제나 큰 힘과 기쁨이 되어 준 현숙한 아내 지형과 사랑스러운 두 딸 예린, 루희에게 이 책을 바친다.

2016년 4월
분당 서재에서
이태희

chapter

1

세상은
세계관 전쟁
중이다

사회의 근간을 뒤흔들
동성애

창세기 41장에 보면 바로의 꿈 이야기가 나온다. 바로가 꿈을 꾸었다. 흉하고 파리한 일곱 암소가 아름답고 살진 일곱 암소를 먹어 버리는 꿈이었다. 바로가 다시 잠이 들어 두 번째 꿈을 꾸었다. 이번에는 가늘고 동풍에 마른 일곱 이삭이 나타나서 무성하고 충실한 일곱 이삭을 삼켜 버렸다. 꿈 때문에 마음이 번민한 바로가 꿈을 해석할 인물을 찾았다. 술 맡은 관원장이 옥에 갇힌 요셉을 기억해 내어 바로에게 추천했다. 요셉은 해몽과 함께 조언까지 해주었다.

26

"살진 암소와 충실한 이삭은 앞으로 이어질 7년의 풍년을 의미합니다. 그리고 그것들을 삼켜 버린 파리한 암소와 마른 이삭은 풍년 이후에 이어질 7년간의 혹독한 흉년을 의미합니다. 그러므로 7년 풍년 기간 동안 곡식을 비축하여 그 후에 이어질 흉년을 대비해야 합니다."

나는 이것이 오늘날 하나님이 한국 사회와 한국 교회에 주시는 환상이라고 생각한다. 흉하고 파리한 암소가 아름답고 살진 암소를 먹어 버렸던 것처럼, 지난 세월 하나님이 한국 사회와 한국 교회에 부어 주셨던 놀라운 영육간의 축복들을 다 삼키고도 남을 만큼 혹독한 흉년이 예고된다. 하나님의 창조 질서를 파괴하여 이 사회의 근간을 뒤흔드는 심각한 정치, 사회, 문화적인 도전이 사회 곳곳에서 펼쳐지고 있다.

그중 대표적인 예가 바로 동성애다. 오늘날 가장 큰 사회적 이슈가 된 동성애는 많은 사람들이 생각하는 것처럼 선천적이거나 유전적인 것이 아니다. 동성애는 인간의 타락한 본성에 기인한 죄다. 이것은 성경의 가르침이기도 하다.

물론 동성애가 성경에서 지적하고 있는 유일한 죄도 아니고 가장 큰 죄라고 할 수도 없다. 때로는 거짓말, 탐욕, 시기, 질투와 같은 죄들이 동성애보다 더 심각한 죄일 수 있다. 그렇기 때문에 이성애자들이 동성애자들보다 윤리적으로나 영적으로 더 우월한 위치에 서 있다고 단정 지을 수 없다. 다만 죄의 모양이 다를 뿐이다.

그럼에도 불구하고 오늘날 동성애가 뜨거운 사회적 이슈로 등장하고 있는 이유는 우리 사회가 동성애를 죄가 아닌 사랑으로 둔갑시키고 있기 때문이다. 비정상적인 것을 정상적인 것으로 둔갑하고 있기 때문에 문제가 되는 것이다.

예컨대 거짓말은 죄다. 여기에 동의하지 않을 사람은 없을 것이다. 거짓말은 죄라는 것을 알기 때문에 자녀에게, 학생에게 거짓말을 격려하거나 장려하지 않는다. 거짓말을 하면 따끔하게 혼내 준다. 거짓말은 죄이기 때문이다.

그러나 이상하게도 우리 사회가 동성애만큼은 정상적인 사랑으로 교육하고 있고, 아름다운 사랑으로 미화하고 있다. 이제는 그것도 모자라 '차별금지법'이라는 법을 만들어 동성애를 반대하거나 비판하는 사람들을 처벌하려고 하는 어처구니없는 상황이 펼쳐지고 있다.

교회는 세상과 구별된 곳이지만 세상 안에 있기 때문에 이러한 세상 흐름으로부터 결코 자유로울 수 없다. 만약 '차별금지법'이나 '동성결혼법' 같은 법안이 통과된다면 이미 서구 사회에서 벌어지고 있는 것처럼 동성결혼식을 반대했다는 이유로 직장에서 파면당하고, 길거리에서 전도하다 체포당하는 일 같은 기독교인들에 대한 역차별적인 일들이 일어나게 될 것이다.

한때 기독교 문명의 꽃을 피웠던 서구 교회들이 바로 이와 같은 과정을 통해 세상에 서서히 잠식되어 갔다. 한국 사회와 한국 교회가 이런 중대한 위기 가운데 서 있는 것이다.

이런 상황을 깊이 인식하고 우리 모두가 요셉 같은 선지자적인 사명을 감당해야 한다. 그럼으로써 앞으로 일어날 일들을 미리 내

다보고 지금 이 시대를 살아가는 세상 사람들에게 피할 길을 제시해야 한다.

그렇다면 선지자적인 사명을 감당하기 위해 우리에게 필요한 것은 무엇일까? 하박국에게서 선지자가 갖추어야 할 세 가지 조건을 찾을 수 있다.

미래를 볼 줄 아는
지혜가 필요하다

선지자 하박국이 묵시로 받은 경고라 합 1:1

선지자란 먼저 선(先)에 알 지(知), 말 그대로 "먼저 아는 사람"이다. 앞으로 일어날 일들을 미리 보고 현재를 살아가는 자들에게 피할 길을 제시하는 사람이다. "미래를 볼 줄 아는 눈"이 선지자에게 필요한 첫째 조건이다.

그렇다면 어떻게 해야 선지자의 눈을 가질 수 있을까?

탁자 위에 따뜻한 물이 담긴 컵이 있다. 이것을 집어 가슴 높이로 들어 보라. 그리고 나서 공중에서 손을 놓아 버리면 컵이 어떻게 될까? 물컵의 미래가 보이는가? 굳이 실험해 보지 않아도, 손에서 놓아 버리는 순간 컵이 어떻게 될지 모르는 사람은 없을 것이다. 아직 일어나지도 않은 일을 어떻게 본 듯이 알 수 있는가? 이유는 간단하다. 중력의 법칙이라는 자연법칙을 이해하고 있기 때문이다. 선지자의 눈을 가질 수 있는 비결이 바로 여기에 있다.

하나님은 하늘과 땅에 존재하는 모든 것들을 창조하셨을 뿐 아니라 피조 세계가 유지되고 운영되는 질서와 법칙도 만드셨다. 스마트폰을 판매할 때 기계만 주는 것이 아니라 매뉴얼도 함께 제공하지 않는가. 사용법을 모르면 제대로 쓸 수 없을뿐더러 잘못 사용하면 망가뜨릴 수 있기 때문에 매뉴얼이 반드시 필요하다. 이와 마찬가지로 하나님은 자연을 창조하실 때 자연법칙도 함께 만드셨다. 그중 하나가 중력의 법칙이다. 경험상 중력의 법칙을 이해하고 있기 때문에 물컵을 손에서 함부로 놓지 않는다. 낭떠러지를 향해 함부로 달려가지 않는다. 자연법칙을 이해하고 있기 때문이다.

그런데 하나님은 자연의 질서와 법칙만 창조하신 것이 아니다. 인간의 몸과 영혼을 창조하실 때 이것들을 건강하게 유지하는 데 필요한 도덕적 질서와 법칙도 함께 만드셨다. 그래서 성경을 통해 계시된 하나님의 도덕적 질서와 법칙을 제대로 이해하고 있다면, 그 법칙을 거스르며 살아가는 개인과 공동체의 미래가 어떠할지를 보지 않고도 알 수 있다. 마치 빨간 보자기를 두른 채 낭떠러지를 향해 달려가는 철없는 아이의 미래가 보이듯, 정욕에 이끌려 러브호텔로 달려가는 이들의 미래가 보인다. 음란에 사로잡혀 살아가는 젊은이의 미래가 보인다.

동성애를 정상적인 사랑으로 둔갑시키려는 이 사회의 미래가 보인다. 그 미래가 보이기 때문에 교회가 가만히 있을 수 없는 것이다. 자녀가 낭떠러지를 향해 달려가고 있다면 가만히 보고만 있겠는가?

그러므로 건강하고 풍요로운 개인의 삶과 사회를 만들어 갈 수 있는 유일한 방법은 성경을 통해 계시된 신적 질서와 법칙을 확신하고, 삶의 유일한 기초로 삼는 것이다. 성경을 통해 계시된 인생 법칙에 대한 이해를 '지혜'라고 부른다. 미국 칼빈신학교(Calvin Theological Seminary) 전 총장 코넬리우스 플란팅거 주니어(Cornelius Plantingar Jr.)는 성경에서 말하는 지혜를 이렇게 정의하였다.

"하나님의 세계에 대한 지식과 그것에 자기 자신을 맞추는 기술, 성경을 통해 우리에게 계시된 삶의 질서와 법칙에 대한 지식과 그것에 자기 삶을 맞추는 기술, 이것이 지혜다."

하나님의 진리는 교회 안에서만 통용되는 종교적 진리가 아니다. 하나님의 진리는 가정 안에서의 진리요, 사업장에서의 진리며, 학교 교실에서의 진리요, 실험실과 연구실에서의 진리요, 법원과 국회의사당 안에서의 진리다. 하나님의 진리는 온 세상을 다스리고 있는 우주적 진리다. 프란시스 쉐퍼(Francis A. Schaeffer) 박사의 말처럼 기독교는 일련의 복수 형태의 진리들(truths)이 아니라 대문자 'T'로 시작하는 진리(Truth)다. 종교적인 것에 국한되지 않는, 총체적 실재(total reality)에 관한 진리다.

따라서 지혜자란 영적인 세계뿐 아니라 물리적 세계, 즉 우리가 살아가는 이 사회를 다스리고 있는 하나님의 절대적인 질서와 법칙의 범위와 한계를 이해하고 그것에 자기 삶을 맞추는 사람이다.

바로 이 기술을 가르쳐 주는 것이 교육의 본질이며 목적이다.

시편 기자는 다음과 같이 고백한다.

> 복 있는 사람은 악인들의 꾀를 따르지 아니하며 죄인들의 길에 서
> 지 아니하며 오만한 자들의 자리에 앉지 아니하고 오직 여호와의
> 율법을 즐거워하여 그의 율법을 주야로 묵상하는도다 그는 시냇
> 가에 심은 나무가 철을 따라 열매를 맺으며 그 잎사귀가 마르지
> 아니함 같으니 그가 하는 모든 일이 다 형통하리로다 시 1:1-3

지혜자는 신적 질서와 법칙에 맞추어 살기 위해 날마다 하나님
의 말씀을 묵상하고, 그 말씀에 자기 삶을 재조정한다. 이것을 일
컬어 큐티(Quiet Time)라고 부른다. 결국 큐티를 하지 않으면 지혜롭
게 살 수가 없는 것이다. 그래서 시편 기자는 계속해서 다음과 같
이 고백한다.

> 악인들은 그렇지 아니함이여 오직 바람에 나는 겨와 같도다 시 1:4

자유라는 명목으로 하나님의 질서와 한계를 무시하는 사람은
엄혹한 현실과 대결하는 어리석은 삶을 살아가게 된다. 마치 바다
의 조류를 거슬러서 헤엄치는 사람처럼, 보자기를 두르고 허공에
몸을 던지는 아이처럼 늘 현실과 고통스러운 방법으로 충돌하게
된다. 벼랑 끝에서 "나는 하늘을 날 수 있다"고 선포하면 정말 날

수 있는가? 스스로를 아무리 세뇌시켜 봐야 소용이 없다. 예외 없이 중력의 법칙이 지배하기 때문이다.

긍정적인 생각이 중요한 것이 아니다. 말씀대로 생각하는 것이 중요하다. 내가 어떻게 생각하느냐는 중요하지 않다. 하나님이 어떻게 생각하시느냐가 중요하다. 이 우주는 우리 생각대로 움직이지 않고 하나님의 말씀대로 움직이기 때문이다. 이것을 아는 것이 지혜다. 따라서 선지자적 사명을 감당하기 위한 첫째 조건은 하나님의 진리, 즉 기독교 세계관으로 무장하는 것이다.

직시하면
가만히 있을 수 없다

선지자는 하나님을 향해 끊임없이 울부짖는 기도를 하는 사람이다.

> 여호와여 내가 부르짖어도 주께서 듣지 아니하시니 어느 때까지리이까 내가 강포로 말미암아 외쳐도 주께서 구원하지 아니하시나이다 합 1:2

주를 향해 쉬지 않고 울부짖는 사람. 그 사람이 바로 선지자다. 그런데 선지자는 그냥 울부짖지 않는다. 세상의 "현실"을 바라보며 울부짖는다. 하나님의 질서와 원칙들을 무시하고 죽는 길인지도 모르고 낭떠러지를 향해 달려가는 우리 사회와 이 세상의 현실을 바라보니 너무 두렵고 기가 막혀서 하나님을 향해 울부짖지 않고는 견딜 수 없는 것이다. 그 사람이 바로 선지자다.

내가 유치원에 다닐 때 부모님이 거금을 들여 전축을 장만하셨다. 구입한 지 한 달도 채 안 된 어느 날, 호기심에 전축을 들여다보며 놀다가 그 위에 올라가서 오줌을 싸고 말았다. 그 순간, 그 광경을 목격한 어머니의 뱃속 깊은 곳에서부터 말할 수 없는 탄식과 울부짖음이 터져 나왔다. 왜? 새로 산 전축에 오줌이 들어가면 망가질 게 빤히 보이기 때문이다. 이것이 바로 선지자의 심정이다.

따라서 나라와 민족의 운명을 변화시키는 선지자적 사명을 감당하기 위해서는 먼저 하나님의 질서와 법칙, 즉 기독교 세계관으로 무장해야 할 뿐 아니라, 그와 같은 세계관으로 현실을 직시해야 한다.

그렇다면, 하박국 선지자는 도대체 어떤 현실을 목격했기에 그토록 쉬지 않고 하나님께 울부짖었을까?

> 어찌하여 내게 죄악을 보게 하시며 패역을 눈으로 보게 하시나이까 겁탈과 강포가 내 앞에 있고 변론과 분쟁이 일어났나이다 합 1:3

첫째, 하박국은 '죄악과 패역'을 보았다. 우리말성경에 보면 죄악과 패역을 불의와 죄악으로 번역했다. 불의와 죄악이란 한 마디로, 오답을 정답으로 우기는 행위를 의미한다.

결혼이란 무엇인가? 한 쌍의 남녀가 정신적, 육체적으로 결합하는 것이다. 이것이 정답이다. 그런데 자꾸 오답을 정답이라고 주장한다. 예컨대, 사랑하는 사이라면 조건에 상관없이 결합할 수 있는 것이 결혼이라고 주장한다. 성별도 상관없고, 1대 1이든, 2대 2이든, 1대 3이든, 2대 2이든 상관없다. 혼전 동거를 해도 상관없다고 주장한다.

성경에서 정의하고 있는 결혼의 정답 대신에 자꾸 오답을 정답이라고 주장하는 행위가 불의와 죄악이다. 하나님의 창조 질서를 따르지 않고 각자의 소견을 따라 살고 싶은 대로 사는 행위가 불의와 죄악이다. 하박국이 이것을 본 것이다.

둘째, 하박국은 '겁탈'을 보았다. 우리말성경에서는 겁탈을 파괴로 번역해 놓았다. 오답을 정답이라고 주장하는 것에서 그치지 않고 정답을 파괴하는 행위를 일삼는다. 왜냐면 정답이 사라져야 오답을 정답으로 둔갑시킬 수 있기 때문이다.

동성결혼이나 혼전 동거를 정답으로 만들기 위해 일부일처제와 혼전 순결의 파괴를 시도한다. 그 일환으로 교육을 건드리고 미디어를 건드린다. 동성결혼과 혼전 동거에 대한 새로운 생각을 주입하는 동시에 사람들 속에 내재되어 있던 정답을 파괴하는 행위를 병행하는 것이다. 이것을 직시해야 한다.

지난 2012년 11월, 국립국어원은 "이성애 중심적인 언어가 성소수자의 차별을 만든다"는 민원을 받아들여 사랑과 관련된 5개 단어의 사전적 의미를 바꿨다. 그 결과, 사랑은 "이성의 상대에게

끌려 열렬히 좋아하는 마음"이라는 기존 정의에서 "어떤 상대의 매력에 끌려 열렬히 그리워하거나 좋아하는 마음"으로 변경되었다. 애인도 "이성 간에 사랑하는 사람"이란 정의에서 "서로 열렬히 사랑하는 사람"으로 변경되었다. 사랑하는 사람 사이의 마음과 감정이 중요한 것이지 성별의 구분은 중요하지 않다는 것이다. 다행히 교계와 학부모들의 민원으로 성별의 구분을 포함한 설명이 다시 포함되었지만, 정답을 파괴하고 오답을 정답으로 만들려고 하는 이 같은 시도는 현재도 계속되고 있다.

언어는 의사소통의 도구인 동시에 인식과 사유의 도구이기 때문에 사용되는 용어와 그 의미는 사람들의 사물 인식과 사상에 지대한 영향을 미친다. 때문에 사회에서 언어가 부정확하고 부적절하게 사용되면 국민들의 사회 인식이 부적절해지게 되고, 그렇게 되면 사회적 행동까지 부적절해질 수밖에 없게 되므로 국가는 사회적 재앙을 면할 수 없게 된다.

셋째, 하박국은 '강포와 변론과 분쟁'을 보았다. 우리말성경은 각각 폭력, 갈등, 싸움으로 번역했다. 정답을 지키려는 사람들과 오답을 정답으로 둔갑시키려는 사람들 간에 대결과 갈등, 하나님의 질서와 법칙을 수호하려는 교회와 그것을 파괴하려는 세력들 간의 전쟁, 이것이 오늘날 우리 사회에서 펼쳐지고 있는 영적 전쟁의 본질이다. 예수님은 말씀하셨다.

내가 세상에 화평을 주려고 온 줄로 아느냐 내가 너희에게 이르노

니 아니라 도리어 분쟁하게 하려 함이로라 _{눅 12:51}

하나님의 군대를 모독하는데, 하나님의 진리를 파괴하는데, 악을 선으로 둔갑시키는데 어떻게 가만히 있을 수 있는가? 보고도 가만히 있다면 신앙인이 아니다. 정답을 지키기 위해서 충돌할 수밖에 없는 것이다. 이와 같은 충돌은 특별히 우리 사회의 교육 현장, 문화 현장, 그리고 입법 현장에서 아주 치열하게 전개되고 있다.

행동하는 자가
영적 전쟁에서 승리한다

선지자는 이 세상을 바라보면서 울부짖고만 있지 않는다. 하나님을 향한 울부짖음은 반드시 행동으로 나타나게 되어 있다. 낭떠러지로 향하는 아이를 바라보며 뛰지 말라고 소리만 치는 부모가 있겠는가? 빛의 속도로 달려가게 되어 있다. 이처럼 하나님의 마음을 품은 선지자는 행동한다.

우리는 이 세상의 변화를 위해 행동해야 한다. 필요하다면 1인 시위나 대중 집회에도 참여해야 하고, 서명 운동도 해야 한다. 방송에 나가 적극적인 토론과 논쟁을 통해 하나님의 진리를 변호해야 한다. 이 세상 속에서 소금과 빛의 역할을 감당하기 위해서는 기독교적 소양을 잃지 않는 범위 내에서 단호한 목소리와 행동을 적극적으로 보여 줄 필요가 있다.

그러나 이 사회를 변화시킬 수 있는 가장 근본적인 힘은 나의 변화에서부터 시작됨을 기억해야 한다. 나 한 사람의 변화와 순종이 세상을 바꿔 가는 것이다. 이것이 바로 예수님이 세상을 변화시켜 가시는 방법이다.

> 너희 안에 이 마음을 품으라 곧 그리스도 예수의 마음이니 그는 근본 하나님의 본체시나 하나님과 동등됨을 취할 것으로 여기지 아니하시고 오히려 자기를 비워 종의 형체를 가지사 사람들과 같이 되셨고 사람의 모양으로 나타나사 자기를 낮추시고 죽기까지 복종하셨으니 곧 십자가에 죽으심이라 이러므로 하나님이 그를 지극히 높여 모든 이름 위에 뛰어난 이름을 주사 하늘에 있는 자들과 땅에 있는 자들과 땅 아래에 있는 자들로 모든 무릎을 예수의 이름에 꿇게 하시고 빌 2:5-10

하나님의 본체이신 그리스도가 오히려 자기를 비워 죽기까지 순종하셨듯이, 우리도 예수님처럼 자기를 비우고 하나님의 진리로 무장하여 순종하며 나아갈 때 이 세상은 변화될 수 있다. 우리의 순종을 통해 예수 그리스도의 이름이 온 땅에 뛰어난 이름으로 영광을 받게 될 것이며, 하늘에 있는 자들과 땅에 있는 자들과 땅 아래에 있는 모든 자들이 예수 그리스도 앞에 무릎을 꿇고 예수를 주로 시인하며 하나님 앞에 영광을 돌리게 될 것이다.

그러므로 하나님의 진리를 하찮게 여기는 이 세상을 이길 수 있는 유일한 무기는 하나님의 진리를 생명보다 더 존귀하게 여기는 우리의 삶이다. 내가 음란함 가운데 거하면서 이 세상의 음란한 영과 싸워 이길 수 없다. 내가 탐욕에 사로잡혀 있으면서 이 세상을 다스리는 탐욕의 영과 싸워 이길 수 없는 법이다. 그러므로 나부터 예수님의 마음을 품고 겸손하게 진리를 따라 살아가는 삶이 회복되어야 한다.

세 가지 형태의 영적 전쟁

2013년 〈한국경제〉가 "전 세계적으로 동성결혼 찬성 움직임이 빨라지는 세 가지 이유"에 대한 분석 기사를 실었다.

첫째, 기독교의 쇠퇴 때문이다. 미국 매사추세츠대학교 애머스트캠퍼스(University of Massachusetts-Amherst)의 리 바제트(Lee Badgett) 교수는 "교회에 다니는 사람들의 수가 빨리 줄어드는 나라에서 동성결혼이 늘어나고 있다"고 분석했다. 이것은 기독교 세계관이 쇠퇴한 결과다. 하나님의 진리를 하찮게 여기는 인본주의 세계관이 득세하면서 기독교 세계관이 후퇴하고 있다는 이야기다.

둘째, 미디어의 영향 때문이다. 드라마나 영화를 통해 동성애자의 삶을 긍정적으로 묘사하는 장면들이 많이 노출되고 있다. 동성애 코드가 문화를 통해 끊임없이 노출되면서, 특히 어려서부터 동성애자 친구들과 동료들, 동성애 관련 만화 등에 친숙하게 된 젊은 세대는 동성애를 비판하는 설교를 들으면 혐오감부터 갖게 된다고 한다.

셋째, 정치인들의 표심 잡기 때문이다. 선거에서 압도적 우위를 차지할 수 없는 상황에서는 동성애자들과 같은 소수 그룹의 표가 캐스팅보트(casting vote) 역할을 하게 된다. 오바마 대통령이 던졌던 승부수가 대표적이다. 2008년 초선에서는 동성결혼에 대해서 공식적인 찬성 입장을 보이지 않았던 오바마가 2012년 재선에서는 공식적으로 지지를 표명함으로써 동성애자 그룹의 표를 받아 박빙의 대결을 벌였던 미트 롬니(Mitt Romney) 공화당 후보를 누르고 승리했다.

이 분석 기사는 아주 중요한 흐름을 보여 준다. 세계관의 변화가 문화에 변화를 주고, 문화의 변화가 결국 입법의 변화로 이어져 세상을 변화시키고 만다는 것이다. 우리가 살아가는 이 세상은 눈으로 보기에는 평안하고 화려해 보이지만 사실 아주 치열한 영적 전쟁터인 것이다. 우리 사회에서 펼쳐지고 있는 문화 전쟁이나 입법 전쟁의 본질은 세계관 전쟁에 그 뿌리를 두고 있으며, 이 같은 전쟁은 하나님을 믿는 세계관과 하나님을 부정하는 세계관 간의 전쟁이기 때문이다.

오늘날 우리 사회에서 펼쳐지고 있는 영적 전쟁은 크게 세 가지 형태로 전개된다.

첫째, 세계관 전쟁이다. 세계관이란 한마디로 이 세상을 바라보고 이해하는 관점이다. 그런데 세계관은 세상을 바라보는 특정한 관점을 제공하는 것에서 머물지 않고, 그 관점에 기초한 생활양식과 문화를 만들어 간다.

둘째, 문화 전쟁이다. 유교적 세계관이 유교 문화를 만들어 내듯 특정한 세계관은 특정 문화를 만들어 낸다. 따라서 서로 다른 세계관의 충돌은 반드시 문화 전쟁으로 이어진다. 즉 서로 다른 문화 간의 충돌은 그 배후에 있는 서로 다른 세계관의 충돌에 그 뿌리를 두고 있는 것이다.

셋째, 입법 전쟁이다. 세계관의 충돌로 말미암아 발생하는 문화 간의 충돌은 단순한 충돌에 그치지 않는다. 자신들의 세계관과 문화를 더 많은 사람들이 공유하도록 그에 반대하는 세력들과 물리적으로 대립하는 '권력 전쟁'의 양상으로 반드시 발전한다. 즉, 세계관 전쟁으로 말미암은 문화 전쟁은 최종적으로 입법 전쟁(권력전쟁)의 형태로 진화하게 된다는 것이다. 자신들의 세계관과 자신들의 문화를 녹여 낸 법을 입법화하여 모든 사람들이 원하든 원하지 않든 그들의 세계관과 문화를 따라오도록 강제하는 것이다.

이처럼, 세계관의 변화는 문화의 변화를 만들어 내고, 문화의 변화는 변화된 문화에 익숙해진 대중을 등에 업고 법의 변화를 이끌어 낸다. 법은 한 사회의 정의와 불의, 평등과 차별, 정상과 비정상을 결정짓는 최종 기준이 되기 때문에, 법의 변화는 결국 자유, 평등, 차별, 인권 등의 새로운 정의를 만들어 내고, 그와 같이 재정의된 개념은 교육, 문화, 법 집행 등을 통해 우리 모두의 생각과 삶을 다스리게 된다. 우리가 살아가고 있는 이 세상은 바로 이와 같은 경로를 통해 변화되어 온 것이다.

교회의 머리가 되신 그리스도가 교회의 몸 된 성도들을 향해 "너희는 세상의 소금이다"(마 5:13)라고 말씀하신다. 소금은 혀를 아리게 톡 쏘는 맛을 갖고 있다. 그래서인지 예수님의 메시지도 언제나 죄로 부패한 인간의 마음을 아리게 쏘았다.

오늘날 교회 안에 만연한 기복주의 신앙이나 타협적인 설교를 보고 있으면 교회가 세상의 소금이 아니라 설탕은 아닌가 하는 착각이 든다. 본회퍼(Bonhoeffer)와 함께 나치에 대항하여 독일 교회를 수호했던 신학자 헬무트 틸리케(Helmut Thielicke)는 교회의 현실을 이렇게 비판했다.

"하나님 나라는 역사의 맹렬한 고뇌와 고통, 적그리스도의 무도한 도발, 순교자들의 신음 소리와 함께 임하건만 그들은 그 나라를 무해한 화원으로 둔갑시켰다. 자연히 그들의 신앙은 그 화원의 꽃에서 모으는 달콤한 꿀이 되었다. 세상은 교회를 향하여 세상의 설탕이 되어 달라고 요구하지만 그들에게 필요한 것은 그들의 마음을 아리게 하는 소금이다."

교회는 세상을 위해 세상에 대적해야만 한다. 이것이 바로 소금과 빛으로 부름 받은 교회의 사명인 것이다.

오늘날 한국 교회가 직면한 어려움은 일제강점기나 초대교회가 직면했던 어려움과 비슷하다. 특별히 초대교회 당시 로마제국은 엄청나게 다양한 인종과 종교로 구성된 다원주의 사회였을 뿐 아니라 피타고라스, 소크라테스, 플라톤, 아리스토텔레스와 같은 고대 그리스 철학자들의 지적 유산을 그대로 물려받은 엘리트 계급이 다스리는 세계 최강국이었다.

초대교회는 그처럼 강력한 로마제국 속으로 들어가 그 시대를 지배했던 지적 체계에 맞서 싸웠다. 그들의 사상을 연구하고 비판하고 논증을 펼침으로써 성경적 진리에 적대적인 그들의 사상을 몰아내고 서구 문화의 주도적 세력으로 뿌리를 내렸다.

미국의 보수 신학자이자 웨스트민스터 신학교의 설립자인 그레샴 메이첸(Gresham Machen)은 "복음을 받아들이는 데 있어 가장 큰 장애물은 그릇된 사상"이라고 말한 바 있다. 그리스도인이 감당해야 할 선교적 사명은 세상 사람들에게 예수 그리스도의 참된 진리를 가르쳐 지키게 함으로써 그들의 생각을 사로잡고 있는 그릇된 사상으로부터 해방시키는 것이다.

한국 교회가 초대교회의 역동적인 영향력을 회복하길 원한다면 초대교회가 했던 바로 그 일을 해야 한다. 그것은 바로 당대의 지배적인 지적 체계에 맞서 싸우는 일이다.

이제 우리가 몸담고 살아가는 세상에서 벌어지고 있는 치열한 영적 전쟁의 현실을 살펴보자.

기독교 세계관

vs

인본주의 세계관

유아의 시신을
어떤 관점으로 보는가?

2015년 6월 26일, 미국 연방대법원이 수정 헌법 제14조에 의거하여 "동성결혼 금지법이 위헌"이라는 판결을 내렸다. 이로써 미국은 전 세계에서 21번째로 동성결혼을 허용, 합법화하는 국가가 되었다.

같은 해 7월 6일, 영화감독 김조광수 씨가 낸 국내 최초 동성결혼 혼인신고 관련 재판이 처음 열렸다. 2013년 9월 서울 청계천 광통교 앞에서 김승환 씨와 동성결혼식을 올리고 서대문구청에 혼인신고서를 제출했으나 불수리 통보를 받은 바 있다. 이에 2014년 5월, 서울서부지법에 동성간 혼인신고 불수리 불복 소송을 제기했던 것이다. 2016년 3월 현재, 아직 판결을 기다리고 있는 중이다. 이것은 우리나라에서도 동성결혼 합법화를 위한 움직임이 본격적으로 시작되었음을 알리는 중요한 사건이다.

동성결혼의 합법화는 일부다처제나 근친상간 허용으로 연결될 수 있다. 2001년 세계 최초로 동성결혼을 합법화한 네덜란드는 2005년에 한 남성과 양성애 성향을 지닌 두 여성으로 이뤄진 트리오의 합법동거(civil union)를 허용함으로써 일부다처제를 사실상 합법화했을 뿐 아니라, 합의된 근친간의 성관계 역시 합법화시켰다.

2015년, 미국 몬태나 주에 사는 네이선 콜리어(Nathan Collier)라는 유부남은 동성결혼이 합법화되었으니 일부다처제도 용인해 달라고 주장하며 둘째 부인과의 혼인 신고서를 법원에 제출했다. 첫째 부인 빅토리아와 결혼한 상태에서 둘째 부인 크리스틴과도 결혼식을 올렸지만 '중혼 금지 법률 규정' 때문에 혼인 신고를 못한 상태였다. 기자회견에서 콜리어는 이렇게 말했다.

"동성결혼은 합법화하면서 왜 일부다처제는 용인하지 않는가? 진정한 결혼 평등을 위해서라면 일부다처제도 용인되어야 한다."

존 로버츠(John Roberts) 미국 연방대법원장은 동성결혼 반대 의견을 밝히면서 "동성결혼을 합법화시킨 논리가 일부다처제에도 그대로 적용될 것"이라고 우려한 바 있다. 그의 우려가 현실로 나타나고 있는 것이다.

우려할 점은 2016년 2월에 안토닌 스칼리아(Antonin Scalia) 대법관이 갑자기 죽음을 맞이했다는 것이다. 그는 전체 9명인 미국 연방대법관 중에서도 가장 보수적인 성향을 지닌, 헌법 해석에 있어서 철저한 원문주의자(textualist)였다. 5대 4로 보수가 우세했던 대법원이 그의 죽음으로 말미암아 4대 4로 보수와 진보가 동률을 이루게 된 것이다.

2016년 3월 16일 오바마 대통령이 후임 대법관으로 중도 진보 성향의 메릭 갈랜드(Merrick Garland)를 지목했다. 갈랜드가 상원 인준 과정을 통과해 대법관으로 취임한다면, 수십 년 만에 대법원이 4대 5로 진보 우위 성향을 띠게 될 것으로 보인다. 미국 대법관은 종신 재직권을 가짐으로 자발적으로 사임하거나 은퇴하지 않는 이상 죽을 때까지 직위를 유지할 수 있다. 따라서 이와 같은 미국 연방대법관 구성비율의 변화는 앞으로의 미국 문화와 정책에 더 큰 영향을 줄 것으로 예상된다.

또 이런 흐름은 소아성애증(pedophilia)을 비롯한 다양한 성적 지향의 인정으로까지 이어질 수 있다. 소아성애증은 사춘기 이전의 어린이를 성적 욕구의 대상으로 삼는 일종의 성 도착증이다. 현재 소아성애증은 미국정신의학회(American Psychological Association, APA)의 정신 질환 목록에 포함되어 있는데, 일부 정신의학자들과 인권 단체가 "소아성애자들을 정신질환자로 간주하는 것은 인권 차별이다. 소아성애증도 자연스러운 성적 성향이며 선천적 성향이다"라고 주장하면서, 정신 질환 목록에서 삭제시키기 위한 움직임을 본격적으로 시작하였다. 그 일환으로 '비 포 유 액트'(B4U-ACT)라는 단체를 만들어서 소아성애증에 대한 편견과 오해를 불식시키기 위한 운동을 벌이고 있다.

한편 미국가족계획연맹(Planned Parenthood)이 가족계획을 빌미로 낙태 및 피임을 조장하면서 낙태된 아기의 신체 부위와 장기를 밀매했다는 의혹이 제기돼 논란에 휩싸이기도 했다. 또 영국에서는 몇몇 병원에서 유아의 시신 15,500여 구가 발전용 폐기물로 분류되어 난방용 땔감으로 쓰였다는 사실이 보도되기도 했다.

도대체 왜 이런 일들이 일어나는가? 이런 사회 현상들의 배후에는 대체 무엇이 있는가?

바로 세계관의 문제가 있다. 우리가 바라보는 생명과 이 사람들이 바라보는 생명의 관점이 서로 다른 것이다. 성을 바라보는 관점이 서로 다른 것이다. 결혼을 바라보는 관점이 다른 것이다. 옳고 그름에 대한 서로 다른 기준이 충돌하고 있다. 이것은 결국 무엇을 의미하는가? 우리 사회에서 펼쳐지고 있는 사회 문화적인 충돌의 배후에는 서로 다른 세계관의 충돌이 있음을 의미한다. 한마디로 세상은 세계관 전쟁 중에 있다.

세계관이란
무엇인가?

영국 동화작가 콜린 웨스트(Colin West)의 《핑크대왕 퍼시》(Percy the Pink)는 세계관을 이해하는 데 도움을 준다.

퍼시는 핑크색을 광적으로 좋아하는 왕이다. 옷뿐만 아니라 음식에서부터 모든 소유물을 핑크색으로 꾸몄지만 그럼에도 불구하고 만족스럽지 않았다. 왜냐하면 성 밖에는 핑크가 아닌 다른 색들이 여전히 존재하고 있었기 때문이다. 퍼시 왕은 고민 끝에 법을 만든다. 일명 핑크법!

"세상을 모두 핑크빛으로 물들여라."

왕의 일방적인 지시에 반발하는 사람도 많았지만, 다들 어쩔 수 없이 옷과 가재도구와 가구들까지 모두 핑크색으로 바꿔야만 했다. 왜? 법이 만들어졌기 때문이다.

그러나 핑크대왕은 만족하지 못했다. 그래서 이번에는 나라의 모든 나무와 풀과 꽃, 동물들까지도 핑크색으로 염색하도록 명령을 내렸다. 공권력까지 동원하여 산과 들을 온통 핑크빛으로 물들였다. 심지어 갓 태어난 동물들까지도 핑크색으로 염색하여, 급기야 핑크 초원에서 핑크 송아지와 핑크 돼지가 나뒹구는 세상이 되었다. 하지만 핑크대왕은 여전히 만족할 수 없었다. 하늘이 핑크빛이 아니었던 것이다.

핑크대왕 퍼시는 며칠 동안 끙끙 앓다가 자기 스승에게 묘책을 찾아내도록 명령을 내렸다. 스승이 찾아낸 묘책은 바로 안경이었다. 핑크색 렌즈의 안경을 끼고 바라보니 드디어 온 세상이 완벽하게 핑크빛으로 보였다. 그때부터 퍼시 왕은 진정으로 행복감을 느끼면서 만족하며 살았다고 한다.

이 이야기는 세계관에 대한 세 가지 중요한 단서를 준다.

첫째, 관점(viewpoint)**이 '경관'**(view)**을 결정한다는 것이다.** 세상을 바라보는 우리의 관점, 즉 세계관이 우리가 무엇을 보는지 결정한다는 뜻이다. 오페라를 관람할 때, 같은 공연을 봐도 앉는 자리에 따라 지불하는 관람료가 다르지 않은가. 배우의 숨소리가 들릴 만큼 생생하게 볼 수 있는 자리가 있는 반면에 배우의 정수리밖에 보이지 않는 자리도 있다. 어디서 보느냐가 무엇을 보는지를 결정하기 때문이다.

핑크대왕 퍼시가 핑크색 안경을 쓴 다음에야 마음의 평안을 찾게 된 이유가 여기에 있다. 세계관은 세상을 바라보고 이해하는 관점을 제공하는 안경이라고 할 수 있다. 어떤 안경을 쓰느냐에 따라 세상이 달리 보이듯 세계관에 따라 세상이 다르게 보인다.

둘째, 세계관은 '문화'를 창조한다. 퍼시 왕이 안경을 쓰기 전에는 온 세상을 핑크색으로 칠하느라 여념이 없었다. 그러나 핑크색 안경을 낀 후로는 더 이상 색칠하지 않아도 되었다. 세상이 달라졌기 때문이 아니라 세상을 바라보는 눈이 바뀌었기 때문이다. 이처럼 세계관은 세상을 특정한 방식으로 이해하도록 도울 뿐 아니라 그 이해를 기초로 새로운 세상, 즉 핑크칠이 중단된 세상을 만들어 간다.

핑크대왕 퍼시가 안경을 끼고 스스로 만족하게 되자 백성들도 안식을 누리게 되었다. 그전까지 백성들은 자기 스타일이 아닌데도 핑크 옷을 입어야 했고, 온통 핑크색으로 물들이고 다녀야 했다. 왕의 세계관에 따라 백성들의 삶이 좌지우지된 것이다.

우리가 어떤 안경을 쓰고 있느냐에 따라 세상의 색깔이 바뀔 수 있다. 그리스도인인데도 세상의 안경을 쓰고 살면 세상 나라를 세우는 데 일조할 뿐만 아니라 하나님 나라를 파괴하는 데 동참할 수 있다. 세상 속에서 소금과 빛으로 살라는 것은 예수 그리스도를 통해 계시된 진리의 안경을 쓰고 세상 빛깔을 바꿔 나가라는 명령이다. 기독교 세계관으로 무장해야만 가능한 일이다.

세계관을 토대로 생긴 또 다른 세계를 가리켜 문화라고 한다. 예컨대 중세 유럽에서는 어떤 건물보다도 교회 첨탑이 더 높이 있었다. 교회보다 더 높은 건물을 지을 수가 없게 되어 있었기 때문이다. "하나님 나라, 하나님의 교회가 세상 것보다 우위에 있다"는 기독교 세계관을 문화적으로 보여 준 증거다.

오늘날은 어떠한가? 가장 높은 건물은 교회가 아닌 기업체의 빌딩들이다. 서울을 비롯한 세계 주요 도시의 스카이라인은 기업체 빌딩들이 장식하고 있다. 이 시대를 지배하는 세계관이 물질주의에 있음을 문화적으로 보여 주는 것이라 하겠다. 하다못해 건축양식만 봐도 그 배후에 있는 세계관을 엿볼 수 있다.

셋째, 세계관은 곧 '신념'이다. 대표적인 계몽주의 철학자 임마누엘 칸트(Immanuel Kant)가 1790년 《판단력비판》(Kritik der Urteilskraft)에서 세계관(Weltanschauung)이란 용어를 처음 사용했다. 칸트는 세계관을 다음과 같이 정의했다.

"인간의 사고와 행위의 저변에 깔려 있고 그것을 형성하는 일련의 신념이다."

세계관은 곧 신념이라는 것이다. 신념이 우리의 사고와 행위를 결정한다.

많은 기독교 철학자들이 이 개념을 적용하여 세계관에 대한 정의를 내렸는데, 리폼드신학교(Reformed Theological Seminary)의 로널드 내쉬(Ronald Nash) 교수는 조금 더 단순한 정의를 내렸다. 신념은 신념인데, '인생에서 가장 중요한 문제들에 대한 신념'이라는 것이다. 인생에서 가장 중요한 문제들에 대한 신념을 토대로 세상을 바라보고 문화를 만들어 간다. 이것이 세계관이다.

질문이
세계관을 형성한다

로널드 내쉬 박사가 말한 '인생에서 가장 중요한 문제들'이란 무엇일까? 《기독교 세계관과 현대사상》의 저자 제임스 사이어(James Sire)는 인생에서 가장 중요한 문제를 일곱 가지 질문으로 정리했다.

첫째, 진정으로 참된 최고의 실재는 누구인가? 그리스도인이든 아니든 진정으로 참된 최고의 실재가 누구인가에 대한 신념이 세계관을 형성하는 첫째 질문이다. 이 질문에 대해 그리스도인은 하나님이라고 답할 것이고, 리처드 도킨스(Richard Dawkins) 같은 무신론자는 인간이라고 답할 것이다.

이 질문은 뒤이을 여섯 가지 질문에 대한 답변을 규정지을 뿐 아니라, 세계관의 뿌리가 되는 가장 중요한 질문이다.

둘째, 우리를 둘러싼 세계의 본질이 무엇인가? 이 세상은 어떻게 생겨났는가? 즉 이 세상과 생명의 기원에 대한 질문이다. 이 질문에 대해 그리스도인은 창조라고 답할 것이고, 인본주의자는 진화라고 답할 것이다.

셋째, 인간은 무엇인가? 인간은 물질인가 혹은 동물인가 아니면 하나님의 형상인가. 이 질문은 네 번째 질문으로 이어진다.

넷째, 인간이 죽으면 어떤 일이 일어나는가? 하나님을 믿는 사람은 하나님께로 돌아간다고 믿고, 인간이 최고의 실재라고 믿는 사람은 죽으면 끝이라고 믿는다. 그래서 세속적으로 살 수밖에 없다.

다섯째, 지식이 가능한 까닭은 무엇인가? 이 질문에 대해서는 우리가 전지하신 하나님의 형상대로 지음 받았기 때문이라거나, 아니면 오랜 진화 과정에서 생존의 부수적 결과로 이성이 발달했기 때문이라는 대답이 가능하다.

여섯째, 무엇이 옳고 그른지를 어떻게 알 수 있는가? 그리스도인에겐 절대자인 하나님이 선과 악의 기준이 되신다. 그러나 인본주의자에겐 인간이 옳고 그름의 기준이 된다. 여기서 도덕적 상대주의가 나오고, 문화다원주의가 나오는 것이다.

일곱째, 인간 역사의 의미는 무엇인가? 마지막 질문이다.

우리는 이와 같은 근본적인 질문들을 묻고 대답함으로써 세상과 삶에 대한 종합적인 이해를 갖게 된다. 그런데 여기서 한 가지 짚고 넘어가야 할 것이 있다. '최고의 실재는 누구인가'라는 질문으로부터 시작된 일곱 가지 질문은 과학적 연구나 실험으로 답할 수 있는 성질의 것들이 아니라는 점이다. 인간이 죽으면 무슨 일이 일어나는지 실험으로 알아낼 수 있는가? 생명의 기원을 과학으로 알아낼 수 있는가? 결국 이 모든 질문에 대한 답은 본질적으로 개인적인 신념의 문제인 것이다.

리처드 닉슨(Richard Nixon) 전 미국 대통령의 특별고문을 지낸 찰스 콜슨(Charles Colson)은 위 일곱 가지 질문을 다시 세 가지로 간단히 축약해 버린다. 세계관에 관한 그의 정의는 이렇다.

"세계관이란 이 세상에 대한 신념의 총합으로써 일상적인 결정과 행동을 지시하는 커다란 그림이다."

한마디로 '이 세상에 대한 신념의 총합'이 세계관이라는 것이다. 이 신념은 우리의 일상적인 결정과 행동을 지시함으로써 문화를 만들어 간다.

찰스 콜슨이 던진 질문 세 가지는 이것이다.

첫째, 나는 누구인가? 생명의 기원에 대한 질문이다. 기독교 세계관에 따르면 생명의 기원은 창조다. 반면에 인본주의 세계관에 따르면 생명의 기원은 진화다.

둘째, 무엇이 문제인가? 문제(악)의 기원이 어디에 있는가에 대한 질문이다. 세상에 악이 만연한 이유가 무엇이며, 왜 악한 일들이 일어나는가에 대한 질문이다. 이 질문에 대해 기독교 세계관은 하나님의 말씀에 대한 인간의 불순종이 모든 문제의 시작이라고 답할 것이며, 반면에 인본주의 세계관은 인간의 자유를 제한하고 억압하는 하나님이 문제의 근원이라고 답할 것이다.

셋째, 문제를 어떻게 고칠 수 있는가? 회복의 기원이 어디에 있는가에 대한 질문이다. 기독교 세계관에 따르면, 하나님에 대한 인간의 불순종이 모든 문제의 시작이므로 문제의 회복은 인간의 순종으로부터 시작된다. 반면에 인본주의 세계관에 따르면 모든 문제의 근원은 인간을 억압하는 하나님이다. 그러므로 하나님을 제거하는 것이 모든 문제 해결의 열쇠다.

세계관은 이 세 가지 가장 근본적인 질문에 어떻게 답변하느냐에 따라 분석될 수 있다. 우리는 누구이며 어디에서 왔는가(창조)?, 세상은 무엇이 잘못되었는가(타락)?, 우리가 어떻게 해야 고칠 수 있는가(구속)? 이 세 가지 질문은 우리가 접하는 모든 신념 체계나 철학과 문화의 내부 논리를 분해하는 데 사용할 수 있는 그물망이 된다.

결국 우리 사회에서 벌어지고 있는 여러 갈등과 충돌의 배후에는 바로 이 세 가지 질문에 대한 서로 다른 신념 간의 충돌, 즉 세계관의 충돌이 있으며 바로 이것이 영적 전쟁의 본질이라고 말할 수 있다.

수년 전에 작고한 하버드대학교 정치학 교수 새뮤얼 헌팅턴(Samuel Huntington) 박사는《문명의 충돌》에서 "이 세계는 지리적인 경계로 나뉘어진 것이라기보다는 종교적, 문화적 전통, 즉 사람들이 가지고 있는 신념인 세계관에 의해 나뉘어진 것"이라고 주장했다. 그러면서 앞으로 3대 문명들 간에 충돌이 일어나게 될 것을 예측했는데, 3대 문명은 "서구 문명, 이슬람 문명, 그리고 동양 문명"
이다. 그러나 새뮤얼 헌팅턴 박사 밑에서 공부했던 제임스 커스
(James Kurth) 교수는 "앞으로 일어날 세계적 충돌의 핵심은 세 문명
의 충돌이 아니라 서구 문명 안에서 벌어지고 있는 기독교 세계관
과 인본주의 세계관 간의 충돌"이라고 말했다.

　나는 제임스 커스 교수의 말이 더 옳다고 생각한다. 왜냐하면
사실 서구 문명은 서구라고 하는 지리적 경계를 의미한다기보다
현대 문명 자체를 의미하기 때문이다. 따라서 중세 유럽의 종교개
혁을 통해 서구 사회에 깊이 뿌리 내린 기독교 세계관과 18세기
이후 나타난 인간 중심의 인본주의 세계관 간의 갈등이 바로 서
구 문명 안에서 펼쳐지고 있는 세계관의 충돌이요, 그것이 오늘날
현대 사회에서 펼쳐지고 있는 영적 전쟁의 본질이다. 그리고 그와
같은 영적 전쟁은 특별히 동성애라는 이슈를 통해 우리 사회에서
구체적으로 드러나고 있다.

세계관은 필연적으로
열매를 맺는다

　기독교 세계관과 충돌하는 자연주의 세계관(여기서는 명확한 개념
이해를 위해 인본주의 세계관 대신 자연주의 세계관이라는 용어를 사용한다.)에
대해 알아볼 필요가 있다. '자연주의 또는 인본주의 세계관'(Secular
Humanism)은 하나님을 인정하지 않는 무신론적 세계관이다. 신(神)

과 같은 초자연적인 절대자를 인정하지 않기 때문에 신이 정한 절대적인 진리나 윤리도 인정하지 않는다. 당신의 진리는 당신 것이고 내 진리는 내 것일 뿐, 내가 싸워서 지켜야 할, 또는 내가 힘써 전해야 할 절대적인 진리라는 것은 존재하지 않는다. 따라서 무신론적 자연주의 세계관은 결과적으로 '도덕적 상대주의'(모든 도덕적 기준은 개인적인 선호도에 따라 정해진다)와 '문화 다원주의'(모든 문화는 도덕적으로 동등하다)를 만들어 냈다.

반면에 '기독교 또는 성경적 세계관'(Christian Worldview)은 창조주 하나님을 믿는 세계관이다. 하나님은 세계를 창조하셨을 뿐 아니라 세계를 다스리는 질서와 법칙도 함께 창조하셨다. 그러므로 하나님이 창조하신 피조 세계 안에서 살아가는 인간은 하나님이 정하신 질서와 법칙을 준수하며 살아갈 때 비로소 인간답게 행복한 삶을 살아갈 수 있으며, 이와 같은 질서와 법칙은 성경을 통해 우리에게 계시되었다고 믿는다.

이처럼 자연주의 세계관과 기독교 세계관은 완전히 상반된 세계관이다. 따라서 이 두 세계관은 필연적으로 서로 다른 문화적, 사회적, 정치적 열매를 만들어 낼 수밖에 없다. 여기서 중요한 단어가 "필연적"이란 단어다. 이 두 세계관이 어쩌다가 우연히 서로 다른 결과물들을 만들어 내는 것이 아니라, 서로 상반된 열매를 맺는 것은 필연적이라는 의미다.

예컨대 하나님을 부정하는 자연주의 세계관과 하나님을 믿는 기독교 세계관은 필연적으로 서로 다른 신학과 철학을 만들어 낸다. 진화를 믿는 자연주의 세계관과 창조를 믿는 기독교 세계관은 서로 다른 생물학을 만들어 낸다. 모든 옳고 그름의 기준이 각자의 소견에 따라 정해지는 자연주의 세계관과 하나님이 정하신 절대적 기준을 믿는 기독교 세계관은 상반된 윤리학과 법학, 정치학과 사회학을 만들어 낸다. 이같이 하나님의 존재와 절대적 진리에 대한 신념의 차이는 서로 다른 철학적, 문화적, 제도적 열매를 만들어 낸다.

안타깝게도 이 세상에서 이뤄지고 있는 모든 공교육 시스템은 자연주의 세계관에 그 뿌리를 두고 있다. 따라서 하나님을 부정하는 자연주의 세계관에 입각한 학문들이 초등학교, 중학교, 고등학교, 대학교의 공교육 시스템을 통하여 모든 국민의 생각과 마음 가운데 주입되며, 졸업 후에는 그와 같은 세계관과 교육을 기초로 한 정책을 만들고, 교육 커리큘럼과 교과서를 만들고, 법을 만들며, 드라마와 영화, 음악을 만들어 내고 가정 안에서 아이들을 교육하게 된다. 이와 같은 경로를 통해 자연주의 세계관을 기초로 한 문화와 문명이 깊이 뿌리를 내려가게 되는 것이다.

태초부터
시작된 전쟁

세계관 전쟁은 사실상 태초부터 이어져 온 영적 전쟁이다. 태초에 선악과를 사이에 두고 기독교 세계관과 자연주의 세계관이 충돌했다.

> 여호와 하나님이 그 사람에게 명하여 이르시되 동산 각종 나무의
> 열매는 네가 임의로 먹되 선악을 알게 하는 나무의 열매는 먹지
> 말라 네가 먹는 날에는 반드시 죽으리라 하시니라 창 2:16-17

하나님은 에덴동산을 창조하신 후 아담과 하와에게 동산의 각
종 나무의 열매를 마음대로 먹을 수 있는 자유를 허락하셨다. 하
지만 에덴동산의 중앙에 심긴 '선악과'는 예외였다. 그것을 먹는
날에는 반드시 죽을 것이라고 경고하셨다.

그렇다면, 왜 다른 과일들과는 달리 선악과를 먹으면 죽는다고
경고하셨을까? 독이 있어서? 아니다. 선악과를 먹으면 죽게 되는
이유는 단 하나, 하나님 말씀 때문이다. 그것을 먹으면 죽는다고
말씀하셨기 때문에 먹으면 죽는 것이다.

무엇을 의미하는가? 이 모든 세상(에덴동산)의 주인은 하나님이
시다. 따라서 이 세상은 하나님의 통치 아래 있으며, 오직 하나님
한 분만이 선과 악을 알게 하는 유일한 '도덕적 기준'임을 의미한
다. 만일 하나님의 말씀 이외의 것을 기준으로 삼아 선과 악을 판
단하게 될 경우, 선이 악으로 뒤바뀌고, 악은 선으로 둔갑하여 하
나님이 창조하신 아름다운 세상 속에 악이 발흥하게 될 것임을 경
고한 것이다.

그러므로 인간이 먹고 싶다고 먹을 수 있는 게 아니다. 하고 싶

다고 할 수 있는 게 아니다. 하나님의 말씀을 기준으로 그 모든 것을 분별해야 한다. 그때 비로소 인간은 인간답게 생명을 누리며 살아갈 수 있다.

창조 질서

主(주)	하나님의 말씀
我(아)	인간
生(생)	세상

주아생(主我生, 주님의 권위 아래 거할 때 생명을 누릴 수 있다는 뜻)의 세계관을 가지고 살아가던 아담과 하와는 "그것을 먹는 날에는 네가 반드시 죽을 것이다"라는 하나님의 말씀을 따라 선악과 근처에도 가지 않았을 것이다. 보기만 해도 무섭고 건드리기만 해도 죽을 것같이 두려웠을 것이다. 선악과가 무섭게 생겨서가 아니다. 하나님의 말씀을 기준으로 선악과를 보았을 때 선악과를 먹는 행위는 '악'이었기 때문이다. 즉 아담과 하와의 기독교 세계관이 이 세상의 악을 억제하고 있었다. 그 결과 온 세상은 하나님의 통치 가운데 사랑과 기쁨이 넘치는 샬롬의 땅이 될 수 있었다.

그러던 어느 날 마귀가 등장하여 하와와 대화를 시작한다.

뱀이 여자에게 이르되 너희가 결코 죽지 아니하리라 너희가 그것

을 먹는 날에는 너희 눈이 밝아져 하나님과 같이 되어 선악을 알

줄 하나님이 아심이니라 창 3:4-5

지금 마귀는 하나님 말씀의 권위에 정면으로 도전하고 있다. 하나님은 "이 선악과를 먹으면 반드시 죽는다"고 말씀하셨다. 그러나 마귀는 "그 선악과를 먹어야 너의 눈이 밝아질 수 있다"고 말하고 있다. 스스로가 선과 악을 분별하지 못하고 하나님께만 의존하여 살아가는 것은 눈이 어두워져 있기 때문이므로 선악과를 먹음으로 하나님처럼 스스로 옳고 그름을 판단하는 자가 되라는 것이다. 사탄에 따르면 기독교 세계관은 하나님의 권위로 인간의 자유와 권리를 억압하는, 한마디로 억압적 세계관이다. 따라서 사탄은, 네 눈에 보기 좋고, 네 생각에 옳게 느껴지는 대로 행할 수 있는 인본주의 세계관을 가지고 선악과를 다시 볼 것을 촉구하고 있다. 하와는 그와 같은 마귀의 속임수를 듣고 선악과를 다시 쳐다봤다. 그 순간 먹으면 죽는다고 말씀하셨던 그 선악과가 그렇게 아름답고 먹음직스럽게 보일 수가 없었다. 관점이 바뀐 것이다.

여자가 그 나무를 본즉 먹음직도 하고 보암직도 하고 지혜롭게 할

만큼 탐스럽기도 한 나무인지라 여자가 그 열매를 따먹고 자기와

함께 있는 남편에게도 주매 그도 먹은지라 창 3:6

마귀의 유혹으로 말미암아 선악과에 대한 관점이 변화되었다. 먹고 말고를 판단하는 기준, 선과 악을 판단하는 기준이 "하나님 말씀" 중심에서 "나" 중심으로 변화되었다. 바로 이 관점의 변화가 하나님의 창조 질서를 무너뜨린 것이다. 하나님 말씀 중심으로 옳고 그름과 선과 악을 판단하던 것에서, 이제는 나의 생각, 감정, 욕구를 중심으로 옳고 그름과 선과 악을 판단하게 된 것이다.

> 이에 그들의 눈이 밝아져 자기들이 벗은 줄을 알고 무화과나무 잎을 엮어 치마로 삼았더라 창 3:7

눈이 밝아졌다. 이것은 반어법이다. 하나님에 대한 눈은 어두워지고 내 눈이 밝아진 것이다. 하나님 중심적 세계관에서 나 중심적 세계관으로 변화된 것이다. 인간이 하나님의 자리로 올라가 모든 것의 옳고 그름과 선과 악의 최종적인 판단자가 되었다. 그 결과 선이 악으로 간주되고, 악은 선으로 둔갑하여 이 세상을 지배하기 시작했다. 악이 시작된 것이다. 그것도 선이라는 이름으로.

결국 태초에 일어난 타락은 관점의 타락이요 세계관의 타락이다. 이와 같은 타락으로 인해 주아생의 창조 질서가 아주사(我主死)로 파괴되었다. 아주사란, 인간이 하나님의 권위 위에 올라타 결국 사망의 상태에 놓이게 됐음을 의미한다. 사도 바울의 표현을 빌리자면, 죄의 결과로 사망의 상태에 놓이게 된 것이다(롬 6:23).

타락

我(아)	인간
主(주)	하나님의 말씀
사(死)	세상

아주사 상태에 놓인 우리에게 예수님이 찾아오셔서 다시금 주아생의 삶을 회복하게 하셨다. 그러나 여전히 우리의 내면에서는 주아생과 아주사의 갈등이 펼쳐지고 있다.

이 갈등을 사도 바울은 다음과 같이 표현했다.

> 내 속사람으로는 하나님의 법을 즐거워하되 내 지체 속에서 한 다른 법이 내 마음의 법과 싸워 내 지체 속에 있는 죄의 법으로 나를 사로잡는 것을 보는도다 오호라 나는 곤고한 사람이로다 이 사망의 몸에서 누가 나를 건져내랴 롬 7:22-24

우리의 내면에서 펼쳐지고 있는 이와 같은 주아생과 아주사의 갈등은 사회적인 차원에서도 똑같이 전개되고 있다. 즉 이 세상에서 펼쳐지고 있는 영적 전쟁은 내 내면에서 펼쳐지고 있는 갈등의 연장선상에서 이뤄지고 있는 것이다. 그러므로 세상 통치권을 두고 하나님과 사탄 사이에 펼쳐지고 있는 영적 전쟁에서 승리하기 위해서는 내면에서 전개되고 있는 주아생과 아주사의 갈등부터 이겨 내야 한다. 성화의 과정은 이 세상에서 하나님의 나라를 회복해 가는 선교의 과정과 그 맥을 같이 한다.

그러므로 이 땅에서 전개되고 있는 영적 전쟁에서 승리하는 길은 바로 내 내면에서 역사하고 있는 아주사를 뿌리 뽑아 주아생의 상태를 유지하는 일에 힘쓰는 것이다. 그때 비로소 이 세상 가운데에서도 하나님의 통치가 회복되어 갈 것이다.

창조		타락		구원
主(주)		我(아)		主(주)
我(아)	마귀	主(주)	예수	我(아)
生(생)		死(사)		生(생)
신본주의 (기독교 세계관)		인본주의 (자연주의 세계관)		신본주의 (기독교 세계관)

찰스 콜슨의 세 가지 질문에 대해서 자연주의 세계관은 문제의 근원을 신의 억압이라고 보고 신을 제거함으로써 회복해야 한다고 말한다. 기독교 세계관의 회복은 아주사에서 주아생인 반면에 자연주의 세계관의 회복은 주아사에서 아주생이라고 주장한다.

프리드리히 니체(Friedrich Nietzsche)는 《즐거운 지식》(Die frohliche Wissenschaft)에서 '신의 제거'에 대해 이렇게 말했다.

"신은 어디에 있는가? 우리가 신을 죽여 버렸다. 너희와 내가,

우리 모두는 신을 죽인 자들이다."

그러면서 신을 죽인 결과를 이렇게 표현한다.

"지구가 궤도를 풀려났을 때 우리는 무엇을 하고 있었는가? 지구는 어디로 움직이고 있는가? 우리는 어디로 가고 있는가? 모든 항성으로부터 멀어져 가고 있는가? 우리는 계속해서 추락하고 있는 것이 아닌가?"

기준이 사라진 탓에 혼돈을 겪음을 표현하고 있다. 이런 반문을 던지면서 자기 스스로 결론을 내린다.

"우리 스스로 신이 되어야 하는 것이 아닐까?"

인간이 신을 죽였기 때문에 스스로 신이 되어야 한다는 것이다. 니체는 또 이렇게 고백한다.

"이보다 더 위대한 행위는 없었다. 우리 이후에 태어난 자는 이 행위 때문에 지금까지 그 어떤 역사보다도 더 높은 역사에 속할 것이다."

이 세대를 다스리고 있는 자연주의 세계관의 본질을 보여 주고 있는 것이다. 철학적으로 신을 죽이고, 인간이 신의 역할을 대신 하는 것, 이것이 오늘날 우리 시대를 다스리는 세계관의 핵심이며 태초에 아담과 하와에게 일어났던 일의 핵심이다.

인간이 하고 싶다고 할 수 있는 게 아니다.
하나님의 말씀을 기준으로
그 모든 것을 분별해야 한다.
그때 비로소 인간은 인간답게
생명을 누리며 살아갈 수 있다.

세계관 전쟁 1

충돌하는
인권 개념

동성애,
다른 것인가 틀린 것인가

가끔씩 약속 시간에 쫓기다 보면 신호를 위반하고 그냥 달려가고 싶은 충동을 느낄 때가 있다. 만일 바쁘다는 핑계로 신호등을 무시하고 그냥 달려가게 되면 어떤 일이 일어날까? 아마 사고가 날 것이다. 우리가 신호등을 지키는 이유는 신호등을 위해서가 아니라 나 자신을 위해서다. 신호등을 지킬 때 그 신호등이 나를 지켜 주기 때문이다.

이처럼 하나님이 우리에게 허락하신 절대적인 삶의 기준은 때로는 우리의 자유를 제한하고 침해하는 것처럼 느껴지지만 그 말씀을 지킬 때, 말씀이 우리를 지켜 주기 때문에 기꺼이 순종한다.

그런데 인본주의적 윤리관은 어떤 삶의 기준을 제시하는가? 옳고 그름의 기준을 대체 누가 정하는가? 바로 사람이다. 따라서 인본주의적 윤리관의 기준은 상대적일 수밖에 없다. 개인마다 기준이 다르기 때문이다.

개인이 갖는 기준의 잣대는 무엇인가? 실용성이다. 유익이 있느냐 없느냐다. 자기에게 유익을 주면 선한 것이고, 불편이나 손해를 끼치면 악한 것이다. 만족, 쾌락, 경제적 이익 등 유익을 추구하다 보면 실용성과 효율성을 따지게 된다. 그렇기 때문에 유아의 시신을 난방용 땔감으로 쓸 수 있는 것이다. 경제적으로 효율적이라는 것이 이유다. 동성애도 쾌락의 유익을 주니까 옳다고 주장한다.

오늘날 실용성에 따른 상대적 윤리관이 사회에 널리 퍼져 있다. 인본주의 세계관이 만연한 시대에 사람들은 저마다 자기 소견에 옳은 대로 행하며 살아가고 있다.

세계관 전쟁이 치열하게 벌어지고 있는 핵심 전장은 역시 교육 현장이다. 학교 교육을 통해 인본주의 세계관에서 비롯된 윤리관이 우리 자녀들 머릿속에 새겨지고 있다. 윤리 과목 수업 시간에 차별의 정의를 이렇게 가르친다.

"우리는 서로 다른 생각과 모습으로 살아간다. 따라서 사람들 사이에 차이가 존재하는 것은 당연하다. 아무런 해도 끼치지 않는 개인에게 다수가 정한 옳고 그름과 좋고 나쁨의 기준을 힘으로 들이댄다면 그것은 차별이 된다."

교과서는 각자가 지니고 있는 '다른 차이'에 대해 '옳고 그름'의 기준을 들이대는 것을 '차별'이라고 정의하고 있다. 차별에 대한 올바른 정의다. 다름의 문제는 옳고 그름의 문제가 아니기 때문이다.

그런데 문제는 이와 같은 차별의 정의를 동성애(homosexuality)나 성전환(transgender)에 적용을 하고 있다는 점이다. 교과서는 동성애나 성전환과 같이 일반인들과 '다른(?)' 성적 취향에 대해 '옳고 그름'의 기준을 들이대는 것은 인종 차별이나 성 차별과 같은 '차별적인 행위'이며, 그와 같은 차별행위는 마땅히 지양되어야 한다고 기술하고 있다.

얼핏 맞는 말처럼 들리기도 하지만, 사실 이 말은 '다름'과 '틀림'의 차이를 의도적으로 허물고 있는 거짓말이다. '다름'(difference)과 '틀림'(wrongfulness)은 다른 것이다. 예를 들어, 나는 남성이고, 당신은 여성이라고 해서 당신이 틀린 것도 아니고, 내가 틀린 것도 아니다. 그저 나와 당신이 다를 뿐이다. 그러므로 특정한 성별에 대해 '옳고 그름'의 윤리적 기준을 들이대는 것은 교과서가 말하고 있는 것처럼 차별에 해당된다.

하지만 동성애나 성전환의 문제는 다르다. 남성으로 태어났으면서 여성이 되고자 하거나, 남자와 남자끼리 성관계를 갖고자 하는 성적 취향은 일반인들과 단순히 '다른(different) 취향'이 아니라, 창조주의 창조 질서를 거스르는 '틀린(wrong) 취향'이다.

교과서가 말하고 있는 것처럼 인종, 성별, 출신 국가와 같이 '다름'의 문제에 대해 옳고 그름을 따지는 행위는 우리 모두가 지양해야 할 차별적인 행위이지만, 동성애나 성전환 문제는 인종이나 성별과 같은 '다름'의 문제가 아닌 '틀림'의 문제인 것이다.

그럼에도 불구하고 교과서는 동성애나 성전환 문제를 '틀림'의 범주에서 끄집어 내어 인종이나 성별과 같은 '다름'의 범주 안에 은근슬쩍 집어넣고, 그것에 대해 옳고 그름을 따지는 행위를 차별적인 행위로 규정하고 있는 것이다.

이와 같은 가르침의 배후에는 "옳고 그름의 기준은 사람마다 다르다"고 하는 도덕적 상대주의 세계관이 자리 잡고 있다. 구약성경의 사사시대와 같이 "각자의 소견에 따라 옳은 대로 살도록 내버려 두는 것"이 오늘날의 미덕이요 윤리라고 가르치고 있는 셈이다.

이처럼 오늘날 교육 현장에서 가르치고 있는 윤리 교육은 절대적 윤리 기준을 인정하지 않는 무신론적 인본주의 세계관을 기초로 한 것이며, 이와 같은 윤리 교육은 우리 자녀들의 마음과 생각 안에 심긴 윤리적 판단력을 제거할 뿐 아니라, 올바른 성경적 윤리 의식을 갖고 살아가는 그리스도인들을 역차별하는 결과를 초래할 수밖에 없게 된다.

인권이란 이름의
가시 방패

인권은 '인간의 권리'를 의미한다. 그래서 인권 개념은 언제나 인간이 누릴 수 있는 권리의 한계, 즉 인권의 윤리적 한계선을 어디에 설정한 것인가에 대한 논쟁을 불러일으킨다. 이처럼 인권이란 특정한 윤리관을 기초로 하고 있으며, 윤리관은 특정한 세계관을 기초로 한다. 따라서 세계관과 윤리관에 따라 서로 다른 인권을 이야기할 수밖에 없는 것이다.

기독교 세계관에 따르면, 인권은 하나님으로부터 부여받은 권리다. 하나님이 인간을 창조하셨기에 인간의 권리 역시 하나님으로부터 부여받은 것이다. 따라서 인간이 누릴 수 있는 권리의 한계는 하나님의 말씀을 토대로 결정된다.

반면에 인본주의 세계관에서 나온 인권 개념은 자기가 자기 자신에게 부여한 권리다. 한마디로 각자 소견에 옳은 대로 행할 수 있는 권리가 인권이다.

태초부터 이와 같이 서로 다른 인권 개념이 충돌하였다. "선악과를 먹는 것이 인간에게 주어진 권리냐 아니냐" 바로 이것이 문제였다. 하나님이 선악과를 먹으면 죽는다는 한계선을 정하셨다. 인간이 누릴 수 있는 권리의 한계를 말씀으로 정해 주신 것이다. 그런데 사탄이 "먹고 싶으면 먹을 권리가 있다"고 유혹했다. 권리의 한계를 인간 스스로 정하라는 뜻이다.

"인권의 한계를 하나님이 정하실 것인가 인간 스스로 정할 것인가."

원죄 사건은 사실 인권을 둘러싼 문제였던 것이다.

서구 인권 사상의 역사는 매우 오래되었다. 자연에 입각한 보편 타당한 정의를 주장하는 고대 자연법 사상이 중세 토마스 아퀴나스(Thomas Aquinas)를 거치면서 자연권(natural right) 개념으로 바뀌었다. 자연권 사상을 통하여 인권 개념이 발전해 나갔다.

그중에서도 영국의 인권 사상이 세계에 끼친 영향이 크다. 1215년 근대 헌법의 토대가 된 〈마그나카르타〉(Magna Carta)가 만들어졌고, 1689년 명예혁명을 통해 의회제정법인 〈권리장전〉(Bill of Rights)이 공포되었다. 사실상 인권 사상은 기독교 세계관을 토대로 발전하였다.

제2차 세계대전 중 자행되었던 나치와 일본의 인권유린 문제가 종전 후 국제사회에 중요한 의제로 떠올랐다. 그 결과 UN이 창설되었고. 1948년에 〈세계인권선언〉(Universal Declaration of Human Rights)이 채택되었다.

오늘날 〈세계인권선언〉, 〈UN헌장〉 등을 통해 확립된 인권 사상은 사실 토머스 제퍼슨(Thomas Jefferson)이 작성한 미국의 〈독립선언문〉에 그 뿌리를 두고 있다. 선언문에 다음과 같은 내용이 있다.

"우리는 다음과 같은 것을 자명한 진리라고 생각한다. 즉, 모든 사람은 평등하게 태어났고, 창조주는 몇 개의 양도할 수 없는 권리를 부여하였으며, 그 권리 중에는 생명과 자유와 행복의 추구가 있다."

미국 〈독립선언문〉은 인권의 기원이 "창조주"(Creator)임을 분명하게 선포하고 있다. 이것이 서구 문명에서 탄생한 인권 사상의 핵심이다.

인간의 권리가 창조주로부터 부여받았다는 것은 두 가지 중요한 의미를 나타낸다. 첫째, 인권은 창조주로부터 받은 것이기 때문에 함부로 빼앗을 수 없는 절대적인 권리다. 둘째, 인권이란 창조주가 부여한 것이기 때문에 창조주가 부여하지 않은 권리는 인권의 범주에 포함될 수 없음을 의미한다. 즉 인권은 창조주가 부여한 권리에 국한된 권리다.

즉, 인간의 권리는 창조주가 정한 한계 또는 윤리적 기준에 국한된 것이며, 그 기준이나 한계를 벗어난 권리 행사는 인권이 아니라 '죄' 또는 '타락'임을 의미한다. 이처럼 인권은 창조주가 부여한 것이기 때문에 '절대적인' 동시에, 창조주가 부여하신 권리 내에서만 누릴 수 있으므로 '제한적'이다. 마치 태초에 아담과 하와에게 선악과를 따 먹을 수 있는 권리가 주어지지 않았던 것처럼, 하나님은 인간에게 동성애를 허용하신 일이 없다. 따라서 동성애는 인권의 문제가 아니라 타락의 문제다.

그러므로 동성애자를 진정으로 사랑하고 섬기는 길은 그들이 하나님이 허락하지 않으신 삶의 방식대로 살도록 방치하지 않고 사랑과 인내로 동성애에서 벗어날 수 있게끔 돕는 것이다. 동성애자들이 동성애로부터 벗어나게끔 도와주는 것이야말로 그들의 인권을 위한 최고의 헌신이다.

그런데 오늘날 인본주의 세계관에 뿌리를 두고 있는 인권은 기본적으로 내 마음대로 할 수 있는 권리를 의미하며, 그와 같은 권리를 제한하는 것은 인권 침해라고 주장한다. 인권 문제는 태초나 지금이나 영적 전쟁의 핵심이다. 마치 태초에 선악과를 두고 인권 문제가 충돌한 것처럼, 오늘날 우리 사회에서는 특별히 동성애를 두고 인권 문제가 충돌하고 있다. "동성애가 인간에게 주어진 권리냐 아니냐" 때문에 동성애 문제는 본질적으로 영적인 문제다. 사탄은 인권이란 이름의 가시 방패로 동성애를 지킴으로써 오히려 동성애자들의 삶을 파괴하고 이 땅의 하나님의 창조 질서를 파괴하고 있다.

성 윤리를 성 권리로 바꾸는 인권 교육

인본주의 세계관이 득세하는 세상에서의 윤리 교육은 잘못된 인권 사상을 주입시킨다. 대표적인 것이 '학생인권조례'다.

서울특별시 학생인권조례

제5조(차별받지 않을 권리)

학생은 성별, 종교, 나이, 사회적 신분, 출신지역, 출신국가, 출신민족, 언어, 장애, 용모 등 신체조건, 임신 또는 출산, 가족형태 또는 가족상황, 인종, 경제적 지위, 피부색, 사상 또는 정치적 의견, 성적 지향, 성별 정체성, 병력, 징계, 성적 등을 이유로 차별받지 않을 권리를 가진다.

학생의 성별, 종교, 나이, 사회적 신분 등을 기준으로 그들을 차별하는 것은 당연히 옳지 않다. 그와 같은 것들은 '옳고 그름'의 문제가 아니라 '다름'의 문제이기 때문이다.

하지만 임신, 출산, 성적 지향과 성별 정체성의 문제는 다르다. 예컨대, 중학교 여학생이 남자 친구와 성관계를 맺고 임신을 하는 것이 단순한 다름의 문제인가? 고등학교 남학생이 동성애적 성향을 보이거나 여장을 하고 다니는 것이 단순한 다름의 문제라고 말할 수 있는가? 이와 같은 것들은 '다름'의 문제가 아닌 '옳고 그름'의 문제다.

하지만 현재 학생인권조례에 따르면, 여중생이 남자 친구와 성관계를 맺고 임신했을 때 학교 규칙에 따라 징계할 경우 학생에 대한 인권 침해로 간주될 가능성이 있다. 동성애 문제도 마찬가지다. 남학생 둘이 성적 접촉을 해도 선생님이 훈계나 징계 조치를 할 경우, 그들의 동성애적 성향을 차별하는 인권 침해로 간주될 소지가 크다.

2013년 교육부는 일선 학교에 학칙 개정을 권고하는 공문을 보냈다. "임신·출산, 이성 교제 등을 이유로 퇴학, 전학, 자퇴권고 등 과도한 학습권 침해가 발생하지 않도록 해야 한다"는 내용이었다. '과도한 학습권 침해'란 주관적이며 포괄적인 개념이다.

임신과 출산 때문에 공부할 수 있는 권리를 박탈하는 것에는 분명 문제가 있다. 그러나 보다 큰 문제는 어린 학생의 임신과 출산이 윤리의 문제가 아닌 권리의 문제로 인식하게끔 만드는 일이다. 이것이 바로 인권 교육이 가진 본질적인 문제다.

동해에 위치한 어느 초등학교는 "교직원은 성별, 종교, 인종, 성적 지향 등의 이유로 차별 받지 않아야 한다"고 학칙을 개정하였다. 그러니까 동성애자 선생님이 윤리를 가르칠 수도 있다는 뜻이다. 과연 어떤 윤리 교육이 나올까?

동해 ○○초등학교 학칙 개정안

제67조(차별받지 않을 권리)

① 교직원은 성별, 종교, 인종, 나이, 성적(性的) 지향, 사상 또는 정치적 의견, 고용 형태, 징계 등을 이유로 차별받지 않아야 한다.
② 교직원은 노동조합이나 교원단체의 가입과 활동을 이유로 차별받지 않아야 한다.

인권 교육이 가진 기본 문제는 윤리 문제를 권리의 문제로 바꾼다는 것이다. 특히 성 윤리를 성 권리 개념으로 바꾸고 있다. 인권 교육 프로그램을 통해 그 개념을 강화시킨다.

예를 들면, 서구의 여러 나라에서는 성소수자의 권리를 보장해야 한다는 이유로 탈의실과 화장실의 사용권을 역차별한다. 학교 내에 중성(中性) 화장실을 설치할 것을 권장한다. 이미 유럽에서는 트랜스젠더(transgender) 혐오증을 막기 위해서 남녀 구분이 없는 화장실을 도입하기 시작했다. 탈의실도 마찬가지다.

윤리 개념을 권리 개념으로 바꾸면서 벌어지는 혼란들이다. 옳고 그름의 문제를 권리 문제로 바꿈으로써 현대판 선악과 사건이 일어나는 것이다. 인간이 중심이 되는 세상을 만들어 가기 위해 인권 교육이 악용되고 있다.

인권 교육에
알알이 박힌 꼼수

한 지방 교육연수원의 인권 교육 교안(教案)을 보면 "우리나라에서 동성 간의 결혼은 합법인가 불법인가"에 대한 질문이 있다. 교육 목적이 "학생들로 하여금 동성결혼이 금지되어 있는 현실에 대해 문제의식을 갖도록 동기를 유발시키기 위해서"라고 한다.

학습 과정	교수·학습 활동	자료 및 유의점
도입	〈동기 유발〉 (나) ⊙ 우리나라에서 동성애자 간의 결혼은 합법인가, 불법인가?	※학습 자료 1

해당 질문에 대해 학습 동기 유발용으로 쓰인 〈학습 자료 1〉은 2013년 〈한국일보〉에 게재된 '만인 앞에 선 동성결혼식… 합법화 논의 첫걸음?' 기사를 교육 자료로 제시하고 있다. 영화감독 김조광수 씨와 19세 연하 남자 친구 김승환 씨가 올린 동성결혼에 관한 내용이다.

〈학습 자료 1〉 만인 앞에 선 동성결혼식… 합법화 논의 첫걸음?

7일 오후 서울 청계천 광통교. 영화감독 김조광수(48) 씨와 영화배급사 레인보우팩토리 대표 김승환(29) 씨의 국내 첫 공개 동성(同性) 결혼식 현장은 1,000여 명의 하객이 몰려 발 디딜 틈이 없었다. 무대에 오물을 뿌리고 동성결혼 반대 피켓을 든 사람이 일부 있었지만 2시간여 동안 흥겨운 분위기 속에서 진행된 이날 결혼식은 우리 사회 동성애에 대한 편견과 차별의 시선이 조금씩 바뀌고 있다는 것을 보여주기에 충분했다.

두 신랑은 결혼식에서 트로트 가요 '몰래 한 사랑'을 개사해 자신들의 힘들었던 사랑과 현재의 굳은 결심을 토로했다. 이어 대학생 성소수자 대표들이 성혼선언문을 낭독했다. 비록 법으로 보호받지 못하는 부부지만, 9년 만에 사랑의 결실을 얻어낸 순간이었다. 두 사람은 축의금으로 성소수자 인권센터와 인권재단을 설립할 계획이다.

예식은 지나는 행인들도 참여해 거리축제처럼 치러졌다. 동성결혼을 바라보는 시각은 저마다 달랐지만, 공개 결혼식이 "성소수자 권리 찾기의 시발점"이 될 것이라는 데는 뜻을 같이했다.

자원봉사 활동으로 신혼부부에게 힘을 보탠 대학생 박○○(21) 씨는 "숨어 지내던 성소수자들이 공개적으로 자신들의 얘기를 하면서 차별이 드러나기 시작했고, 이날 결혼식은 그 차별에 대한 본격적인 논의의 장을 열어주었다는 데 의미가 있다."

결혼 8년차 부부 진○○(37), 권○○ 씨는 "차이가 차별로 이어져선 안 된다. 우리 결혼식 때도 이만큼 즐겁진 않았다"며 환하게 웃었다. 남편과 함께 식장을 찾은 트랜스젠더 방송인 하리수(38) 씨도 "이 결혼식은 일종의 사회적 운동"이라며 "지금은 비

록 작아 보일 수 있지만 이들로 인해 많은 동성 커플들이 용기
와 희망을 얻게 될 것"이라고 말했다.

……이하 생략.

- 〈한국일보〉 2013년 9월 9일

　기사를 읽고 난 다음에는 〈성소수자는 행복할 권리가 있어요〉
라는 제목의 동영상을 시청하게 한다. 성소수자 인권 지지 프로젝
트의 일환으로 서울대 J교수를 인터뷰한 내용이다. 그다음 성소수
자 관련 용어를 배우고, 성소수자의 인권 침해 사례를 알아본 후
동성애를 올바로 이해하기 위한 OX퀴즈를 풀어야 한다. 마지막으
로 〈게이에 대한 오해 깨부수기〉라는 동영상을 보고 마무리한다.

학습 과정	교수·학습 활동	자료 및 유의점
전개	다) 〈학습 활동 1〉 성소수자의 권리 　(가) ◉ 성소수자는 행복할 권리가 있어요 　(나)　J교수의 대담 시청 　(다)　〈다음검색어〉 성소수자 인권지지 프 　　　　로젝트 라) 〈학습 활동 2〉 성소수자의 용어 이해하기 　(가)　동성애자 　(나)　양성애자 　(다)　트랜스젠더 　(라)　게이 　(마)　레즈비언 등	※ 동영상 (04:33) ※ 학습 자료 2

바) 〈학습 활동 3〉성소수자의 인권침해 사례 알아보기 　(가) ⊙ '차이가 차별이 되지 않는 세상' 시청 　(나) 〈다음검색어〉이계덕 남성 동성애자 　(다) 　이계덕 남성 동성애자 인터뷰 　(라) ⊙ 성소수자 연예계 진출금지 사례 시청 　(마) 〈네이버검색어〉게이 트랜스젠더 연 　　 예계 진출 금지	※ 동영상 (12:48) ※ 동영상 (02:07)
사) 〈학습 활동 4〉동성애자를 올바르게 이해하기 　(가) 　활동지의 내용을 보고 ○, ×로 생각 　　 표현하기	※ 학습 활동

　이런 식으로 교육을 받고 나면 아이들의 생각이 어떻게 바뀌겠는가? 기독교 세계관이 없는 사람이라면 무비판적으로 수용하게 될 것이다. 이미 초중고 교과서에 동성애를 옹호하는 내용들이 많이 들어가 있다. 시험 문제로 풀기도 한다.

〈학습 활동〉 **성소수자 바로 이해하기**

( )학년 ( )반 ( )번 이름 : ( )

⊙ 다음 성소수자에 관한 내용을 읽고 맞으면 ○, 틀리면 X로 답하시오.

성소수자에 대한 질문	O, X
1. 동성애자는 뇌의 모양과 DNA 유전인자가 남들과 다르다.	

2. 동성애자들은 감성지수가 평균적으로 높다.

3. 동성애자들은 변태 성욕자이다.

4. 동성애자들은 후천적이다.

5. 우리 사회에 동성애자들은 결혼을 않고 생활한다.

6. 청소년기에 동성애에 대해 알게 되면 쉽게 물든다.

7. 동성애자는 다 에이즈에 걸린다.

8. 어릴 때 남성으로부터 안 좋은 경험을 당한 여성이 남성에 대한 혐오감 때문에 레즈비언이 되기 쉽다.

9. 남녀공학보다 여학교에 동성애자가 많다.

10. 동성애자들은 외모부터 뭔가 다르다.

11. 동성애자는 상담이나 치료를 통해 이성애자가 될 수 있다.

12. 동성애자가 된 사람은 성장과정에 뭔가 문제가 있다.

13. 동성과의 결혼을 법과 제도로 인정하는 나라들도 있다.

14. 남자 동성애자들은 여자가 되고 싶어 하고, 여자 동성애자들은 남자가 되고 싶어 한다.

15. 호모, 게이라는 표현은 동성애자들에게는 모욕적인 표현이다.

중고등학생을 위한 인권 교육 교안 중에 '인권의 의미와 역사'에서 인권에 대해 이렇게 가르치고 있다.

"인권은 투쟁을 통해 얻어 낸 사회적 산물이다."

이것이 바로 우리 자녀들에게 주입되고 있는 인권의 개념이다. 인권을 '투쟁의 산물'로 배우고 있는 것이다. 그래서인지 근래 인권 운동은 상당히 투쟁적이고 선동적이다. 투쟁을 통해 빼앗긴 자신의 권리를 되찾아 와야 한다고 가르침으로써, 인권이라는 이름으로 오히려 분열과 갈등을 조장하고 있는 것 같아 우려스럽다.

세계관 전쟁 2

인본주의
세계관의 열매

욕망을 가르치는 성교육

《사랑해 너무나 너무나》라는 동화책이 있다. 아빠 펭귄 둘이서 아기 펭귄을 입양해서 키운다는 내용인데 한눈에 봐도 동성애 코드가 녹아 있음을 알 수 있다. 아이들에게 인기가 많은 〈Why 시리즈〉의 《Why? 사춘기와 성》 편에서는 동성애를 '아름다운 성과 사랑'의 하나로 소개하며 이렇게 설명하고 있다.

"사람이 사람을 좋아하는 것은 마음이 결정하는 거야. 그러니까 내 마음이 이성이 아닌 동성을 사랑한다면 그것 또한 존중해 줘야 하지 않을까? 아직 세상에는 이성을 사랑하는 사람들이 더 많아서 동성애자가 특별해 보이는 것뿐이야."

단순히 동성애에 대해서 가르치는 것에 그치지 않고, 문화에 동성애 코드를 담아 전파하는 것이 문제다. 어릴 때부터 동성애에 이런 식으로 노출된다면 그리스도인 가정에서 자라는 아이라도 동성애를 정상으로 여길 뿐만 아니라 동성애를 금하는 성경의 가르침이 잘못되었다고 여기게 될 것이다. 결국 하나님의 말씀에 대한 태도로 이어질 것이기 때문에 문제의 심각성이 크다.

어느 중학교에서 성교육 실시를 안내하는 가정통신문을 보냈다. 한 학부모가 성교육이 이뤄지는 서울의 한 성교육 센터에 방문했다가 충격을 받아 사진을 찍어 보내 왔다. 성교육 센터 안에는 그룹 성관계를 연상시키는 조형물이 전시되어 있었고, 성적인 욕구는 자연스러운 것이니 죄책감 때문에 자위행위를 억누를 필요가 없다는 포스터가 전시되어 있었다. 남자끼리 키스하는 사진에는 〈하나님이 보시기에 참 좋았더라〉라는 제목을 달아 놓기까지 했다. 하나님을 희롱하는 셈이다.

강의 내용은 가히 충격적이었다.

"동성애는 틀린 것도 옳지 않은 것도 아니에요. 그냥 다른 걸 인정해 주면 되는 거예요. 요즘은 옛날 같지 않게 왼손잡이를 아무렇지 않게 생각하잖아요."

"여러분, 성관계를 몇 살에 해야 한다고 생각하세요?"

"결혼하고 나서요"라고 아이들이 대답했다.

"결혼 전에 해도 되느냐가 중요한 게 아니라 준비가 되어 있느냐가 중요해요. 결혼을 안 하는 사람도 있잖아요. 그러면 결혼을 안 한 사람은 성관계를 하면 안 되나요?"

"그건 아니지만…." 아이들이 머뭇거리며 대답했다.

"엄마가 아이에게 목이 긴 티셔츠를 입으라고 하면 잘 안 입죠?
엄마랑 실랑이하다 보면 어때요? 아이는 아이대로 엄마는 엄마대
로 힘들잖아요. 잘 달래서 서로 도우며 입으면 잘 입을 수 있는데
말이에요. 마음의 준비를 하고 입으면 편안하게 입을 수 있어요."

그러면서 이렇게 강조한다. "섹스는 언제 하느냐가 중요한 것이
아니에요. 어떻게 하는가가 중요해요." 성교육 강사는 합의된 섹
스, 안전한 섹스를 강조하며 피임법까지 가르치고 있었다.

요즘 아이들이 받는 성교육이 이런 식이다.

어린아이들에게 성에 대한 인식이 이런 식으로 주입되면 신앙
이 자리를 잡을 수가 없다. 이것이 큰 문제다. 아이들의 생각과 몸
이 망가져 버린다.

성교육을 받고 난 학생들의 감상문을 보면 성적 호기심이 얼마
나 자극되었는지 알 수 있다.

"센터에서 받은 교육이 진짜 성교육이다."

그전까지 받았던 성교육은 무조건 해서는 안 된다고 하거나 섹
스 과정을 뺀 채 정자와 난자가 수정되는 과정을 보여 주는 과학
교육이었는데 비로소 만족스럽다는 얘기다.

"부분적으로 알고 있던 성에 대해 조금 더 직설적이고 정확하게
알 수 있어서 좋았다. 콘돔을 직접 껴 보는 체험도 하고, 안전한 피
임법을 배워서 즐거운 시간이었다."

인권 교육은 성 윤리를 성 권리로 바꿔 놓았다. 성욕은 인간의 불가항력적인 욕구이므로 "언제 하느냐보다는 안전하게 하는 것이 더 중요하다"고 가르치고 있다.

인권의 역설,
자기 파괴

윤리가 아닌 권리로서 성교육을 받다 보면 직접 체험해 보고 싶지 않겠는가? 그래서 실수하는 아이들이 있을 법하다. 어린아이들이니까 당연하다.

2014년에 〈SBS스페셜-포르노를 흉내 내는 청소년들〉이란 다큐멘터리가 방영되었다. 초등학교 4학년 때 우연히 접한 포르노 때문에 자극을 받아 같은 반 친구에게 성관계를 하자고 했던 청소년의 이야기가 소개되었다. 같은 해, 서울지방검찰청 사이버범죄수사대가 SNS에 아동 음란물을 유포하거나 이를 소지한 117명을 적발했다. 그중 초등학생이 33명이나 되었는데 2학년도 있었다. 또 초등학생들을 대상으로 만들어진 〈콘돔 없음 불안섹스, 피임 하면 파워섹스〉라는 제목의 피임 홍보포스터가 인터넷에서 화제가 되기도 했다.

청소년 인권단체 '아수나로'는 "신체 접촉, 혼숙, 성관계 처벌조항"을 연애 탄압으로 규정해 놓았다. 이들은 학생들의 성행위나 성교를 금지하고 처벌해야 할 대상으로 보는 학칙을 '반인권적 사고방식이 반영된 대표적 학칙'이라고 주장했다.

2013년 을지대학교 간호학과 J교수가 "성경험 청소년의 피임 실천에 영향을 미치는 요인 분석"을 위해 온라인 조사를 실시했다. 성경험이 있다고 답한 학생 3,475명 중에서 중학교 남학생의 63.7%, 여학생의 56.2%가 첫 경험 시기로 '중학교 입학 전'이라고 답했다. 현재 우리나라의 초등학생들이 성관계를 경험하고 있다는 이야기다. 이와 같은 충격적인 결과를 소개하면서 그 교수가 내린 결론이 무엇이었는지 아는가? "조기 피임 교육의 절실함"이었다.

그렇다면 초등학생들도 피임만 하면 섹스를 해도 된다는 말인가? 충격적인 통계 결과의 대책이 '조기 피임 교육의 절실함'이라니 참으로 황당한 결론이 아닐 수 없다. 사실 이와 같은 결론은 현재 이뤄지고 있는 성 교육과 일맥상통하고 있다. "섹스란 언제 하느냐가 중요한 것이 아니라, 어떻게 하느냐가 중요한 것이기 때문이다." 성이 권리의 개념이 되면서 성 윤리가 붕괴되고 있는 것이다.

성 윤리의 붕괴는 결국 생명 윤리의 붕괴로 이어지게 마련이다. 왜냐하면 성이 생명을 만들어 내기 때문이다. 낙태의 허용이 대표적인 사례다. 1973년 미국 연방대법원이 낙태를 합법화하는 판례를 만들었다. '로우 대 웨이드'(Roe vs Wade) 사건의 판결에 따라 여성은 임신 후 6개월까지 임신중절수술을 선택할 권리를 얻게 됐다.

당시 대법원은 낙태선택권을 수정헌법 14조 1항의 자유권의 일종으로 보고 결혼, 임신, 출산, 피임 등과 함께 동등하게 보장돼야 할 권리라고 밝혔다. "인간의 생명이 어느 순간부터 시작되는가 하는 어려운 문제에 대하여 철학, 신학, 의학 등에서 합의에 이르지 못하고 있으며 따라서 정립된 이론은 없다"는 것이 논거였다. 1960년대 성 윤리에 이어 생명 윤리가 붕괴되면서 태아를 죽일 수 있는 권리를 법적으로 인정해 준 것이다.

성 윤리의 붕괴는 낙태 문제를 거쳐 영아 살해 문제로 연결된다. 영국의 분자생물학자 프란시스 크릭(Francis Crick)은 DNA 이중나선 구조를 밝혀 내어 노벨생리의학상을 수상했는데 이런 말을 남겼다.

"신생아의 건강도를 체크해서 일정한 점수를 넘지 못하는 아이들은 안락사시켜야 한다."

프린스턴대학교 생명윤리학 교수인 피터 싱어(Peter Singer)는 "가족들이 보기에 살 만한 가치가 없다고 판단되면 죽일 수 있도록 해야 된다"고 주장했다.

성 윤리의 붕괴가 생명 윤리의 붕괴를 야기해 낙태, 영아 살해, 안락사, 존엄사 그리고 자살권까지 이어지게 만들었다. 내 몸은 내 마음대로 쓸 수 있다는 권리 의식이 성생활에 자유를 불어넣었고, 급기야 자살까지도 자기결정권의 하나라고 주장하게 만들었다.

생명 윤리의 붕괴는 C. S. 루이스(C.S. Lewis)가 《인간폐지》(The Abolition of Man)에서 말한 것과 같이 인간 자신의 파괴를 초래할 것이다. 인본주의 세계관이 인간에게는 자기 마음대로 할 수 있는 권리가 있다고 말하며 그것이 인간 자신을 위한 것이라고 주장하지만, 결국 스스로를 파괴되는 역설로 끝나는 것이다. 그러므로 성 윤리의 붕괴는 생명 윤리의 붕괴를, 그로 말미암은 인간 파괴는 곧 문명 파괴로 이어질 것이다.

뿌리가 바뀌면
열매가 달라진다

영적 전쟁 가운데 사탄은 인권과 평등이라는 이름으로 윤리를 권리로 둔갑시키면서 사회와 문명을 이끌어 가고 있다. 특히 성 윤리 영역에서 더욱 치열하게 활동한다. 이것을 분명하게 볼 수 있어야 한다.

그렇기 때문에 영적 전쟁에서 제대로 싸우기 위해서는 하나님 의 진리를 토대로 분명하고 확고한 성 윤리관으로 무장하고 서지 않으면 안 된다. 거룩을 지켜야 한다. 그렇지 않으면 소금과 빛의 사명을 감당할 수 없을뿐더러 영적 전쟁에서도 승리하기 어렵다.

세계관은 문화를 만들어 낸다. 어떤 문화를 만들어 내는가에 따라 교회의 운명이 달라진다. 흥망성쇠가 갈린다는 뜻이다.

예컨대 기독교 세계관과 인본주의 세계관이 서로 충돌하고 갈등하는 시대에 우리 교회가 기독교 세계관으로 무장하여 진정 소금과 빛의 사명을 감당하기 시작한다면 문화가 회복될 것이다. 문화가 회복되면 자연스럽게 교회가 부흥하게 될 것이다. 교회가 부흥하면 세상이 회복되고 샬롬을 이루어 가기 시작할 것이다.

반면에 인본주의 세계관이 득세하여 하나님의 말씀을 계속해서 허물어 간다면 문화는 파괴되어 갈 것이고 결국 교회가 쇠퇴할 것이다. 그에 따라 기독교 세계관과 가치관이 무너져 갈 것이다. 그러면 결국 세상도 음부로 더 깊이 내려갈 수밖에 없게 된다.

우리는 어느 세계관을 따라갈 것인가 기로에 서 있다. 특별히 한국 사회는 동성애라는 이슈 앞에 서 있다. 동성애가 정상이 되고 동성결혼이 합법화되면 인본주의 세계관의 흐름에 걷잡을 수 없이 휩쓸릴 수밖에 없을 것이다. 불을 보듯 뻔하다.

모세가 이스라엘 백성들을 가나안 땅으로 들여보내기 전에 광야에서 이 말씀을 유언처럼 반복한 이유가 있다.

> 네가 네 하나님 여호와의 말씀을 삼가 듣고 내가 오늘 네게 명령하는 그의 모든 명령을 지켜 행하면 네 하나님 여호와께서 너를 세계 모든 민족 위에 뛰어나게 하실 것이라 신 28:1

즉 기독교 세계관으로 무장하고, 말씀에 뿌리를 내리면 세계 모든 민족 위에 뛰어난 문화와 문명을 만들 수 있을 것이라는 뜻이다.

> 네가 만일 네 하나님 여호와의 말씀을 순종하지 아니하여 내가 오늘 네게 명령하는 그의 모든 명령과 규례를 지켜 행하지 아니하면 이 모든 저주가 네게 임하며 네게 이를 것이니 신 28:15

만약 기독교 세계관을 저버리고 하나님의 말씀을 하찮게 여기는 인본주의 세계관으로 돌아서면 교회가 쇠퇴하여 문화가 파괴되고 세상이 사망 상태에 들어가게 될 것이라는 예언이다.

출애굽 당시 가나안은 바알 신을 숭배하던 땅이었다. 바알은 풍년의 신이다. 바알과 아스다롯이 하늘에서 성관계를 가질 때 떨어지는 정액이 비라고 믿었다. 그래서 비를 많이 내리게 하려면 신들이 계속 성관계를 갖도록 해야 한다. 바알과 아스다롯을 지속적으로 자극하기 위해서 사제들이 신전에 모여서 집단 성관계를 갖던 것이 바알 숭배다. 바알 신전에 있던 여 사제들은 사실 창녀였다. 이스라엘 백성이 들어가 살아야 할 가나안은 성적으로 음란한 땅이었던 것이다.

〈뉴욕타임스〉 2016년 3월 19일자 기사에 따르면 뉴욕 타임스퀘어(Times Square)에 바알 신전이 세워질 계획이었다. 2015년 IS(Islamic State)가 시리아의 팔미라(Palmyra) 유적지에서 파괴한 2000년 된 신전을 뉴욕과 런던에 재현하려는 것이었다.

《종말의 시작》(The Beginning of the End)의 저자 마이클 스나이더(Michael T. Snyder)는 카리스마 뉴스(charismapodcastnetwork.com)를 통해 "비종교적인 미국인들에게는 바알이 누구인지 이해하는 것이 자신과 상관없겠지만 고대 바알 숭배의 많은 요소가 2016년 우리 사회에 반영되고 있다는 것이 문제다"라고 밝혔다.

그는 "고대 성인들이 바알의 제단 주변에 모여서 살아있는 아기들을 불에 태워 희생제물로 바쳤는데, 끔찍한 비명 소리와 불탄

시신이 풍기는 악취 속에서 남·녀 회중이 모두 성적 향연에 참여한다. 이 의식은 바알에게 제물을 바쳐 지구에 비를 가져와 경제적 번영을 생산하려는 의도였다"며, "오늘날 미국이 가지고 있는 성적 부도덕을 생각한다면 아마도 타임스퀘어에 바알 신전을 가지고 오는 것은 너무도 자연스러운 일인지도 모른다"고 전했다.

1959년 뉴욕 사진을 보면 배경에서 십자가를 종종 찾아볼 수 있었다. 당시의 세계관이 엿보이는 것이다. 그런데 2015년의 뉴욕 사진을 보면 이교적인 이미지가 많이 보이고 심지어 사탄을 숭배하는 장면도 눈에 띈다. 세계관의 변화를 분명하게 보여 주고 있다. 미국의 세계관의 뿌리가 바뀌어 가고 있다.

chapter

5

문화 전쟁 1

세계관이
문화를 바꾼다

기독교 세계관은
생명을 맺는다

　세계관은 문화와 문명을 만들어 낸다. 세계관에 따라 문명의 모습들이 달라진다. 기독교 세계관을 지키면 민족 위에 뛰어난 민족으로 만들어 주시겠다는 하나님의 약속이 있었다. 그렇지 않으면 썩은 문명을 만들어 낼 것이라고 모세가 신명기에서 유언했다. 그 예를 역사 속에서 찾아볼 수 있다.

　1411년, 세계의 문명을 지배하고 있던 것은 서구가 아닌 동양이었다. 명나라에서 자금성을 짓고 있었고, 텐진에서 항저우에 이르는 세계 최장 길이의 운하를 수리하는 작업이 진행되고 있었다.

　당시 서유럽은 1347년부터 1351년까지 인구의 절반을 앗아간

흑사병의 영향으로 비참한 나날을 보내고 있었다.

타임머신을 타고 1411년으로 가서 "앞으로 500년 후에 전 세계를 다스릴 문명은 동양이 아닌 서구"라고 말한다면 믿을 사람이 아무도 없을 것이다. 그런데 500년 만에 기적 같은 일이 일어났다.

1500년, 세계에서 가장 큰 도시는 중국 베이징이었다. 유럽에서는 프랑스 파리가 유일하게 10대 도시 중 8위로 올라 있었다. 그로부터 400년 뒤, 1900년에는 영국 런던이 인구 648만 명으로 세계에서 가장 큰 도시가 되었다. 인구 149만7천 명의 일본 도쿄가 아시아에서 유일하게 10대 도시 중 7위를 기록했다. 400년 동안 도대체 무슨 일이 일어났던 것일까?

하버드대학교의 역사학자 니얼 퍼거슨(Niall Ferguson)이 쓴《니얼 퍼거슨의 시빌라이제이션》(Civilization)에 보면 중국 사회과학아카데미의 학자가 다음과 같이 고백하는 내용이 나온다.

"서양이 세계의 패권을 쥐게 된 이유를 설명해 달라는 요청을 오랫동안 받아 왔다. 처음에는 서양이 동양보다 좋은 무기를 더 많이 갖고 있었기 때문이었을 것이라고 생각했다. 그러나 조금 더 생각해 보니 그보다는 우리(동양)보다 더 효율적인 정치적, 경제적 시스템을 가지고 있었기 때문이라는 생각이 들었다. 하지만 연구를 거듭할수록 서구 문명의 뿌리에 기독교가 있음을 발견했다. 결국 서양이 동양을 앞지를 수 있었던 건 바로 기독교 사상이 있었기 때문이라는 것을 깨달았다. 기독교가 핵심 비결이었다."

중국 사회과학아카데미의 저우 신펑이 말했다.

"초월성에 대한 기독교적 이해가 근대 서양 사회의 정치 발전에 결정적인 역할을 했다. 초월성을 받아들여야만 자유, 인권, 관용, 평등, 정의, 민주주의, 법치 등의 진정한 개념을 이해할 수 있다."

자연주의가 아닌 초자연적 질서와 절대자를 믿는 기독교 세계관 덕분에 진정한 의미의 자유와 법치와 인권 개념이 확립될 수 있었다는 것이다. 절대자가 부여한 절대적 진리와 윤리 기준을 토대로 인권 개념이 발전했기 때문에 서구 문명이 질서 가운데 안정적으로 번영하며 진정한 자유를 누릴 수 있었던 것이다.

기독교 사상과 서구 문명 발전의 상관관계를 주장하는 사람 중 대표적인 학자가 바로 독일의 사회학자 막스 베버(Max Weber)다. 1904년 미주리 주 세인트루이스에서 만국박람회가 열렸다. 기업가의 화신이라고 불리던 토머스 에디슨(Thomas Edison)도 참석했다.

막스 베버는 세계의 첨단 기술을 보고 상대적으로 위축되었다. 그는 '불과 200년 전만 해도 문명의 불모지였던 북미가 어떻게 이렇게 발전할 수 있었을까? 이 찬란한 문명은 어떻게 생겨났는가?' 하고 궁금해 했다. 세인트루이스에서 서쪽으로 약 150km 떨어진 소도시 세인트제임스를 방문한 그는 도시 전체에 퍼져 있는 수많은 교회들과 성경 공부를 하며 말씀대로 살아가는 시민들을 보게 되었다.

고향 하이델베르크로 돌아온 막스 베버는 미국 여행의 경험을 떠올리며 책을 썼다. 바로《프로테스탄트 윤리와 자본주의 정신》

(Die Protestantische Ethik und der Geist des Kapitalismus)이다. 이 책에서 그는

아주 혁명적인 선언을 한다.

"서양의 경제적 활기는 종교개혁의 열매다."

종교개혁의 핵심은 세 가지였다. 오직 성경, 만인제사장론 그리고 거룩함, 즉 하나님의 절대적인 진리를 토대로 한 윤리 도덕적 삶이다.

첫째, '오직 성경'(Sola Scriptura)은 교황이든 성직자든 하나님 말씀 위에 올라설 수(아주사) 없고, 하나님 말씀의 권위 아래로 내려와 무릎 꿇어야 한다(주아생)는 것이다. 종교개혁의 모토로 기독교 세계관의 회복을 선포하는 것이다. 세계관을 회복하기 위해서는 성경을 읽어야 한다. 성경을 읽으려면 글을 깨우쳐야 한다. 이런 이유로 교육제도가 발달하기 시작했다.

둘째, 만인제사장론은 소명 의식을 발달시켰다. 성직자뿐 아니라 만인이 제사장이라는 것이다. 신분에 상관없이 사람은 누구나 이 땅에 하나님 나라를 이루도록 하나님이 부르신 소명자라고 믿었다. 빵 하나를 굽더라도 하나님 나라를 위해서, 청소를 하더라도 하나님 나라를 위해서 하는 것이라는 소명 의식의 확산으로 문명과 기술이 더욱 발달하게 되었다.

셋째, 종교개혁을 통해 윤리 도덕적 기준이 회복되었다. 진리를 토대로 한 성경적 윤리관이 회복된 것이다. "오직 성경으로"라는 모토 아래 하나님의 말씀을 배우고, 진리대로 살아가는 기독교 세계관이 회복되니 진리가 내재되기 시작한 것이다. 그래서 진리를 거스르는 유혹이 올 때 양심의 가책을 받기 시작했다.

하나님의 진리를 토대로 살아가니 사회가 안정적으로 발전할 수밖에 없었다. 그 결과 문맹 퇴치가 일어났고, 언론 및 출판의 자유가 일어나기 시작했고, 평등사회와 민주사회에 대한 열망이 피어올랐고, 과학기술과 자본주의가 발달함으로써 산업혁명이 일어날 수 있었다. 막스 베버도 서양 문명의 발달은 결국 기독교 세계관의 회복에 있었다고 봤다.

1904년, 우리나라는 국세가 기울어 망해 가는 후기 조선 시대를 보내고 있었다. 당시 조선의 상황은, 서양 선교사들이 남긴 기록을 보면 명확하게 알 수 있다. 그들은 선교지 조선의 상황을 아주 객관적으로 분석하여 본국에 보고하곤 했는데 그 기록들이 지금도 남아 있다.

1832년에 네덜란드에서 조선으로 온 최초의 개신교 선교사 귀츨라프(Karl Gutzlaff)가 "조선은 가난한 나라, 더러운 나라, 양반과 수령들이 착취하는 나라"라고 기록했다. 서구 문명인의 눈으로 봤을 때 조선은 이상하고 더러운 나라일 수밖에 없었을 것이다.

미국 장로교 선교사 언더우드(Horace Grant Underwood) 박사의 부인은《상투 튼 사람들 사이에서의 15년》(Fifteen years among the Top-Knots)에서 "조선 여성들은 슬픔, 절망, 고역, 질병, 무지, 애정 결핍 등에 시달리고 있어서 눈에 생기를 잃은 채 멍하다"라고 기록했다. 당시 여성의 인권은 참혹할 정도였다.

영국 여행가 이사벨라 버드 비숍(Isabella Bird Bishop)은《한국과 그 이웃 나라들》(Korea and Her Neighbours)에서 "상류계급은 아무런 생산

활동을 안 하고, 중인계급은 정치적, 사회적 진출이 막혀 있어서 맡겨진 일만 하고, 하류계급은 더 일해 봐야 늑대에게 빼앗긴다. 조선은 가렴주구의 나라, 정의가 결여된 나라, 미신의 나라다"라고 말했다.

서구에서 온 많은 선교사들이 조선에 대해서 거의 같은 결론을 내리곤 했다.

"이런 나라는 망하지 않을 수가 없다. 망하지 않는 것이 기적이다."

1895년 배우 출신의 작가 루이스 조던 밀른(Louise Jordan Miln)은 단호하게 "조선은 망할 것 같다"고 예언했다. 그의 예측대로 15년 뒤인 1910년에 한일합병으로 조선이 망했다.

1910년으로 돌아가서 루이스 밀른에게 "한국이 정확하게 100년 뒤에는 세계적인 부국이 되어 있을 것"이라고 말하면 과연 그가 믿을까? 아마 믿을 수 없다고 대답할 것이다. 그러나 100년 후 2010년 세계 주요 20개국의 G20(Group of 20) 정상회의가 서울에서 열렸다.

비결이 무엇인가? 문명 발전의 뿌리가 어디에 있었느냐를 봐야 한다. 나는 막스 베버가 세인트제임스에서 발견한 것과 똑같은 것을 대한민국 전역에서 봤다. 바로 수많은 교회들이 그 증거다. 기독교 세계관이 이 땅 가운데 들어온 것이 핵심이다. 하나님의 진리에 뿌리를 내린 개인과 나라는 반드시 생명의 열매를 맺게 되어 있다.

개인뿐 아니라 나라와 민족이 어떤 세계관에 뿌리를 내리느냐는 살고 죽는 문제다. 하나님의 진리에 뿌리를 내리면 생명의 열매, 회복과 치유의 역사를 경험한다.

반면에 진리를 인정하지 않는 세계관에 뿌리를 내리면 죽음의 열매, 상처와 아픔의 역사를 경험할 수밖에 없다. 완전히 상반된 열매를 경험하게 되는 것이다. 따라서 이 시대에 선교적 사명을 감당하기 위해서는 하나님의 진리로 무장하고 그 진리를 세상 곳곳에 뿌리내리는 일을 감당해야 한다.

세계관이 담긴
문화의 위력

문화에 담긴 반성경적인 사상과 세계관이 영화, 음악, 드라마를 통해 확산되고, 성 윤리가 붕괴되면서 교회들이 쇠퇴해 간다. 내가 문화 속의 동성애 코드를 심각하게 보는 이유가 여기에 있다. 동성애를 미화하는 문화 흐름 안에는 하나님을 대적하는 적그리스도적 세계관이 녹아 있다. 따라서 동성애가 정상화되고 동성결혼이 합법화되면 그 안에 담긴 적그리스도적 세계관이 우리 사회에 깊이 뿌리를 내리게 된다.

백워드 매스킹(Backward Masking)이라는 음악 기법이 있다. 음악을 거꾸로 재생해서 들을 때 가사 속에 숨겨진 메시지를 들을 수 있는 녹음 기술이다.

비틀즈(The Beatles)의 노래를 거꾸로 틀면 세 가지 메시지가 나온다는 이야기가 있다. 프리섹스(free sex), 마약 그리고 권위에 대한 저항이다. 철저하게 반기독교적인 세계관이다. 그들의 음악에는 인본주의 세계관이 담겨 있다. 1960년대 비틀즈 음악이 서구를 휩쓸자 히피(hippie) 문화도 같이 널리 퍼졌다. 히피의 핵심 가치도 프리섹스, 마약, 권위에의 저항이다.

이와 같은 세계관이 담긴 음악과 문화가 미국 전역으로 확산되면서 결국 공교육에서 기도를 금지시키는 법안과 낙태를 합법화시키는 법안이 통과되었다. 옛날에는 기독교 세계관에 입각하여 정책과 제도를 입안하던 미국 사회가 급기야 동성결혼을 합법화하는 데까지 이른 것이다.

인본주의 세계관이 녹아든 문화가 확산됨에 따라 결과적으로 법이 바뀌어 갔음을 보여 준다. 옳고 그름의 기준이 재정립되어 버린 것이다.

우리나라는 어떨까? 백워드 매스킹 기법으로 가요를 조사해 봤다. 크게 세 가지, 음란, 폭력 그리고 지독한 반기독교적 메시지가 담겨 있었다. 바로 들을 때는 메시지가 들리지 않아도 무의식 가운데 노출될 수 있다. 그런데 사실 요즘 노래들은 대놓고 음란하고 대놓고 폭력적이며 대놓고 반기독교적이다.

문화 안에 담겨진 세계관이 알게 모르게 우리의 생각과 사상을 사로잡기 때문에 보고 듣는 것을 분별해야 된다. 드라마를 볼 때도 분별하고 조심해야 한다. 먹고 마시는 것을 철저하게 구별해야 한다. 거룩은 성 윤리에만 국한하여 요구되는 것이 아니다. 구별된 삶을 살지 않으면 어느새 오염될 수 있다.

1985년 아프리카 난민을 위한 자선기금을 마련하기 위해 세계적인 뮤지션들이 모여 〈위 아 더 월드〉(We Are the World)라는 노래를 불렀다. "아프리카의 죽어 가는 아이들에게 빵을 보내자"는 메시지를 담아 "우리는 모두 한 가족이기 때문에 하나님의 사랑을 그들에게 전해 줘야 한다"고 노래했다. 얼핏 들으면 매우 신앙적으로 들린다.

그런데 가사 중에 이런 내용이 있다.

"하나님이 돌을 빵으로 바꾸는 기적을 보여 주셨듯이"

(As God has shown us by turning stone to bread)

사실 성경에서 하나님이 돌을 빵으로 바꾸는 기적을 보여 주신 적이 없다. 이것은 예수님이 광야에서 40일 동안 마귀로부터 시험을 당하시던 때를 떠올리게 한다. 마귀가 예수님에게 돌을 빵으로 바꾸라고 유혹하는 장면 말이다.

마귀가 한 이야기를 하나님이 한 것처럼 말하고 있다. 진리를 교묘하게 왜곡시킨 것이다. 하나님의 이름으로 노래에 반성경적인 메시지들이 녹아 있다.

은연중에 뇌리에 남은 메시지 때문에 돌을 빵으로 바꾸어 달라는 기도를 새벽마다 드리게 된다. 자기도 모르게 기복적이고 물질주의적인 신앙 형태로 오염되어 간다. 그렇기 때문에 매사 성경적 진리로 철저하게 분별해야 한다.

동성애도 마찬가지다. 음란을 사랑으로 둔갑시킨다. 남자로만 구성된 가족을 보여 주는 자동차 광고도 있다. 즐겁게 과자를 먹으면서 "가족의 안전을 위해서 이 자동차를 타라"는 메시지를 준다. 그런데 흥미로운 것은 아빠는 말끔한데 엄마는 수염이 덥수룩하다. 일종의 충격 효과다. 의도적으로 수염 난 엄마의 모습을 보여 준 것이다. 남자 네 명으로 이루어진 가족을 친숙하게 받아들이도록 학습시키는 효과가 있다. 자꾸 보다 보면 수염 난 엄마가 익숙해지는 것이다. 처음엔 낯설고 거북하지만 자꾸 노출되면 자연스럽게 받아들이게 마련이다.

퀴어문화축제가 2000년 이래 서울에서 매년 열리고 있다. 이 문화축제가 의도하는 바가 바로 충격 효과와 반복 학습이다. 평상시에는 성적인 혐오감을 유발시키는 행동은 법적으로 제한하게 되어 있다. 노출이 심하면 공연음란죄를 적용하여 제재한다. 그런데 퀴어문화축제에서는 인권이란 명목 하에 경찰의 보호를 받으며 반라 상태로 시내를 행진한다. 일반인들도 다니는 개방된 장소에서 음란함을 드러낸다.

그들만의 축제를 여는 것은 자유라고 생각한다. 그러나 굳이 시내 한복판에서 반라를 보여 줄 필요는 없지 않은가. 자기들끼리 모인 장소에서 해도 된다.

그런데도 그들이 서울에서 거리 행진을 하는 이유는 충격 효과를 노리면서 "왜? 내 모습이 혐오스러워? 그렇게 보는 너희들이 잘못된 거야"라는 메시지를 은연중에 전달하기 위함이다. 또 그런 모습을 자꾸 보여 줌으로써 어느새 익숙하게 만들려는 것이다.

퀴어문화축제의 표어는 "사랑은 혐오보다 강하다"이다. 표어가 거리 행진과 결부되어 "지금 이 모습을 보고 혐오감을 느낀다면, 당신은 사랑하지 않는 사람이다"라는 메시지를 주입시킨다. "정말 사랑할 줄 안다면 이런 모습을 보고도 혐오감을 가져선 안 된다"고 어필하는 것이다. 매해 반복적으로 메시지를 노출시킴으로써 동성애에 익숙해지고 길들여지게 만든다. 결과적으로 동성애에 대한 혐오감을 스스로 없애는 노력을 하게 만든다.

퀴어문화축제에서 '음란 부채'를 나눠 주었다. 손가락을 넣으면 남성의 성기처럼 나오고, 집어넣으면 항문에 삽입하는 것처럼 보이는 부채다. 반복 학습 효과를 노리며 길들이는 것이다. 남녀 성기를 본 딴 수제 쿠키까지 등장했다. "이게 뭐 어때서?" 하면서 친숙해지라고 강요한다.

동성애자들의 행진과 우연히 마주친 엄마가 어린아이의 눈을 손으로 가려 주는 사진을 봤다. 이걸 보자 의문이 떠올랐다.

"대체 누가 누구의 인권을 침해하고 있는가?"

만약 내가 그들처럼 엉덩이가 훤히 드러나는 속옷을 입고 거리를 활보한다면 십중팔구 경찰에 체포될 것이다. 그런데 그들은 문화란 이름으로, 인권이란 이름으로 공권력의 보호를 받으며 거리를 활보하고 있었다. 나는 안 되는데 그들은 된다. 나는 처벌을 받을 수 있는데 그들은 보호를 받고 있었다. 무엇을 말하는가? 그들이 요구하고 있는 것은 사실상 '인권'이 아니라 '특권'이라는 사실이다.

110

이런 흐름이 교회 안까지 들어왔다. 동성애를 지지하기 위해서 '퀴어신학'을 만들었다. 퀴어신학에 따르면 다윗과 요나단은 동성애자다.

> 다윗에 대한 요나단의 사랑이 그를 다시 맹세하게 하였으니 이는 자기 생명을 사랑함 같이 그를 사랑함이었더라 삼상 20:17

예수님과 열두 제자도 동성애 관계라고 주장한다. 그러니까 동성애는 죄가 아니라는 것이다. 하나님 말씀의 권위 아래서 모든 것을 판단하는 것이 아니라 말씀 위에 올라타서 자기 마음대로 해석하는 것이다.

미디어는 둔갑술에 능하다. 가해자를 피해자로 둔갑시키고, 피해자를 가해자로 둔갑시킨다. 미디어 문화는 진리를 보여 주지 않는다. 우리가 즐겨 보고 듣는 드라마나 음악은 진리를 가르쳐 주지 않는다. 미디어를 쥐고 있는 세상의 관점을 비춰 줄 뿐이다. 그렇기 때문에 미디어에 빠져 살면, 미디어가 진리인 양 의존하게 되고 결국 자신도 모르게 세계관까지 따라가게 된다.

세상의 소금과 빛의 사명을 제대로 감당하려면, 미디어를 통해 보이는 것들에 현혹될 것이 아니라 성경적 진리와 세계관에 입각하여 미디어 문화를 분별할 수 있는 능력을 갖춰야 한다.

세계관 전쟁은 곧 문화 전쟁이다. 특별히 동성애와 관련해서 이 시대 미디어 문화가 우리에게 집중적으로 비춰 주는 메시지가 세

가지 있다. 첫째, 동성애는 선천적으로 타고난다는 것이다. 둘째, 동성애는 정신질환이 아니라는 것이다. 병이 아니라 사랑이라고 주장한다. 셋째, 동성애와 에이즈는 아무런 관련이 없다는 것이다. 사탄이 미디어와 교육 정책을 통해 이 세 가지 메시지를 사람들의 생각 가운데 주입하고 있다.

문화가 말하는 동성애 1.
동성애는 타고나는 것인가?

우선 동성애가 선천적인 것인지 살펴보자. 동성애자들이 선천성을 주장하는 이유는 그래야 윤리적인 문제를 회피할 수 있기 때문이다. 백인으로 또는 흑인으로 태어나고 싶어서 태어난 사람이 어디 있는가? 인종이나 성별은 타고나기 때문에 윤리의 문제가 아니라 다름의 문제다. 마찬가지로 동성애라는 윤리적 문제를 다름의 문제로 인정받기 위하여 전략적으로 선천성을 주장하며 이를 입증하려고 노력한다.

이를 입증하기 위해서는 동성애자의 수가 상당히 많음을 입증해야 한다. 정말 선천적이라면 그렇게 태어나는 사람이 많아야 한다.

1948년 미국의 동물학자 알프레드 킨제이(Alfred Kinsey)가 남성 5,300명을 조사한 후《남성의 성적 행동》(Sexual Behavior in the Human Male)이란 책을 출판했다. 동성애자의 비율을 조사한 최초의 연구다. 킨제이는 이 책에서 미국 남성의 13%가 16세에서 55세까지 최소 3년 동안 동성애 경향을 보인다고 주장했다. 그리고 1953년 《여성의 성적 행동》(Sexual Behavior in the Human Female)에서는 여성의 7%가 동성애자라고 주장했다. 어마어마한 숫자다.

킨제이 자신은 양성애자였다. 진화론자로서 인간을 포유류, 즉 동물로 보기도 했다. 그가 포유류를 관찰해 보니까 동성 간 성관계를 갖는 동물도 있고, 심지어 다른 종과 성관계를 갖는 동물도 있었다. 인간이 포유류의 일종이므로 인간에게 동성애는 자연스러운 것이라고 주장했다. 킨제이는 동성애는 물론 수간(獸姦)까지도 지극히 정상적인 성행위로 인식했다.

조사를 위해 그가 뽑았던 표본군에는 남자 매춘부 수백 명, 성범죄자 1,200명, 성정체성에 문제가 있는 고등학생 300명, 다수의 소아성애자와 노출증 환자 등이 포함되어 있었다. 킨제이는 유아, 어린아이들에게 오르가즘을 느낄 수 있도록 손과 입으로 자위행위를 하도록 시키기도 했다. 이는 주디스 레이즈면(Judith Reisman)이 《킨제이, 성 그리고 사기》(Kinsey, Sex and Fraud)에서 밝힌 내용이다.

과연 킨제이 보고서는 신뢰할 만한가? 신뢰할 수 없다. 그런데도 록펠러대학교(The Rockefeller Institute)의 브루스 보엘러(Bruce Voeller) 교수는 킨제이의 조사를 인용하여 인구의 약 10%가 동성애자라고 주장했다. 후에 자신도 동성애자라고 커밍아웃했으며 동성애 인권단체의 창시자가 되었다. 60세가 되던 해에 에이즈로 사망했다.

정말로 동성애자가 이렇게 많은가? 천만의 말씀이다. 잘못된 수치다. 킨제이의 조사가 과장되었음을 뒷받침하는 조사 결과가 있

다. 생화학박사 닐 화이트헤드(Neil Whitehead)가 아내 브라이어(Bria)
와 함께 1988년부터 2010년 사이에 수행된 여러 설문 조사 결과
를 수집했다. 그중 남자 동성애자 빈도의 평균값은 약 1%였고, 여
자 동성애자 빈도의 평균값은 약 0.6%였다. 그래서 남녀를 합했을
때는 동성애자가 대략 0.8% 정도로 나타났다.

2003년 캐나다 공중위생 조사팀에서 조사한 결과에 따르면 동
성애자가 1%, 양성애자가 0.7%밖에 안 됐다.

미국 CDC(질병통제예방센터)의 통계 자료에 따르면 2006년에서
2008년 사이 조사한 결과 동성애자가 1.4%, 양성애자가 2.3%밖에
안 됐다. 그리고 2010년 영국 런던 통계청의 인구조사에 따르면
동성애자는 약 1%, 양성애자는 약 0.5%에 불과했다.

킨제이의 연구 조사 이후 국제기관에서 발표한 자료 대부분의
동성애자 비율은 1~2%밖에 되지 않았다. 결론적으로 엄청나게
과장된 것임을 알 수 있다.

그럼에도 불구하고 여전히 많은 사람들이 킨제이 보고서를 지
금까지 많이 인용하고 있다.

이제 동성애를 유발시키는 유전자가 존재하는가에 대한 설명
을 하겠다. 1993년 분자생물학자 딘 해머(Dean Hamer)가 "X염색체의
Xq28이 남자 동성애와 상관관계가 있다"고 세계적으로 권위 있는
과학 전문지 〈사이언스〉(Science)에 발표했다. 이것이 발표되자마자
전 세계 언론이 드디어 동성애의 유전 비밀이 밝혀졌다고 대서특
필하였다.

그러나 1999년 윌리엄 라이스(William Rice) 교수가 Xq28 유전자를 조사한 결과, 남자 동성애자와는 아무런 관련이 없다는 연구 결과를 〈사이언스〉에 발표했다. 2005년 딘 해머도 참여한 무스탄스키(Mustanski) 연구팀에서 전체 게놈(genome)을 조사한 결과, Xq28은 동성애와 아무런 관련이 없음을 결론 내리고, 7번, 8번, 10번 염색체에 동성애 관련 유전자가 있을 수 있다고 추정했다. 하지만 2010년 라마고파란(Ramagopalan)이 연구한 결과 7번, 8번, 10번 염색체에서 동성애 관련 유전자를 전혀 발견하지 못했다고 발표했다.

결국 동성애를 유발하는 유전자가 있을 것으로 추정되는 모든 부분에 대한 연구 결과들이 부정되었다.

동성애와 관련된 유전자 연구 결과의 연대기적 요약

저자	연도	결과	비고
딘 해머	1993	X염색체 위의 Xq28이 남성 동성애와 상관관계 있음	〈사이언스〉에 발표. 서구 언론이 동성애 유전자를 발견했다고 대서특필
윌리엄 라이스	1999	Xq28의 네 개의 표지유전자를 조사한 결과, Xq28이 남성 동성애와 관련 없음	〈사이언스〉에 발표

무스탄 스키팀 (해머 포함)	2005	전체 게놈을 조사한 결과, Xq28이 동성애와 상관관계가 없음. 7번, 8번, 10번 염색체에 동성애 관련 유전자가 있을 것으로 추정	1993년과는 달리 Xq28이 동성애와 관계 없는 이유를 자세히 분석함
라마고 파란	2010	전체 게놈을 조사한 결과, 7번, 8번, 10번 염색체에서 동성애 관련 유전자를 발견하지 못함	전체 게놈에서 동성애 유발 유전자를 발견하지 못함

출처: 길원평 외 5인,《동성애 과연 타고나는 것일까》

그렇다면 정정 보도가 나가고, 관련 서적의 내용이 개정되어야 할 텐데 아직까지도 제대로 진행되고 있지 않다. 딘 해머의 처음 발표가 수정되지 않은 채 계속해서 전해지는 바람에 "동성애는 선천적"이라는 학설이 정설처럼 받아들여지고 있는 상태다.

유전자에 동성애 유발 인자가 없다는 걸 입증하는 아주 좋은 증거 사례가 있다. 바로 일란성 쌍둥이의 동성애 일치 비율이다. 하나의 수정란이 나뉘어서 쌍둥이가 되었기 때문에 유전자가 같다. 만약 쌍둥이 중에 한 명이 동성애자라면 나머지 한 명도 동성애자여야만 한다.

1952년 미국의 유전의학자 칼만(Franz J. Kallmann)이 일란성 쌍둥이를 조사했더니 동성애 비율이 100% 일치했다고 발표했다. 그가 뽑은 표본군은 교도소 및 정신병원 수감자들이었다.

1991년 미국 정신과 전문의 마이클 베일리(Michael Bailey)는 일란성 쌍둥이의 동성애 일치율이 약 52%라는 연구 결과를 발표했다. 그런데 표본을 모집할 때 동성애를 옹호하는 언론 매체를 통해 공고하여 다수의 동성애자 쌍둥이들이 지원하는 결과를 초래했다고 한다. 사실상 신뢰하기 어려운 표본이다.

2000년과 2010년에 대규모 설문조사가 실시되었다. 미국의 켄들러(Kendler), 호주의 베일리(Bailey), 스웨덴의 랑스트롬(Langstrom) 등이 각각 1,512명, 3,782명, 7,652명을 대상으로 조사했다. 그랬더니 일란성 쌍둥이의 동성애 일치 비율이 각각 남녀 합하여 약 18%, 남 11%와 여 13%, 남 9%와 여 12%가 집계되었다. 평균 10% 안팎에 지나지 않았다.

대규모로 수행된 설문조사 요약

	켄들러 등	베일러 등	랑스트롬 등
발표 연도	2000년	2000년	2010년
조사 대상 국가	미국	호주	스웨덴
조사대상자 수	1,512명	3,782명	7,652명
일란성 쌍둥이의 동성애 일치 비율 (Pa)	18.8%	남성 11.1% 여성 13.6%	남성 9.9% 여성 12.1%

따라서 일란성 쌍둥이의 동성애 일치 비율을 보면 동성애가 유전이 아님이 명확해진다.

마지막으로, 동성애자는 정상적인 임신과 출산이 불가능하기 때문에 동성애 유전자가 있다손치더라도 후손에게 물려줄 수가 없다. 뉴질랜드에서 조사한 결과, 동성애자 가운데 이성애자와 결혼하여 출산하는 비율이 남자는 약 13.5%, 여자는 약 47%가 된다고 한다. 이들 중에 유전된다고 하더라도 세대가 지날수록 줄어들 수밖에 없다. 왜냐하면 동성애자의 13.5%와 47%만이 아기를 낳기 때문이다.

동성애 문제는 어제오늘의 이야기가 아니다. 소돔과 고모라 시대, 고대 로마제국 시대에도 있었다. 그렇게 오랫동안 여러 세대를 거쳤으면 지금쯤은 동성애가 없어졌어야 한다. 왜냐면 동성애자의 출산율이 매우 낮기 때문이다. 그런데도 동성애는 여전히 존재한다. 이것은 유전의 문제가 아니라는 명확한 증거다.

그러니까 이번에는 또 다른 논리를 내세운다. "동성애와 두뇌가 관련이 있다"는 주장이다. 1991년 영국의 신경과학자 사이먼 리베이(Simon LeVay)가 뇌의 시상하부 제3간질핵 부위를 조사하니 남자의 경우 동성애자가 이성애자보다 크기가 작았으며 여성과 크기가 비슷했다고 〈사이언스〉에 발표했다. 따라서 간질핵의 크기가 동성애와 관련 있다는 주장을 펼쳤다.

그러나 2001년 신경해부학자 윌리엄 바인(William Byne)이 "간질 핵의 크기는 다르지만 그 안에 들어가 있는 신경세포 뉴런의 개수는 똑같으므로 동성애와 간질핵의 크기는 연관이 없다"고 발표했다.

한편 1992년 알렌(L. S. Allen)이 "뇌의 전교련(anterior commissure) 단

면을 보면 여성이 남성보다 크고, 남성 동성애자가 남성 이성애자보다 크기 때문에 전교련과 동성애는 연관성이 있다"는 논문을 발표했다. 정확하게 10년 후 라스코(M. S. Lasco)는 "전교련의 단면을 조사한 결과 남녀의 차이가 없고, 남자 동성애자와 남자 이성애자 사이에도 차이가 없다"고 발표했다.

이와 같이 동성애는 두뇌의 크기와는 관련성이 없다. 다만 "동성애는 선천적"이라는 신념이 좀처럼 사라지지 않는 것일 뿐이다.

동성애는 오히려 "후천적인 환경의 영향이 더 크다"는 연구 조사들이 많다. 예를 들어 어릴 때 학대를 받은 사람이 동성애자가 되는 확률에 긍정적인 상관관계가 있음이 여러 연구논문을 통해 밝혀졌다. 약 1.6배에서 4배 정도가 많다고 한다.

또 기숙사, 교도소, 군대와 같이 성적 욕구를 마음껏 해소하기 힘든 억압된 장소에서 동성애 성향이 나타날 수 있다거나 동성애를 미화하는 영화나 동성애 포르노가 동성애 형성에 영향을 끼칠 수 있다는 조사들이 나오고 있다.

최근 김광진 감독이 〈나는 더 이상 게이가 아닙니다〉라는 다큐멘터리를 제작하였다. 내용을 보면, 딘 히쳐(Dean Hitcher)가 4살 때, 어머니로부터 성적 학대를 당했다. 그 후 가장 안전해야 할 어머니가 가장 위험한 존재가 되었다. 딘은 마음의 문을 완전히 닫아 버렸다. 아버지와의 관계가 안 좋았던 딘은 마음속 채워지지 않는 큰 빈자리를 갖게 되었다.

청소년기에 접어들면서 성 호르몬이 급격히 변화할 때, 자신 안의 성적 욕구가 남자를 원한다고 잘못 해석하기 시작했다. 동성애 포르노를 보면서 공허감을 달래 봤지만 소용이 없었다. 동성애에 점점 더 깊이 빠져들었다.

딘 히쳐가 동성애자로 타고난 것은 아니었다. 가정환경과 왜곡된 성 경험으로 인해 자기도 모르게 동성애적 성향이 있다고 오해하게 되었고, 동성애 포르노에 습관적으로 노출되다 보니 중독이 되어 버렸던 것이다. 그러나 그는 다행히 '탈동성애'에 성공했다.

1994년 미국 시카고에서 수행된 조사에서 청소년기를 어디서 보내느냐에 따라 성적 성향이 달라진다는 연구 결과가 나왔다. 두 가지 질문을 했다. 14세에서 16세까지 청소년기를 어디에서 보냈느냐와 지난 1년 동안 동성애 상대가 있었느냐였다.

그 결과, 지난 1년 동안 동성애 상대가 있었던 남성 중 시골에서 자란 경우는 1.2%, 중소도시에서 자란 경우는 2.5%, 대도시에서 자란 경우는 4.4%였다. 여성의 경우, 시골에서 자란 경우는 0.7%, 중소도시는 1.3%, 대도시는 1.6%였다.

시골에서 청소년기를 보내는 사람과 도시 환경에서 성장한 사람 간에 동성애자가 될 확률에 차이가 있다는 것이다. 환경적인 영향의 증거를 보여 주는 예라고 할 수 있다.

또 설문 조사에 따르면 나이가 들수록 동성애자의 비율이 떨어진다고 한다. 조사 결과 50대 동성애자의 비율이 30대 동성애자 비율의 절반 이하로 떨어졌다. 만약에 동성애가 유전이라면 나이가 들어도 동성애자여야 할 텐데 그렇지 않았다. 10대에는 흑인이었다가 50대가 되면 백인이 되는 경우가 있는가? 없지 않은가. 이것만 봐도 동성애는 후천적인 요인이 더 크게 작용한다는 것을 알 수 있다. 무엇보다 선천적이든 후천적이든 자신의 의지와 선택에 달려 있다고 하겠다.

브라이어 화이트헤드(Briar Whitehead)가 쓴《나는 사랑받고 싶다》(Craving for Love)에서 비버(Bieber) 박사가 20년간 조사한 결과, 동성애에서 이성애로 바뀌는 확률이 30%에서 50% 정도 된다고 한다. 임상심리학자 크론마이어(Kronemeyer) 박사는 80%의 동성애 남성과 여성이 치료를 받은 후에 만족스러운 이성애자로 변화되었다고 밝혔다.

동성애가 유동적임을 나타내는 연구 자료가 있는데, 2006년 로자리오(Rosario) 연구 팀이 성장 과정을 추적하여 조사한 결과 동성애자의 57%는 동성애자로 남았지만 나머지는 변화되었다는 것이다. 이런 것들을 보면서 동성애가 치유된다는 것을 알 수 있다.

케이건 웨슬리(Kagan Wesley) 목사는 9살 때 생일잔치에 놀러갔다가 다른 남성들로부터 성폭행을 당했고, 이후 혼란에 빠져 동성애와 마약, 알코올중독에 빠져 살았다. 18살 때 하나님을 만난 덕분에 동성애를 극복할 수 있었다. 그 계기를 이렇게 설명했다.

"예수 그리스도가 누구인지 몰랐기 때문에 믿지 않았어요. 긴 이야기를 짧게 하자면 그날 밤 나는 제단 앞으로 나아갔습니다. 무슨 말을 해야 할지, 어떻게 기도해야 할지도 모른 채 말입니다.

그리고 예수께서 내 인생 가운데 들어오시기를 요청했어요. 잊을 수 없는 추억입니다. 그 순간 하나님의 사랑이 내 인생에 개입해 들어왔고, 바닥에 무릎을 꿇고 콧물까지 흘리면서 울었던 것이 기억납니다. 그 이전까지 내 인생에서 체험해 보지 못한 큰 사랑이었습니다. 내 인생을 통틀어 구해 왔던 것을 그 순간 예수님이 행하셨습니다. 예수님이 나를 변화시키셨습니다."

기자가 질문했다.

"지금도 동성애에 대한 유혹을 받습니까?"

그러자 웨슬리 목사가 대답했다.

"여전히 유혹으로부터 벗어날 수는 없습니다. 그러나 예수님도 유혹을 받으셨습니다. 문제는 유혹이 있느냐 없느냐가 아닙니다. 우리는 모두 죄 가운데서 태어났기 때문에 구원을 받아야 하고 거듭나야 합니다. 그러므로 예수님께 더욱 가까이 나아가야 합니다."

그는 지금 설교 사역을 왕성히 감당하고 있다.

이런 사례는 우리나라에도 있다. 다큐멘터리 〈나는 더 이상 게이가 아닙니다〉에 나오는 P형제는 현재 강남에 있는 한 교회에서 찬양 사역자로 섬기고 있다. 그는 어릴 때 집근처에 살던 친척 형이 집에 놀러와 "우리 레슬링 할래? 그런데 레슬링을 하려면 옷을 다 벗어야 돼. 그리고 성기를 비비는 거야"라고 해서 그대로 따라했다고 한다.

P형제는 어린 시절 유약한 성품의 소유자였다고 말한다. 그의 유약한 성품에 친척 형의 남성적인 것이 확 들어오니까 싫은데 좋

은 듯한 미묘한 작용이 일어나기 시작했다. 이후 인터넷 카페에 들어가 보니 동성애 친목 모임이 생각보다 훨씬 많았다. 그는 카페에 가입하고 동성애자들과 교제하면서 동성애에 대해서 더 깊이 알게 되었고 동성애자로 살아가게 되었다.

그는 "하루도 빠짐없이 술을 마셨고, 찜질방에서 자면서 남자들과 관계를 맺었다. 그래도 정욕이 채워지지 않았다. 말로 표현할 수 없는 고통이 있었다. 하면 만족이 되어야 하는데 할수록 욕구가 더 강해졌다"고 고백했다. 그러던 어느 날 몸에 이상한 기운이 느껴져 병원에 갔더니 에이즈 판정을 받게 되었다. 부모 몰래 치료를 받다가 고통 가운데 목사님의 도우심과 교회 공동체의 도움으로 극적으로 동성애로부터 벗어나게 되었다.

그는 또 이렇게 말한다. "동성애를 하면 할수록 내가 더 망가지게 된다. 육체적, 정신적 스트레스, 자살 충동, 삶의 어그러짐, 이것은 사랑의 열매가 아닌 것이다" 그러면서 "절대 포기하지 말고 극복하고자 하는 의지만 있으면 극복할 수 있다"고 말한다.

이들을 통해서도 분명히 알 수 있는 것은 동성애는 유전이 아니며 자신의 선택과 결단에 따라 극복할 수 있다는 것이다.

문화가 말하는 동성애 2.
동성애는 정신질환이 아니다?

오늘날 문화 미디어가 동성애와 관련해서 전달하고 있는 둘째 메시지는 '정신질환이 아니다'라는 것이다. 정신질환이 아니라는 것은 치료의 대상, 즉 치유의 대상이 아니라는 것이다.

"병이 아닌데 병이라고 말한다. 환자가 아닌데 자꾸 환자라고 한다. 그러니 인권 침해다."

동성애의 선천성은 윤리적인 문제를 회피하기 위한 것이고, 동성애가 정신질환이 아니라는 주장은 동성애가 치료 대상이 아님을 주장하기 위한 전략이다.

미국의 동성애 인권활동가들은 동성애를 범죄시하는 것에서는 벗어났지만 동성애를 계속 병으로 보는 한 동성애를 정상화시킬 수 없다는 사실을 깨달았다. 그러고 나서 〈킨제이 보고서〉와 같은 잘못된 자료들을 근거로 미국정신의학회(APA)에 동성애를 정신질환 목록에서 제외해 줄 것을 강력하게 요구했다. 그래서 1973년 APA 정신질환 목록에서 동성애가 결국 삭제되었는데 삭제되면서부터 동성애는 더 이상 병이 아니라 정상적인 사랑으로 인정받기 시작했다. 이는 연세대학교 의대 명예교수이며 신경정신과 전문의인 민성길 박사가 〈동성혼과 한국 교회의 과제〉 학술발표에서 말한 것이다.

1970년부터 동성애 인권 운동가 그룹인 국내동성애자기동대(The National Gay Task Force)가 세미나장에 난입하거나, 시위하거나, 마이크를 뺏는 등 소란을 일으키거나 하면서 APA 소속 의사들에게 끊임없이 압력을 가하고 로비를 펼쳤다.

결국 1973년 APA 회원 투표로 정신질환 목록(DSM-III)의 성도착증 범주에 있던 동성애를 삭제시킬 수 있었다. 이는 로널드 베이어(Ronald Bayer)가 1981년에 쓴 《Homosexuality and American Psychiatry》에서 평가한 대로 정치적인 결정이었다.

그런데 APA에 있는 다른 정신과 의사들이 총회의 결정에 반기를 들기 시작했다.

"이런 압력에 굴복해서 동성애를 정신질환 목록에서 빼는 것은 있을 수 없다."

그래서 반대 의견에 대한 타협으로 병명 가운데 '자아 이질적 성적 지향'(Egodystonic sexual orientation)이라는 이름을 남겨 두어 자신의 동성애적 성향이 싫거나 고통을 느낄 경우 치료를 받을 수 있게 하였다. 동성애를 정신질환 목록에서 삭제시키긴 했지만, '자아 이질적 성적 지향'이라는 병명을 남겨 둠으로써 치료를 받을 수 있는 여지를 남겨 둔 것이다. 그러나 이마저도 1987년에 개정되어서 삭제되고 말았다.

1993년 세계보건기구(World Health Organization, WHO)가 정신장애 분류에서 동성애를 삭제하였다. 그러나 2015년 분류표에 성정체감장애(Gender Identity disorders), 성선호장애(Disorders of sexual preference), 자아 이질적 성적 지향(Egodystonic sexual orientation) 등과 같은 병명은 남겨 두었다. 우리나라에서도 이것을 그대로 번역해서 〈표준 질병 사인 분류〉로 사용하고 있다. 그러니까 동성애는 아직 질병으로 남아 있는 셈이다.

동성애는 정신질환인가, 아닌가? 여전히 정신질환이다. WHO에서도 그것을 말하고 있고, 우리나라 〈표준 질병 사인 분류〉도 동성애를 여전히 질병으로 분류하고 있다.

문화가 말하는 동성애 3.
동성애는 에이즈와 관련이 없다?

오늘날 문화가 동성애에 대하여 전달하고 있는 셋째 메시지는 "동성애는 에이즈와 관련이 없다"는 것이다. 그러나 이것은 새빨간 거짓말이다. 동성애가 국민 보건과 아무런 연관이 없다고 주장하기 위해 거짓말하는 것이다. 이것은 결코 사실이 아니다.

2015년 질병관리본부에서 보고한 〈2014년도 에이즈 신고 현황 보고서〉를 보면, 2014년 현재 남자 한국인 에이즈 환자가 8,885명(92.4%), 여자가 730명(7.6%)이다. 2014년 한 해 동안 신규 에이즈 바이러스 감염자가 남자 1,100명, 여자 91명이다. 연령대로 보면 20대가 367명으로 전체 신규 감염자의 30.8%를 차지했으며, 30대가 282명으로 23.7%를 차지했고, 40대가 229명으로 19.2%이다. 그러니까 20~40대가 전체 신규 감염자의 73.7%가 된다. 청년 에이즈 환자가 급증하고 있다.

2000년대에 이르면서 국내 에이즈 환자가 급격히 증가했다. 2000년 신규 감염인 수가 200명을 돌파했고. 2003년에는 500명을 돌파했으며, 2013년에는 1,000명이 넘었다. 그러니까 13년 만에 5배가 늘어난 것이다.

누적 에이즈 감염인을 살펴보면 2004년까지 우리나라 총 에이즈 감염인 수가 3,147명이었는데, 2014년에는 11,504명으로 10년 동안에 3.6배 증가하였다. 그래서 매년 발생하는 신규 에이즈 감염자 수를 더해서 그래프로 그리면 경사도가 무척 크다. 완만하게 증가하다가 2000년도에 이르러 45도 각도로 급증한 것이다.

"에이즈 환자가 급증한 것이 동성애 때문이냐"고 물을 수 있다. 2011년 보건복지부의 〈국민 건강 종합 증진 계획〉에 따르면 우리나라 에이즈 환자의 약 99%가 성 접촉에 의해서 감염되었다고 한다. 에이즈 환자의 91.7%가 남성에 편중되어 있음을 감안할 때 우리나라는 아직까지 남자 동성애자 간 성 접촉이 주요 전파 경로라고 할 수 있다.

우리나라만 그런 것은 아니다. 미국 CDC의 발표에 따르면, 2008년부터 2010년까지 증가한 에이즈 감염자의 1~3위가 남성 동성애 집단(MSM)이다. 1위가 백인 남성 동성애자, 2위가 흑인 남성 동성애자, 3위가 히스패닉 남성 동성애자다.

CDC 자료에 따르면 13~19세 가운데 에이즈에 감염된 사람의 92.6%가, 20~24세 가운데 91.7%가 남자 간 성 접촉에 의해 감염된 것을 알 수 있다.

채워지지 않는 공허, 유혹하는 성

1000명 이상
(28%)

100-249명
(15%)

250-499명
(17%)

500-999명
(15%)

백인 남성 동성애자의 평균 섹스 파트너 수

동성애자들이 왜 에이즈에 더 많이 감염되는가 하면 실제로 문란한 성생활 때문이다. 1978년 백인 남성을 상대로 한 조사에서 평균 섹스 파트너(sex partner) 수가 왼쪽과 같다고 했다.

실제로 연예인 H씨는 서울대 특강에서 학창시절 동성애자로서 어떻게 성욕을 해결하였는지에 관한 질문을 받고 중고등학교 때 남자 선배 300명 이상과 성관계를 가졌다는 충격 고백을 했다. 또 그는 다른 질문에 대해 "동성애자가 4년간 사귄 것은 이성애자가 마치 40년을 사귄 것과 마찬가지다"라고 말하기도 했다.

동성애 커플의 관계 지속 기간이 이성애 커플에 비해 짧다는 사실은 통계로도 나와 있다. 2001년 미국 CDC 산하 국립보건통계센터(National Center for Health Statistics)의 결혼과 이혼에 대한 연구 결과에 따르면, 첫 결혼 부부관계의 66%는 10년 이상, 50%는 20년 이상 지속되었다. 2002년 미국 통계국의 연구 결과도 비슷했는데, 1970~1974년에 결혼한 70.7%의 여성들은 결혼 10주년을 지냈고, 57.7%는 20년 이상 결혼 관계를 지속하고 있었다.

반면에 2003~2004년 Gay/Lesbian Consumer Online Census가 7,862명의 동성애자들을 대상으로 설문조사를 한 결과, 그들의 관

계 지속 기간을 보면, 1년 이하가 11%, 1~3년이 31%, 4~7년은 29%, 8~11년은 14%, 12~15년은 6%, 16~19년은 4%, 20년 이상 관계를 지속한 커플은 5%밖에 안 되는 것으로 나타났다. 12년 이상 관계를 지속한 커플은 약 15%밖에 안 되었으며, 과반수가 1~7년 정도 관계를 지속했다. 2003년 한 에이즈 관련 잡지에 실린 네덜란드의 남성 동성애자에 대한 연구에 따르면, 안정된 동반자 관계의 기간이 1.5년이었다.

뿐만 아니라, 동성애 커플은 이성애 커플에 비해 정절 인식도 매우 낮은 것으로 나타나고 있다. 오래된 자료이기는 하지만, 1985년도 통계 자료에 따르면 결혼한 여성의 경우 남편에 대해 성적 순결을 유지하는, 즉 외도하지 않는 비율이 85%, 결혼한 남성의 경우는 75.5%인 반면에 남자 동성애자의 경우에는 파트너에 대해서 성적 서약을 지키는 경우가 4.5에 불과한 것으로 나타났다.

이와 같은 자유분방한 성생활은 그들의 삶을 만족감과 행복으로 인도하기는 커녕 오히려 더 큰 공허함과 황폐한 삶으로 인도하고 있다.

1998~2001년 사이에 진행된 4개의 독립적인 연구 결과에 따르면, 동성애자들이 이성애자보다 최소 2배 더 알코올에 의존했고, 남성 동성애자가 남성 이성애자보다 자살을 3배 더 시도했다. 에이즈 환자의 암 발생 위험도는 일반인에 비해 20배이며, 남성 동성애자의 수명은 남성 이성애자에 비해 25~30년 짧았고, 알코올 중독자보다도 5~10년 짧았다. 이렇게 짧은 수명을 가지는 이유는

에이즈와 여러 질병 때문이었다.

왜 이런 현상들이 나타나는가? 사도 바울이 말한대로 하나님이 정하신 순리대로 성을 누리지 않고 자신의 음욕을 따라 사용하기 때문이다.

예컨대, 남자 동성애자들은 대부분 항문 성교를 한다. 항문 성행위는 항문 파열, 항문 출혈, 다양한 성병 감염, 점액의 과잉 분배, 화농성의 고름, 여러 합병증 유발, 항문과 직장의 고통, 장 경련, 항문/직장의 궤양 유발, 항문소양증, 직장 탈장 등의 다양한 문제를 야기한다. 특히 항문 성행위를 하는 경우 나이가 들면 괄약근이 손상되어 혈변을 흘리게 된다고 한다.

또 항문의 상처에 의해서 편모충, 각종 세균(이질균, 임질 등), 바이러스(B형 간염, 단순 포진, 인간면역결핍 바이러스), 매독균(스피로헤타), 장의 여러 병원균 등에 감염될 우려가 크며, 항문 성관계로 항문 사마귀(일명 곤지름), 클라미디아 트라코마티스(요도염), 헤르페스 바이러스 감염증, 인유두종 바이러스(자궁경부암 유발 인자), 타입BC간염, 임질, 매독 그리고 에이즈 등이 빈번하게 발생한다고 한다. 위의 질병 중 몇 가지는 이성애자에게서는 거의 발견되지 않으며, 동성 간 성관계를 가지는 그룹에서 압도적으로 발병률이 높은 것으로 나타나고 있다. (길원평 외 59명의 교수 일동, "동성결혼 합법화를 반박하기 위하여 정리한 동성애에 관한 과학적 사실들", 19쪽)

그럼에도 불구하고 남성간의 항문 성관계는 남성의 전립선을 자극하여 극도의 쾌락을 느끼게 해 준다고 한다. 이성 간에 성관계를 가질 때보다 훨씬 더 강력한 쾌락을 가져다준다는 것이다.

그러다 보니 점점 더 큰 쾌락을 좇게 되고 결국 거기서 헤어 나오기 어려운 중독의 상태에 빠지게 되는 것이다. 하면 할수록 만족이 되어야 할 텐데, 하면 할수록 오히려 더 큰 욕구가 찾아오니 헤어 나오기 힘들어지는 것이다. 그래서 많은 탈동성애자들이 "동성애는 중독"이라고 말한다.

파스칼(Pascal)은 인간이라는 존재는 하나님으로만 만족될 수 있는 빈 공간이 있다고 말했다. 하나님을 떠남으로써 만들어진 공허함이기 때문에 그 어떤 것으로도 채워질 수가 없는 것이다. 하나님을 떠난 많은 사람들이 이 영적 공허함을 채우기 위해 섹스와 돈을 추구한다. 그러나 결코 채워지지 않는다. 그러니까 사람들이 그런 것들에 더더욱 묶여 살아가는 것이다.

문화 전쟁 2

동성애에 대해
침묵하는 이유

국가인권위원회의
친동성애 정책

사도 바울은 로마서를 통해 당시 로마 제국 문화 안에 만연해 있던 동성애에 대해 다음과 같이 말했다.

하나님께서 그들을 부끄러운 욕심에 내버려 두셨으니 곧 그들의 여자들도 순리대로 쓸 것을 바꾸어 역리로 쓰며 그와 같이 남자들도 순리대로 여자 쓰기를 버리고 서로 향하여 음욕이 불 일듯 하매 남자가 남자와 더불어 부끄러운 일을 행하여 그들의 그릇됨에 상당한 보응을 그들 자신이 받았느니라 롬 1:26-27

한마디로 동성애는 하나님의 창조 질서를 거스르는 죄이며, 그와 같은 행위를 하는 자들은 하나님의 진노(롬1:18) 아래 거한다는 것이다. 마치 중력의 법칙을 거스르고 10층 건물에서 떨어지는 것과 같이 하나님의 창조 질서를 거스르는 자들은 그것에 따른 대가를 지불해야 한다는 것이다. 이것은 단순히 동성애에만 해당되는 것은 아니다. 성 윤리를 포함하여 하나님이 인간에게 허락하신 삶의 윤리 도덕적 기준을 떠날 때 모든 인간은 그에 따른 대가를 지불하게 되어 있다.

흡연은 질병이다. 금연은 치료이다. "폐암 하나 주세요. 뇌졸중 하나 주세요" 하는 담배 광고가 있지 않은가. 그것이 흡연자에 대한 인권 차별인가? 아니다. 흡연자의 건강을 위한, 흡연자의 인권을 위한 홍보다. 이런 위험성이 있으니까 자신의 의지를 동원하여 흡연으로부터 벗어나라는 것이다. 국가가 홍보를 통해 돕는 것이다.

그런데 왜 동성애에 대해서는 그렇게 하지 않는가? 동성애는 에이즈와 각종 육체적, 정신적 어려움과 직결된 문제인데 그 부분에 대해서는 국가가 가만히 있고, 심지어 교회까지도 침묵하고 있다.

불쌍한 아이들이 굶어 죽어 가고, 성 노예로 팔려 가는 현실에 대해서 교회가 침묵하면 안 되지 않은가. 마찬가지로 남자와 남자가, 여자와 여자가 부끄러운 일(동성애)을 행함으로 하나님의 진노 아래 거하고 있다면 그들을 하나님의 진노에서 구원하는 것이 교회의 사명이 되어야 하지 않겠는가? 부끄럽고 그릇된 일로 말미암아 정신적 육체적 보응이 뒤따른다면, 그와 같은 동성애의 폐해를 국민들에게 교육하고 홍보하는 것이 국가의 사명이 되어야 하지 않겠는가?

교회는 물론이거니와 교육 기관이나 정부 기관이 동성애 문제에 대해서 침묵하고 있으면 안 된다. 동성애의 문제점과 그 실상을 국민들에게 명확하게 알려 줘야 한다. 동성애는 개인의 자유이지만, 그에 뒤따르는 개인적, 사회적 대가에 대해 가르쳐 줌으로써 폐해를 최소화할 수 있어야 한다. 그런데 왜 우리나라 정부나 언론이나 교육은 마치 동성애가 아름다운 것인 양, 아무런 문제가 없는 것인 양 사람들에게 주입하고 교육하고 있는가.

가장 핵심적인 이유는, 국가인권위원회의 친동성애 정책 때문이다. 국가인권위원회는 2003년 동성애 표현 매체물을 청소년 유해 매체물 목록에서 삭제하도록 권고했고, 2004년에 삭제되었다. 그 결과 동성애가 표현된 영화나 음악이나 드라마를 청소년들이 마음껏 누릴 수가 있게 되었다. 국가인권위원회는 2007년 어린이용 동성애 옹호 애니메이션을 제작했고, 2010년에는 동성애를 금지하는 군형법 92조 6항의 폐지를 지지하는 의견서를 헌법재판소에 제출했다. 현재 헌법재판소는 군형법 92조 6항의 위헌 여부를 심리 중이며 조만간 최종 판결이 나올 예정이다.

국가인권위원회의 동성애 정책

2003-2004년	동성애 표현 매체물을 청소년 유해 매체물 지정 삭제 권고, 삭제
2006년	동성애가 포함된 차별금지법안 제정 권고 국방부에 〈병영내 동성애자 인권보호지침〉등을 요구함
2007년	어린이용 동성애 옹호영화(애니메이션) 제작
2010년	동성애를 금지하는 군형법 폐지를 지지하는 의견서를 헌법재판소에 제출
2011년	〈언론보도준칙〉을 만들어 동성애와 에이즈 등과 연결 짓지 못하게 함
2013년	2007년 제작한 동성애 영화를 전국 초중고에서 상영토록 함
2014년	초·중·고 공무원 및 공공기관 등 동성애 의무교육 〈인권교육지원법안〉 제정 권고 군대 내 동성애 허용을 목적으로 〈군인권보호법안〉 제정 권고

군형법 92조 6항은, "군대 내에서 항문 성교나 그 밖의 추행을 한 경우에 2년 이하의 징역에 처한다"는 법이다. 동성애자들의 인권을 위해서 그것을 폐지해야 한다는 것이다. 함께 먹고, 함께 씻고, 함께 자야만 하는 폐쇄적인 집단생활, 그리고 군 사회의 특성상 상명하복이 다스리는 병영 안에서 이뤄지는 동성 간의 성 행위는, 그것이 설령 합의에 의한 것이라 할지라도 군의 위계질서와 전투력 보존에 심각한 위해를 끼칠 수밖에 없다. 한마디로 군형법

92조 6항을 폐지하는 것은 마치 우리 딸들을 군대에 보내 다른 남성 군인들과 함께 먹고, 함께 씻고, 함께 자도록 내버려 두는 것과 별반 다르지 않다. 우리 아들들이 동성애자들에게 성적 대상이 될 수 있기 때문이다.

상황이 이러함에도 불구하고 굳이 군형법 92조 6항을 폐지하여 군대 내에서 동성애를 허용하고자 하는 이들의 진짜 의도는 무엇일까? 그것은 바로 '대한민국의 동성애 정상화'다. 군대는 한 사회에서 가장 보수적이고 규율 중심적인 기관이다. 이와 같은 기관에서 동성애가 허용된다면, 대한민국 사회 전체가 동성애를 받아들이게 되는 것은 시간문제다. 둑이 무너지면 육지가 물에 잠기는 것은 시간문제이듯이 말이다. 이것이 바로 군형법 92조 6항 폐지안에 숨겨진 동성애 운동가들의 전략이다.

군형법 92조 6항을 폐지하여 군대 내에서의 동성애를 정상화시킨 후, 그것을 플랫폼(platform)으로 삼아 대한민국 사회 전체가 동성애 및 동성결혼을 받아들이도록 하기 위한 고도의 전략인 것이다. 따라서 군형법 92조 6항의 폐지를 반대하는 이유는 군 기강의 해이를 막기 위한 것일 뿐 아니라, 대한민국 사회에서 동성애가 정상화되는 것을 막아내기 위함이다.

언론은 왜
잠잠한가?

2011년 한국기자협회와 국가인권위원회가 언론보도준칙을 만들어서 "성소수자를 특정 질환이나 사회적 병리 현상과 연결 짓지 않는다. 에이즈 등 특정 질환이나 성매매, 마약 등 사회 병리현상과 연결 짓는 표현을 하지 않고 보도하지 않는다"는 협약을 맺었다. 특정 질병과 동성애를 연결시키면 동성애자들에게 수치심을 유발시키기 때문이라는 것이다.

한국기자협회 인권보도준칙 - 제8장 성적 소수자 인권

1. 언론은 성적 소수자에 대해 호기심이나 배척의 시선으로 접근하지 않는다.

　가. 성적 소수자를 비하하는 표현이나 진실을 왜곡하는 내용, '성적 취향' 등 잘못된 개념의 용어 사용에 주의한다.
　나. 성적 소수자가 잘못되고 타락한 것이라는 뉘앙스를 담지 않는다.
　다. 반드시 필요하지 않을 경우 성적 지향이나 성 정체성을 밝히지 않는다.
　라. 성적 소수자에 대한 혐오에 가까운 표현을 사용하지 않는다.

2. 언론은 성적 소수자를 특정 질환이나 사회적 병리 현상과 연결 짓지 않는다.

　가. 성적 소수자의 성 정체성을 정신 질환이나 치료 가능한 질병으로 묘사하는 표현에 주의한다.
　나. 에이즈 등 특정 질환이나 성매매, 마약 등 사회병리 현상과 연결 짓지 않는다.

언론보도준칙 이후 모든 언론사에서 동성애를 지지하는 보도가 약 25% 증가했다. 학교 교육도 우호적으로 바뀌었고 청소년들은 동성애물을 얼마든지 볼 수 있게 되었다. 이제는 언론도 협약을 맺어서 동성애를 미화하고 지지하는 보도를 늘려 가고 있다. 이와 같은 친동성애적인 교육, 문화, 정책의 가장 큰 피해자는 바로 청소년들이다. 요즘 일부 청소년들 사이에서 유행하는 아르바이트 가운데 '바텀 알바'라는 것이 있다.

바텀(bottom)이란 동성애 용어로 항문성교 시 파트너에게 항문을 대 주는, 즉 여자 역할을 하는 남자를 가리키는 말이다. 남자 역할을 하는 쪽을 탑(top)이라고 한다. 인터넷 카페 같은 곳을 통해서 연결된다. 아르바이트 비용은 1시간당 3만 원 정도다.

NA***	바텀 알바	검색

서울 강북구 바텀 알바

18 175 63이에요. 오실 수 있는 분만요

대구 바텀 알바 해요

18 49 171 마른편이구요 장소 제공되요! 자세한 건 톡을 해요. 쪽지 남겨 주세요!

목포권 알바합니다♥

쪽지 주시면 바로 답장하궁요 ㅎ 바텀, 탑 알바 둘 다 하궁요. 쪽지 주시면 감사하겠습니다. 마른 체질이궁요! 키는 170정도됨요~ㅎㅎ

그러다 보니 15~19세 남성 에이즈 신규 감염자가 급증하고 있다. 2001년을 기점으로 특별히 청소년 에이즈 신규 감염자들이 급증했다. 14년 동안 26배나 증가했다. 20~24세 남성 에이즈 신규 감염자는 15년 동안 8배 증가했다.

또 친동성애적인 정책, 교육, 문화, 미디어들이 조금씩 확산됐다. 연대별로 보면 1985~97년은 학교에서 동성애와 에이즈의 연관성을 교육시켰다. 그러다가 1999년에 이르러서 동성애가 에이즈의 원인이라는 내용을 교과서에서 삭제시킨다. 2001년 국가인권위원회법에 성적 지향이라는 단어를 통해서 동성애에 대해서 어떤 비판을 하거나 윤리적인 문제가 있는 것처럼 하는 것을 차별적 행위로 규정하고 동성애를 보호하기 시작했다.

국가인권위원회법을 통해서 동성애를 바라보는 국민들의 관점이 바뀌기 시작했다. 동성애 문제는 더 이상 사람들이 비판하면 안 되고 보호해 줘야 하는 인권의 문제라는 개념이 확산되기 시작했다.

대한민국에서 유일하게 에이즈 환우들을 돌봐 온 민간 요양 병원인 수동연세요양병원의 염안섭 원장에 따르면, 에이즈 환자의 절대 다수가 남성 동성애자인데, 에이즈에 이환된 동성애자의 말로(末路)는 눈 뜨고 볼 수 없을 만큼 비참했다고 한다. 그들은 남성 간의 항문 성관계로 에이즈 바이러스에 감염되었다. 바이러스가 뇌를 갉아 먹어 20대인데도 치매, 식물인간, 전신마비, 반신마비 등으로 여생을 보내야 했다.

그런데 염 원장은 에이즈 환자들을 돌보다 보니 특이한 사실을 알게 되었다. 국내에서 유일하게 치료비와 입원비 전액에 간병비까지 모두 국가에서 지원을 받는다는 것이다.

비용을 구체적으로 설명하면 이렇다. 에이즈는 완치가 안 되지만, 항바이러스제를 조제해서 먹으면 바이러스의 증식을 억제해 후유 장애를 어느 정도 막을 수 있는데, 국내에서 처방되는 항바이러스제의 가격은 한 달에 약 600만 원 정도다. 여기에 정기적으로 시행되는 각종 에이즈 바이러스 검사 비용과 다른 약값까지 포함하면 엄청난 액수인데 이 비용을 전액 국민 세금으로 지원하고 있다는 것이다.

그뿐 아니라 에이즈 환자들에게는 국가에서 간병비도 지원하고 있다. 국립 A병원에 입원한 에이즈 환자의 경우 환자 1명당 180만 원의 간병비를 현찰로 지급받는다.

염안섭 원장의 조부는 일제강점기에 독립군으로 일본군과의 전쟁을 치러 건국훈장을 수여받고 국립묘지에 안장된 국가유공자다. 일본군이 쏜 총알이 허벅다리를 관통하여 평생 다리를 절며 살았는데 생전에 에이즈 환자들이 받는 수준의 혜택을 전혀 받지 못했다고 한다.

염 원장은 나라를 위해 기꺼이 총알받이가 된 분들보다 남성 간의 항문 성관계에 중독되어 에이즈에 이환된 이들이 더 귀한 대접을 받는 현실에 씁쓸해 했다.

나는 국가가 국민의 세금으로 에이즈 환자들을 치료해 주는 것에 대해서 원론적으로 반대하지는 않는다. 하지만 정부가 동성애를 미화하고 조장하는 교육과 정책을 추진하면서 한편으로는 동성애로 인한 에이즈 환자 치료 비용을 100% 국민 세금으로 충당하고 있다는 사실은 일반 국민으로서 납득하기 어렵다. 국민들의 동의가 필요한 부분이라고 생각한다.

소생나무가 보여 준 가능성

오클라호마 주에서 연방청사 건물에 테러가 났을 때 근처에 있던 누룩나무가 타버렸다. 앙상한 가지만 남게 되었다. 그런데 죽은 줄만 알았던 나무가 어느 날부터 갑자기 싹이 돋고 상처받은 가지들이 회복되면서 아름다운 누룩나무로 변화되었다. 그래서 주정부는 '오클라호마 주에서 죽어간 여러 사람들의 생명력을 보여 주는 나무'라고 해서 이 나무에게 '소생나무'(the survivor tree)라는 이름을 붙여 주었다. 주의 명물이 되었다.

이 나무가 다시 살아날 수 있었던 비결은 바로 뿌리가 살아 있었기 때문이다. 폭탄을 맞더라도 뿌리만 살아 있으면 다시 살아날 수 있는 것이다.

세계관은 뿌리다. 어떤 뿌리를 가지고 있느냐에 따라 개인의 삶이 달라진다. 열매 맺는 것이 달라지는 것이다. 뿌리가 썩어 있으면 하늘에서 아무리 아름다운 비를 내리고 영양분을 줘도 열매를 맺을 수가 없다. 그러나 뿌리가 건강하게 살아있으면 폭탄을 맞아도 다시 건강하게 살아난다.

결국 우리 삶의 핵심은 세계관의 회복에 달려 있다. 세계관이 우리의 뿌리다. 세상의 소금과 빛의 역할을 감당해야 하는 삶은 개인의 인생부터 하나님의 진리에 뿌리를 박아 세워 나가야 한다. 더 나아가 가정, 학교, 세상 모든 영역들이 하나님의 진리에 뿌리를 내릴 수 있는 일에 헌신해야 한다.

동성애가 왜 그토록 심각한 문제인가? 바로 동성애 문화 속에 담긴 반기독교적, 반하나님 나라적 세계관이 우리 안에 뿌리를 내리게 되기 때문이다. 우리 아이들의 생각과 가정과 교육과 이 세상 속에 깊이…. 그래서 결국 동성애가 정상화가 되고, 동성결혼이 합법화가 되면 궁극적으로 세계관의 뿌리가 갈리는 것이다.

19~20세기에 서구의 많은 선교사들이 피를 흘리고 생명을 쏟아부어서 이 나라의 뿌리가 바뀌었다. 그 덕분에 엄청난 열매를 그동안 누린 것이다. 그런데 지금 그 뿌리가 갈릴 수 있는, 모든 선교사들과 믿음의 선조들의 피를 헛되게 할 수 있는 위기 가운데 있다. 그 중심에 동성애 이슈가 있다.

동성애자들을 미워하거나 혐오하거나 또는 정치적인 목적으로 동성애를 반대하자는 것이 결코 아니다. 우리가 반드시 알아야 할 것은, 동성애 문제가 영적 전쟁의 아주 중요한 부분이라는 것이다. 이 점을 인식하고 개인부터가 거룩한 삶을 살아갈 뿐만 아니라 반기독교적 세계관이 우리 삶 가운데 뿌리내리지 못하도록 기도하

며, 동성애자들이 동성애로부터 벗어날 수 있도록 도와주는 것이
우리의 중요한 사명 중에 하나다.

입법 전쟁

입법은
세계관을
뿌리 내린다

세계관은
바이러스와 같다

유대인들이 사도 바울을 로마 총독 벨릭스에게 고소하기 위해
서 직업 변호사인 더둘로를 고용했다. 그는 바울을 나사렛 이단의
괴수요 사람들을 선동한다는 죄목으로 고소했다.

닷새 후에 대제사장 아나니아가 어떤 장로들과 한 변호사 더둘로
와 함께 내려와서 총독 앞에서 바울을 고발하니라 바울을 부르매
더둘로가 고발하여 이르되 벨릭스 각하여 우리가 당신을 힘입어
태평을 누리고 또 이 민족이 당신의 선견으로 말미암아 여러 가지
로 개선된 것을 우리가 어느 모양으로나 어느 곳에서나 크게 감사

하나이다 당신을 더 괴롭게 아니하려 하여 우리가 대강 여짜옵나니 관용하여 들으시기를 원하나이다 우리가 보니 이 사람은 전염병 같은 자라 천하에 흩어진 유대인을 다 소요하게 하는 자요 나사렛 이단의 우두머리라 그가 또 성전을 더럽게 하려 하므로 우리가 잡았사오니 당신이 친히 그를 심문하시면 우리가 고발하는 이 모든 일을 아실 수 있나이다 하니 유대인들도 이에 참가하여 이 말이 옳다 주장하니라 ^{행 24:1-9}

더둘로 변호사가 사도 바울을 고발한 데는 이유가 있었다.

첫째, 그들이 '보기에' 바울은 전염병 같은 자였던 것이다. 메르스 바이러스 같은 육체적인 질병이 아니라 사람의 생각과 사상, 즉 세계관을 오염시키는 일종의 사상병을 말하는 것이다. 자신들이 믿고 따르는 율법주의적 세계관과 상반되는 그리스도 중심적 세계관이 전염병처럼 번졌기 때문이다.

그들은 육체적 질병보다 생각의 병이 훨씬 더 무섭다는 것을 알고 있었다. 생각에 병이 들면 진리가 아닌 것을 진리라고 생각하기 시작하고, 선하지 않은 것을 선하다고 생각하고, 아름답지 않은 것을 아름답다고 생각하기 시작한다. 선이 악으로 둔갑하고, 악이 선으로 포장된다.

선한 탈을 쓴 악이 걷잡을 수 없이 확산되고 전염되기 시작한다. 그렇기 때문에 생각의 병이야말로 그 어떤 질병보다도 무섭고 더 파괴적이다.

세상을 전복하는 방법은 의외로 간단하다. 사람들의 생각을 바꾸면 된다. 그러면 세상이 바뀐다. 앞에서 이야기한 소생나무와 같이 우리의 사상, 세계관은 인생의 뿌리와도 같다. 그래서 세계관을 완전히 바꿔 버리면 영적 전쟁은 끝이 나는 것이다.

이것이 바로 태초에 사탄이 썼던 전략이다. 기독교 세계관을 가지고 있던 아담과 하와에 접근하여 선악과로 현혹하며 그들에게 전혀 다른 생각, 즉 인본주의 세계관을 주입시켰다.

"정말 하나님이 그것을 먹지 말라고 하셨느냐? 그걸 먹으면 네가 하나님처럼 될까 봐 그러신 거야."

이것은 사탄이 하나님에 대해서 품었던 생각이다. 뱀은 아담과 하와의 생각에 사탄의 관점을 집어넣었다.

관점이 바뀌기 시작한 아담과 하와는 그때부터 하나님을 바라보는 시각이 달라졌다. 하나님은 뭔가 좋은 것을 일부러 숨기고 계신 분처럼 생각되었고, 하나님의 말씀에 순종하면 왠지 손해 볼 것 같은 의심이 생겼다. 하나님에 대한 생각을 오염시킨 것이다.

어릴 때 나는 초콜릿을 무척 좋아했다. 아버지도 초콜릿을 좋아하셨는데, 평소에 초콜릿을 먹으면 이가 썩는다고 많이 못 먹게 하셨다. 그런데 어느 날 장롱 안에 숨겨 놓은 초콜릿 상자를 발견했다.

'아니, 아빠가 초콜릿을 혼자 다 드시려고 숨겨 놓으셨나?'

순간, 아버지에 대한 섭섭함이 불쑥 올라왔다. 그러자 그동안 아버지가 초콜릿을 많이 먹지 말라고 하셨던 말씀이 왠지 내 권리를 억압하고 빼앗기 위해서 하신 말씀처럼 생각되었다.

이것이 사탄의 전략이다. 먼저 하나님에 대한 생각을 오염시킨다. 하나님은 우리를 사랑하고 위하는 분이 아니라 우리의 자유와 권리를 억압하는 분으로 오해하게 만든다.

사탄에 의해 하나님에 대한 생각이 더럽혀지자 세계관이 바뀌었고, 말이 바뀌었고, 문화가 바뀌었다. 그 결과 세상이 어떻게 되었는가? 세상이 사탄의 통치를 받기 시작했다. 하나님의 은혜 안에 거해야 할 인간이 하나님의 진노 아래 거하는 운명이 되었다. 나락으로 떨어진 것이다.

그와 같은 우리들을 다시 구원하기 위해서 오신 분이 바로 하나님의 말씀이신, 하나님의 생각이신, 하나님의 진리이신 예수 그리스도이시다.

더둘로 변호사는 바울이 전파하는 사상이 율법으로 정돈되어 있던 유대교적 세계관과 삶의 방식들을 오염시키고 있다고 고소했다. 바울이 전하는 생각이 악성 바이러스와도 같이 번져 가고 있다는 것이다.

그들이 볼 때 바울은 사상범이었다. 공공의 적이요 사회악으로 봤다. 사상범은 어떤 범죄자들보다도 더 중한 처벌을 받는다. 공산주의 체제에서는 그들의 체제를 뒤흔드는 사상범들을 수용소로 보내 버리지 않는가. 사상의 전복이 한 나라의 체제와 질서를 뒤흔들 수 있을 만큼 무시무시한 파괴력을 발휘하기 때문이다.

예컨대 레닌은 종교를 인민의 아편이라고 불렀다. 무신론에 바

151

탕을 둔 마르크시즘을 신봉한 레닌이 보기에 그리스도인들이 믿고 따르는 성경의 가르침이 공산주의 체제를 붕괴시킬 수 있을 정도로 위험한 사상이었던 것이다.

북한도 마찬가지다. 그들에게 '김일성, 김정일, 김정은'은 삼위일체다. 삼대가 지배해 온 북한 사회에 이들 외에 다른 신은 있을 수 없다. 그래서 그들보다 더 높은 하나님을 믿고 따르는 그리스도인들은 북한 체제를 붕괴시킬 수 있는 전염병 같은 존재인 것이다. 2002년부터 2015년까지 14년째 북한이 세계 최악의 기독교 박해 국가로 선정되어 온 이유가 바로 여기에 있다. 그들이 보기에 그리스도인은 북한 체제를 뒤엎을 수 있는, 생각의 전염병을 퍼뜨리는 사상범들인 것이다.

더둘러 변호사는 사도 바울을 정확하게 간파하고 있던 셈이다. 하나님 나라의 사상을 전파함으로써 타락한 이 세상을 송두리째 흔들고 전복시킬 수 있는 사상범이자 혁명가임을 알아봤다. 그래서 대제사장 아나니아와 함께 바울을 총독 앞에 데려가 고발한 것이다.

사도 바울도 자기가 하는 일이 얼마나 위험한 일인지 잘 알고 있었다.

보라 이제 나는 성령에 매여 예루살렘으로 가는데 거기서 무슨 일을 당할는지 알지 못하노라 오직 성령이 각 성에서 내게 증언하여 결박과 환난이 나를 기다린다 하시나 내가 달려갈 길과 주 예수께

받은 사명 곧 하나님의 은혜의 복음을 증언하는 일을 마치려 함에
는 나의 생명조차 조금도 귀한 것으로 여기지 아니하노라 행 20:22-24

그러나 사도 바울은 복음 때문에 기꺼이 죽을 각오를 하고 끝까지 사명을 다할 것을 다짐했다.

세상에서 소금과 빛으로서 살아가기 위해서는 우리가 전하는 진리가 세상에게는 얼마나 위험천만한 것인지 명확하게 인식하고 이해해야 한다. 그리스도인이 맡은 복음은 이 세상을 다스리고 있는 사탄의 강력한 세계관과 정면으로 충돌하는 것이기 때문이다.

중국 선교 여행 중에 중국 동포의 세례식에 참석한 분의 이야기를 들은 적이 있다. 한 자매가 세례 문답을 받았다.

"당신은 예수 그리스도를 믿습니까?"

"네."

"그럼, 당신은 예수님 때문에 핍박을 받을 수도 있는데 그래도 예수님을 믿고 따르시겠습니까?"

침묵이 흘렀다. 자매가 눈물을 흘렸다. 잠시 후 주변에 있던 동포들이 같이 울기 시작했다. 자매가 흐느끼면서 조용히 대답했다.

"네, 예수님을 믿고 따르겠습니다."

왜냐하면 중국에서 예수님을 믿고 따르는 일은 옥에 갇힐 각오를 해야 하는 일이기 때문이다. 직장을 잃을 수 있다. 이처럼 진리를 따르는 것은 위험천만한 일이다.

교회와 세상 간의 충돌이
불가피하다

더둘로 변호사는 사도 바울이 "천하에 흩어진 유대인을 다 소요하게 하는 자요 나사렛 이단의 우두머리"(행 24:5)라고 주장했다. 우리말성경은 '소요하게 하는 자'를 '폭동을 일으키는 사람'이라고 번역했다.

바울은 '나사렛 이단의 우두머리'로 몰렸다. 이단이 무엇인가? 다를 이(異)에 끝 단(端)을 쓴다. 시작은 같은데 끝이 다른 것이다. 아브라함에서 시작했으면 율법으로 끝나야 하는데, 아브라함에서 시작하여 예수 그리스도로 끝나니 이단이라는 것이다. 사도 바울의 이단적인 가르침이 유대교 세계관을 뒤흔들어 폭동을 유발시켰다는 뜻이다.

그런데 잘 들여다보라. 사도 바울이 실제로 폭동을 일으켰는가? 아니다. 엄밀하게 말하자면 폭동을 일으킨 쪽은 바울이 아니라 유대인들이다. 바울은 폭동을 의도한 적이 없고 사주한 적도 없다. 다만 복음을 전파했을 뿐이다.

유대인들이 오히려 "바울이 전하는 것은 전염병이니 말하지 말라!"고 소리치며 소요했다. 그런데도 더둘로 변호사는 사도 바울이 폭동을 일으켰다고 뒤집어씌웠다.

더둘로의 고발은 우리에게 아주 중요한 통찰을 준다. 세상은 이런 방식으로 그리스도의 진리를 선포하는 자들의 입을 막아 왔다는 사실이다.

예컨대 학교 교내에서 "그리스도 외에는 구원을 얻을 만한 다른 길이 없다"라는 복음의 메시지를 전하는 학생이 있다고 가정해 보자. 교회에 나오라고 강요하거나 협박한 것도 아니고, 그저 점심시간을 이용해서 복음의 메시지를 선포한 것뿐이다. 믿고 싶으면 믿으면 되고 믿기 싫으면 그만이다.

그런데 그 메시지가 듣기 싫은 학생들이 학교 내에 소요를 일으키기 시작한다. 학생회 게시판에 항의 글을 올리기 시작하고, 정문 앞에서 1인 시위를 하고, 사실을 부풀리거나 왜곡하여 각종 SNS에 올리고, 인터넷 언론들에게 제보하여 학교 내에서 전도하는 행위를 문제 삼아 온 세상을 시끄럽게 만드는 것이다.

그렇게 되면 정작 세상을 시끄럽게 만든 장본인은 "피해자"가 되고, 그리스도의 진리를 전한 자는 세상을 시끄럽게 만든 "가해자"가 되어 버린다. 결국 공공의 질서와 안녕을 위해 전도 행위를 제한하는 것이 정당화되고, 전도자들의 심리를 위축시켜 지속적인 전도 행위를 차단하게 되는 것이다.

동성애 문제도 마찬가지다. 동성애의 윤리적 문제, 보건적 문제를 합리적으로 지적하면 그와 같은 발언을 막기 위해 세상이 소요하기 시작한다.

온라인게임 회사에서 성우로 일하는 어느 그리스도인이 미국 대법원에서 동성결혼 합헌 판결이 났을 때 동성결혼에 반대한다는 의견을 SNS에 올렸다. 그랬더니 게임 이용자들이 그의 메시지를 문제 삼아 게시판에 악성 댓글을 달았고 급기야 그 회사의 게임을 거부하는 운동을 벌였다. 결국 그는 그동안 참여해 왔던 프로젝트에서 제외되어야만 했다.

왜 이런 일이 벌어지는가? 세상은 우리가 믿고 따르는 진리를 전염병으로 보기 때문이다. 더둘로 변호사가 바울을 폭도로 몰아붙이는 데는 이런 전략이 숨어 있다. 진리를 선포하는 바울을 사회에 물의를 일으키는 부적격자로 낙인을 찍어서 어떤 대화나 합리적인 소통도 할 수 없도록 막아 버린다. 그럼으로써 사회 중심부에서 몰아내 버리는 것이다. 지금 우리 사회에서도 이런 방식이 쓰이고 있지 않은가?

사도 바울이 이와 같은 수모와 공격을 당하면서까지 그리스도의 진리를 선포한 이유는 그들을 미워하거나 혐오하기 때문이 아니었다. 그들을 살리기 위함이었다. 바울이 보기에는 전염병에 오염된 자는 자신이 아니라 그들이었기 때문이다.

물론 대제사장 아나니아와 더둘로 변호사가 보기에는 사도 바울이야말로 그들의 삶을 위협하는 전염병이었다. 그들이 살기 위해서는 바울이 제거되어야만 했다. 어둠이 빛을 알아보지 못하고 자신을 구원하기 위해 오신 그리스도를 십자가에 못 박아 죽였듯이, 자신들에게 회복과 구원의 메시지를 전하기 위해 찾아온 사도 바울을 재판장으로 끌고 가 "폭동을 일으키는 전염병과 같은 자"라며 처벌을 요구하고 있는 것이다.

이처럼 "구원자와 죄인" 사이에는 관점의 차이가 존재한다. 마치
아이의 병을 치료하기 위해 주사기를 들고 접근하는 의사가 아이

가 보기에는 자신의 생명을 위협하는 악인처럼 보이는 것과 같은 이치다. 이와 같은 관점의 차이 때문에 의사와 아이 사이에 적지 않은 실랑이가 벌어지듯이, 복음을 전하는 교회와 복음을 듣는 세상 간에 존재하는 관점의 차이 때문에 이 세상의 치료와 회복을 향해 나가는 길목에서 교회와 세상 간의 충돌과 대결은 불가피하다.

물론 총과 칼의 대결이 아닌, 사랑과 희생으로 하는 대결이지만 그래도 대결은 대결이다. 이 대결을 회피하고는 치료와 회복의 길로 결코 나아갈 수 없다. 그래서 예수님이 말씀하셨다.

> 내가 세상에 화평을 주러 온 줄로 생각하지 말라 화평이 아니요 검을 주러 왔노라 마 10:34

이 세상을 치유하고 회복하는 선교적 사명을 감당하는 교회가 되기 위해서는 반드시 "검"을 들어야 한다. 하나님이 허락하신 진리, 즉 말씀의 검으로 이 세상이 따르고 있는 도(道)와 정면으로 대결해야 한다. 사도 바울은 그 대결을 위해 벨릭스 총독 앞에 담대히 선 것이다.

> 이제 나를 고발하는 모든 일에 대하여 그들이 능히 당신 앞에 내세울 것이 없나이다 그러나 이것을 당신께 고백하리이다 나는 그들이 이단이라 하는 도를 따라 조상의 하나님을 섬기고 율법과 선지자들의 글에 기록된 것을 다 믿으며 그들이 기다리는 바 하나님

께 향한 소망을 나도 가졌으니 곧 의인과 악인의 부활이 있으리라
함이니이다 행 24:13-15

사도 바울이 말하는 "이단이라 하는 도"는 바로 세계관을 의미
한다. 즉 그들이 이단이라고 주장하는 그리스도 중심적 세계관과
율법주의적 세계관이 법정 앞에서 충돌하고 있는 것이다.

법은 한 사회의 가치관과 사상을 반영할 뿐 아니라, 그와 같은
가치관과 사상을 모든 국민에게 교육하고 강제하기 때문에, 국회
에서 어떤 법이 만들어지느냐에 따라 죄가 의로 둔갑할 수도 있고,
악이 선으로 둔갑할 수도 있다. 법정에서 어떤 판결이 나오느냐에
따라 복음이 전염병으로 간주될 수도 있고, 전염병을 복음으로 만
들어 버릴 수도 있는 것이다. 그 결과, 악은 선이라는 이름으로 확
산되고, 선은 악이라는 이름으로 제한을 받게 된다. 그래서 이 세
상 가운데 선은 미약해지고, 악은 더욱 창궐해져 가는 것이다.

이것이 우리 사회에서 펼쳐지고 있는 영적 전쟁의 패턴이다. 하
나님을 떠난 병든 세계관을 교육을 통해 주입시키고, 그와 같은
병든 세계관이 녹아든 병든 문화를 만들어 낸다. 그리고 병든 세
계관과 문화를 사회 깊이 뿌리내리기 위한 법과 제도를 입안하여
이 세상을 하나님으로부터 더욱 멀리, 그리고 더욱 깊은 어둠으로
끌고 가는 것이다. 이와 같은 전쟁을 수행하기 위해 아나니아 같
은 영적 지도자와 더둘로 변호사가 한 팀을 이룬 것이다.

그러므로 우리 그리스도인들은 하나님의 변호사로서 하나님의

진리로 이 세상과 충돌할 뿐 아니라, 하나님의 진리가 녹아든 법과 제도를 입안하는 일에 힘써야 한다. 하나님의 법이 담긴 세상의 법을 이 땅 가운데 세워 감으로써 하나님의 통치가 이 땅 가운데 이뤄져 나가도록 해야 한다.

미국 제33대 대통령이었던 해리 트루먼(Harry S. Truman)은 공식석상에서 다음과 같이 미국법의 뿌리를 설명하였다.

"미국의 법은 하나님이 시내산에서 모세에게 주신 십계명을 기초로 하고 있다. 우리 헌법의 기초는 출애굽기와 사도 마태와 선지자 이사야와 사도 바울로부터 받은 것이다."

(The fundamental basis of this nation's law was given to Moses on the Mount. The fundamental basis of our Bill of Rights comes from the teaching which we get from Exodus and St. Matthew, from Isaiah and St. Paul.)

법치주의(法治主義)를 탄생시킨 서구 문명은 "세상의 법"을 "신(神)의 법"을 담아내는 그릇으로 생각하였다. 우리가 누리고 있는 인권과 자유는 바로 그와 같은 세계관의 열매다. 오늘날 이 땅에서 살아가는 우리 모두는 기독교 세계관에 뿌리를 두고 성장한 정치 사회 문명의 열매를 누리고 있다. 부인하고 싶어도 부인할 수 없는 사실이다.

그러므로 우리가 누리고 있는 자유와 인권, 번영과 축복을 유지 발전시켜 나가기 위해서는 그것들의 뿌리가 되는 기독교적 가치관과 전통을 힘써 지켜 내야만 한다.

요즈음은 교회가 교회답지 못한 모습 때문에 세상으로부터 공격과 조롱을 받고 있지만, 그와 상관없이 교회는 세상의 공격을 받게 되어 있다. 교회가 교회다워지면 세상이 교회를 좋아하고 칭찬할 것 같은가? 천만의 말씀! 교회가 교회다울수록 공격은 오히려 더욱 거세질 것이다.

초대교회가 그토록 많은 순교의 피를 흘리고 세상의 공격을 받았던 이유가 교회답지 못했기 때문이었는가? 아니다. 오히려 초대교회가 갖고 있던 교회다운 모습 때문이었다. 세상 속에서 소금과 빛의 사명을 감당하는 교회다운 교회는 반드시 세상의 공격을 받게 되어 있다. 오죽했으면 교회의 머리 되시고 흠 없으신 예수 그리스도를 십자가에 못 박아 죽였겠는가? 흠이 많아서 공격하는 것이 아니다. 교회의 본질이 세상과는 충돌할 수밖에 없기 때문이다.

따라서 하나님을 대적하는 세상 속에서 살아가는 우리들 역시 십자가를 지고 예수님을 따를 각오를 해야 한다. 우리가 예수님을 따르는 이유는 예수님의 초자연적인 힘과 능력을 빌어 자신의 뜻을 이루고, 세상에서 출세하기 위한 것이 아니다. 오히려 그리스도의 진리로 이 세상의 가르침과 흐름에 맞서는 소금과 빛의 사명을 감당하기 위함이다. 그래서 세상으로부터 욕을 먹고 핍박을 받을 수밖에 없는 운명임을 반드시 이해해야 한다. 복음의 실체이신 그리스도께서도 십자가에서 죽으셨다면, 그 복음을 믿고 따르는 우리들 역시 십자가의 길이 우리의 운명임을 이해해야 한다.

이 시대 속에서 하나님이 진정 찾고 있는 사람은 하나님 때문에 높아진 사람들이 아니라, 그분 때문에 낮아진 사람들이다. 하나님 때문에 명예와 부귀를 얻은 사람들이 아니라, 하나님 때문에 명예와 부귀를 잃어버린 사람들이다. 하나님을 대적하는 이 세상 속에서 하나님의 변호사로서 살아가는 자들의 피할 수 없는 운명이다.

그러나 그와 같은 길을 가는 자들에게는 세상의 부귀영화가 주지 못하는 진정한 영광과 생명, 기쁨과 평안을 누리는 특권이 주어질 것이다. 사도 바울은 바로 이 특권을 누리고 있었다. 그의 삶에는 끊임없는 공격과 박해가 있었지만, 그럴수록 더 강력하게, 더 영향력 있게 하나님의 진리를 변호할 수 있었던 이유는 그의 안에서 주체할 수 없는 확신과 기쁨, 평안과 능력이 흘러나오고 있었기 때문이다.

하나님의 진리 때문에 핍박을 받고 공격을 받는 그리스도인들과 교회는 더 강력하게 성장하게 되어 있다. 반면에 공격을 피하기 위해 진리를 타협하거나 안전을 추구하는 교회는 반드시 점진적으로 쇠퇴하게 되어 있다. 한국 교회는 현재 이와 같은 기로에 서 있다.

입법 전쟁의 현장, 결혼 제도와 성

세계관의 갈등이 입법 현장에서 펼쳐진다. 최근 입법 전쟁에서 가장 뜨거운 이슈는 단연 "성 윤리"와 관련된 법안들이다. 동성애를 비판하는 자들을 처벌하고자 하는 '차별금지법'이라든지, 성을 사고파는 자들을 처벌하는 '성매매 특별법'의 위헌성 논란 등이 대표적인 예다. 최근 헌법재판소는, 성매매 혐의로 기소된 김 모 씨(45·여)가 "성매매를 형사처벌하는 것은 개인의 내밀한 영역에 대한 국가의 지나친 침해"라며 낸 위헌법률심판 사건에 대하여 재판관 6대 3 의견으로 합헌을 결정했다. 국민의 도덕적 합의에 충실한 다행스러운 판결이 아닐 수 없다.

전통적 성 윤리의 변화를 꾀하는 이 같은 시도는 결혼 제도와 관련된 입법에도 영향을 미치고 있다. 동성결혼 합법화라든지 혼인신고를 하지 않고 동거하는 커플들에게도 부부에 준하는 권리와 혜택을 주고자 하는 생활동반자법이 대표적인 예다.

생활동반자법은 다행히도 국회에서 아직 통과가 안 됐다. 만일 생활동반자법이 통과되어 혼인신고를 하지 않은 동거인에게도 부부에 준하는 권리와 혜택을 부여하게 된다면 누가 굳이 혼인신고를 하려고 하겠는가?

혼인신고가 중요한 이유는 부부 관계의 지속성과 안정성을 담보하기 위해서다. 이삿짐센터에 전화 한 통이면 끝낼 수 있는 관계 속에서 태어난 아이가 어떻게 안정되고 건강하게 성장할 수 있겠는가? 생활동반자법의 최대 피해자는 안정된 가정을 필요로 하는 우리 자녀들이 될 것이다.

혼전 임신한 커플의 주례를 부탁받은 적이 있다. 시부모 쪽에서 결혼을 반대하고 있었다. 하지만 남편은 아내를 진심으로 사랑하고 있었고 태어날 아기를 위해서라도 가정을 이루고 싶은 의지가 분명했다. 떳떳하게 드러내고 식을 올리기에는 어려운 상황이라고 생각해서였는지 어렵게 결혼 주례를 부탁해 왔다. 그래서 나도 주례를 해야 할지 말아야 할지 기도했다.

주례를 맡기로 결정한 이유는 단 하나였다. 바로 신부 뱃속의 아기를 위해서였다. 아기가 태어나기 전에 안정된 가정의 울타리를 만들어 주는 것이 아기를 위한 최선의 도리라고 생각했다. 지금 그 부부는 태어난 아이와 함께 아름답고 행복한 가정을 이루어 하나님의 큰 축복을 누리며 살고 있다.

특별히 생활동반자법은 시민결합(Civil Union) 또는 생활동반자관계라고도 하는 결혼과 유사한 가족제도를 옹호하는 법이다. 새로운 가족제도의 모색이라는 이름으로 사실상 가족제도를 무너뜨릴 수 있는 위험한 법안이다. 서구에서는 동성결혼 합법화로 나아가기 전에 생활동반자법과 같이 동거 커플에게 부부에 준하는 권리와 혜택을 주는 법안을 마련했다. 한마디로 동성결혼 합법화에 물꼬를 터주는 법안이라고 할 수 있다. 따라서 사전에 막아야 한다.

군형법 92조 6항을 폐지하자는 움직임이 있다. 군대 내에서 항문 성교를 처벌하는 법안인데 폐지하자고 한다. 이 조항은 동성애자를 혐오하거나 처벌하기 위한 법안이 아니다. 군대라는 특수 조직을 건강하게 유지하고 군대로서의 기능을 감당하게 하기 위한 법이다. 헌법재판소가 2002년과 2011년에 합헌 판결을 내린 바가 있다. 그런데도 불구하고 동성애 인권 운동가들이 또 다시 소원을 제기해서 현재 헌재의 판결을 기다리고 있다.

이처럼, 현재 우리 사회에서는 성 윤리나 결혼 제도와 관련된 입법, 사법 전쟁이 치열하게 전개되고 있다. 건강한 성 윤리와 결혼 제도는 한 사회의 근간을 이루는 뼈대일 뿐 아니라, 하나님 나라의 가장 근본적인 창조 질서다.

따라서 성 윤리와 결혼 제도와 관련된 법안들이 성경적 세계관에 입각한 전통적인 질서를 떠나 인본주의 세계관에 뿌리를 내리기 시작하면 우리 가정과 사회는 걷잡을 수 없는 혼돈과 어둠 속으로 빠져들어 가게 될 것이다.

서로 다른 성 윤리 개념

성은 가정을 만들어 내고, 가정은 사회의 기초다. 성 윤리가 무너지면 가정이 무너지고, 가정이 무너지면 사회가 무너진다. 따라서 성 윤리는 한 사회의 가장 중요한 윤리 영역이다.

오늘날 우리 사회에서 기독교 세계관과 인본주의 세계관이 가장 첨예하게 대립하고 있는 윤리 영역이 바로 성 윤리다. 기독교 세계관에 따른 성 윤리는 "간음하지 말라"는 십계명의 말씀을 토대로 한다. 간음이란 넓은 의미로 혼인 관계 밖에서 이뤄지는 모든 성관계를 가리킨다. 따라서 혼전 성관계도 간음이고 혼외 성관계도 간음이다. 동성애 역시 하나님이 정한 혼인 질서 밖에서 이루어지는 성관계이기 때문에 간음이다.

반면 인본주의 세계관의 성 윤리는 대한민국 헌법 10조 "모든 국민은 인간으로서의 존엄과 가치를 가지며 행복을 추구할 권리가 있다"에서 명시하고 있는 "행복추구권"을 토대로 형성되었다.

개인이 행복을 추구하는 삶을 살아갈 때 가장 기본적으로 보장되어야 할 권리는 스스로 결정할 수 있는 권리, 즉 자기결정권이다. 내가 먹고 싶은 것을 먹을 수 있는 권리, 내가 입고 싶은 옷을 입을 수 있는 권리, 내가 살고 싶은 곳에서 살 수 있는 권리가 보장되어야 행복을 추구할 수 있기 때문이다.

그런데 이 자기결정권의 적용 영역은 오늘날의 인본주의적 인권 개념에 힘입어 "성적 자기결정권"에까지 이르게 되었다. 성적 자기결정권은 한마디로 개인의 성적 취향에서부터 성관계 대상에 이르기까지 자기 자신이 결정할 수 있는 권리를 의미한다. 이와 같은 권리 개념에 의해 청소년들 간에 이뤄지는 성관계, 임신 및 출산, 성 매매, 간통, 동성애를 비롯한 성적 지향이나 성전환과 같은 것들이 더 이상 윤리의 문제가 아니라 권리의 문제로 간주되고 있다. 그리고 그와 같은 성적 자기결정권을 제한하는 것을 인권 침해라고 주장한다.

이처럼 오늘날 성 윤리 개념은 헌법 10조의 행복추구권에서 도출된 성적 자기결정권이라는 개념에 기초하고 있다.

그 결과 어떤 열매들이 나타나는가? 간통죄 폐지 후 세계 최대 불륜사이트 〈애슐리 메디슨〉(Ashley Madison)의 회원 가입이 급증했다고 한다. 2001년 설립된 애슐리 메디슨은 "인생은 짧습니다. 바람 피우세요"(Life is short. Have an affair)라는 슬로건을 걸고 기혼자의 혼외 만남을 주선하는 등 불륜을 조장하는 사이트다.

〈애슐리 메디슨〉의 창립자 노엘 비더만(Noel Biderman)은 "건강한 외도가 이혼율을 낮춘다"고 주장한다. 권태로운 부부생활에 활력을 불어넣기 위해서 굳이 이혼하지 않고도 얼마든지 즐길 수 있는 특별한 서비스를 제공한다는 것이다.

성 윤리의 붕괴로 말미암아 동성결혼, 생활동반자관계 등 새로운 형태의 가족제도를 법제화하려는 움직임의 배후에는 이 세상을 다스리는 사상이 있다.

지그문트 프로이드(Sigmund Freud) 박사가 이런 말을 했다.

"도덕법의 억압과 이것이 만들어 내는 죄책감이 신경증의 원인이다."

여기서 말하는 도덕법은 기독교 윤리를 말한다. 이것이 만들어 내는 죄책감이 신경증의 원인이니 도덕법을 제거해야 된다는 것이다.

산아제한운동을 벌인 여성 운동가 마거릿 생어(Margaret Sanger)가 말했다.

"기독교 윤리는 잔인한 도덕률이며, 내면의 성적 에너지를 방해하고 있는 제약과 금지를 제거하면 대부분의 큰 사회악은 사라질 것이다."

악의 근원을 기독교 윤리에서 찾고 있는 것이다. 문제해결 방식으로 기독교 윤리를 제거하자고 주장한다.

킨제이는 "성적 표현은 인간의 본성을 종교와 도덕의 억압으로부터 구원하는 수단"이라고 말했다. 섹스를 종교와 도덕의 억압으로부터 구하는 구원자로 본 것이다.

이들의 관점에 따르면, 그리스도인은 기독교적 윤리라는 전염병에 걸린 불쌍한 환자들이다. 안에 성적 에너지가 활활 타오르는데도 기독교의 잔인한 도덕률 때문에 하고 싶은 대로 하지 못하고 살아가는 불쌍한 존재들인 것이다. 이 환자들을 기독교의 잔인한 도덕률의 억압으로부터 구원해 줄 수 있는 가장 확실한 방법이 무엇인가? 바로 프리섹스라고 주장한다. 무시무시한 얘기다. 프리섹스를 하면 하나님으로부터 확실히 해방된다고 말한다. 성경적 가르침의 억압으로부터, 속박으로부터 확실하게 해방될 수 있다고 주장한다.

이것을 우리 식으로 표현한다면, 사람들을 하나님으로부터 가장 멀어지게 만들 수 있는 방법, 하나님의 진리로부터 가장 확실하게 멀어지게 만들 수 있는 방법이 바로 프리섹스라는 것이다. 이것이 사탄의 전략이 아니고 무엇이겠는가?

인간의 자유와 해방을 위한다는 명목으로 이뤄지는 성 교육이나 동성애 교육은 사실상 하나님으로부터의 자유요, 하나님의 말씀으로부터의 해방을 의미한다. 바로 이것이 오늘날 우리 사회에서 성 윤리를 두고 펼쳐지고 있는 영적 전쟁의 실체다.

차별금지법이란
무엇인가

뉴에이지운동의 기반을 닦은 엘리스 베일리(Alice A. Bailey)는 어떻게 하면 서구 문명에서 기독교 세계관을 뿌리 뽑아 철저한 인본주의 세계관으로 덧씌울까 연구했던 사람이다. 그녀가 평생에 걸쳐 연구했던 것을 보면 사탄의 전략을 알 수 있다. 베일리의 10가지 계획을 보면, 먼저 교육 시스템에서 하나님을 제거하고, 가정에서 부모의 권위를 축소시키며, 사회적으로 종교 통합 운동을 일으켜야 한다고 주장했다. 그리고 난 다음에 열 번째 인본주의 세계관을 법제화하라는 항목이 나온다.

엘리스 베일리의 10가지 계획

1. 교육 시스템에서 하나님을 제거하라
2. 아동에 대한 부모의 권위를 축소시켜라
3. 기독교적 가정 구조를 파괴하라
4. 프리섹스(free sex) 사회를 만들라(낙태 합법)
5. 평생 결혼의 개념을 파괴하라(이혼)
6. 동성애를 정상화시켜라
7. 예술의 품격을 떨어뜨려라(미친 예술)
8. 미디어로 사고방식을 바꿔라
9. 종교 통합 운동을 일으키라
10. 위의 사항들을 법제화하라

그것을 실현한 것이 바로 차별금지법이다. 우리나라의 차별금

지법은 "합리적인 이유 없이 성별, 장애, 병력, 나이, 출신 국가, 출신 민족, 인종, 피부색, 언어 등을 이유로 고용, 교육기관의 교육 및 직업 훈련 등에서 차별을 받지 않도록 한다"는 내용으로, 법무부가 2007년 10월 2일 입법예고했지만 논란 끝에 17대 국회 임기 만료로 자동 폐기됐다.

그 후 19대 국회에 들어와 2012년에 김재연 의원 등 10인의 의원이, 2013년에 김한길 의원 등 51인의 의원과 최원식 의원 등 12인의 의원이 또 다시 입법 발의하였지만 교계와 국민들의 강력한 반대로 결국 통과되지 못했다.

2012년에 김재연 의원이 입법 발의한 차별금지 법안을 자세히 살펴보자.

차별금지법안 제3조

(차별의 범위) 이 법에서 차별이란 다음 각 호의 어느 하나에 해당하는 행위 또는 경우를 말한다.

1. 합리적인 이유 없이 성별, 장애, 병력, 나이, 언어, 출신 국가, 출신 민족, 인종, 피부색, 출신 지역, 출신 학교, 용모 등 신체 조건, 혼인 여부, 임신 또는 출산, 가족 형태, 및 가족 상황, 종교, 사상 또는 정치적 의견, 전과, 성적 지향, 성별 정체성, 학력, 고용 형태, 사회적 신분 등을 이유로 다음 각 목의 어느 하나의 영역에서 특정 개인이나 집단을 분리, 구별, 제한, 배제, 거부하거나 불리하게 대우하는 행위.

— 2012년 김재연 의원 발의안

차별금지 행위는 "개인이나 집단에 대해 존엄성을 해치거나 수치심, 모욕감, 두려움을 야기하거나 적대적, 위협적, 모욕적인 분위기를 조성하는 등의 방법으로 신체적, 정신적 고통을 주는 일체 행위"를 말한다.

예를 들어, 거리에서 "예수 외에는 구원을 얻을 만한 다른 이름이 없다"고 전도할 경우에 지나가다가 그 말을 들은 어떤 이단 교인이 "아니, 그러면 내가 믿고 따르는 교주님이 거짓말쟁이란 것이냐? 내가 지옥에 간다는 뜻이야?" 하고 자신이 수치심, 모욕감, 두려움을 느꼈다면서 소송을 제기할 수 있다는 것이다. 마치 더둘로 변호사가 사도 바울이 유대인을 다 소요하게 했다고 고발한 것처럼 말이다.

"동성애는 죄"라는 발언도 마찬가지로 차별금지법에 저촉될 수 있다. 동성애자들에게 모욕감과 두려움을 야기할 수 있는 발언이 되기 때문이다. 단순히 의견을 표명할 뿐인데도 그것 때문에 소동을 일으키는 가해자로 둔갑될 수 있다. 하나님의 진리 선포를 전염병으로 취급할 수 있는 법안이다.

다양한 인권 단체에서 지금도 계속해서 차별금지법의 제정을 시도해 오고 있다. 때마다 차별금지 사유에 성적 지향을 포함시키느냐가 논란이 되곤 한다.

이 법안이 통과되면 차별금지법의 내용을 반영하기 위해 중앙 행정기관의 장, 특별시장, 광역시장, 도지사, 시장, 군수 구청장 및 시도군 교육감의 연도별 〈세부 실행 계획〉을 수립해야 하며, 특별

히 각 교육기관의 장은 목표 교육 내용, 생활 지도 내용 등에 차별
금지법 내용을 반영하도록 다 바꿔야 한다.

차별금지법안 제27조 <교육 내용의 차별금지>

교육기관의 장은 다음 각 호의 어느 하나에 해당하는 행위를 하여서
는 아니 된다.

1. 교육목표, 교육내용, 생활지도 기준이 성별 등에 대한 차별을 포함
   하는 행위.
2. 성별 등에 따라 교육내용 및 교과과정 편성을 달리하는 행위.
3. 성별 등을 이유로 특정 개인이나 집단에 대한 혐오나 편견을 교육
   내용으로 편성하거나 이를 교육하는 행위.

                                    - 2012년 김재연 의원 발의안

　차별금지법에서 규정한 차별 행위를 했을 경우 피해자는 가해
자에 대하여 민사소송에 의한 손해배상을 청구할 수 있다.
　차별 행위가 악의적인 것으로 인정될 경우에는 징벌적 손해배
상도 가능하다. 징벌적 손해배상이란 민사재판에서 가해자의 행
위가 악의적이고 반사회적이라고 판단될 경우 실제 손해액에 형
벌적인 요소로서의 금액을 추가적으로 포함시켜서 손해배상을 부
과하는 제도다.

차별금지법안 제39조 <손해배상>

"이 법을 위반하여 타인에게 손해를 가한 자는 그 피해자에 대하여 손해배상의 책임이 있다." - [민사상 손해배상]

"이 법에서 금지한 차별행위가 악의적인 것으로 인정되는 경우, 법원은 차별행위를 한 자에 대하여 재산상 손해액 외에 손해액의 2배 이상 5배 이하에 해당하는 배상금을 지급하도록 판결할 수 있다." - [징벌적 손해배상]

- 2012년 김재연 의원 발의안

차별금지법에 따르면 '악의적'이란 차별 행위가 반복적으로 행해질 때로 해석될 수 있으므로 비그리스도인이 계속 항의하는데도 불구하고 지속적으로 전도를 한다면 징벌적 손해배상에 해당될 수 있다. 심지어 형사책임까지 물을 수도 있다.

차별금지법안 제43조 <벌칙>

"사용자등이 제42조를 위반하여 불이익 조치를 한 경우에는 2년 이하의 징역 또는 1천만 원 이하의 벌금에 처한다." - [형사책임]

- 2012년 김재연 의원 발의안

특히 입증책임의 배분은 이 법안이 가진 큰 문제점들 중의 하나다.

차별금지법안 제40조 <입증책임의 배분>

1) 이 법률과 관련한 분쟁해결에 있어서 차별에 해당하는 행위가 있었다는 사실은 차별행위를 당하였다고 주장하는 자가 입증하여야 한다.

2) 제1항에 따른 차별행위가 이 법에서 금지하는 차별행위가 아니라거나 그 행위에 정당한 사유가 있었다는 점은 차별행위를 당하였다고 주장하는 자의 상대방이 입증하여야 한다.

- 2012년 김재연 의원 발의안

예를 들면, 동성애가 죄라는 사실을 길에서 선포했다가 누군가에 의해 소송을 당했다고 가정해 보자. 피해자는 가해자가 "동성애는 죄"라고 말함으로써 자신에게 수치심과 모욕감을 가져다주었다는 사실만 입증하면 된다. 반면에 가해자는 자신이 말한 내용이 피해자에게 수치심을 불러일으키기 위한 게 아니었다는 것을 입증해야 하는 것이다. 그것을 무슨 수로 입증한단 말인가. 상대방이 수치심을 느꼈다는데….

미국에 있을 때 가족과 함께 중국 식당에 간 적이 있다. 점원이 음식을 가져다주는데 음식이 튕겨져 나갈 정도로 그릇을 함부로 놓았다. 너무 불쾌해서 매니저에게 항의하고 주문을 취소한 채 나와 버렸다. 인종차별을 받은 것 같아서 기분이 몹시 나빴다.

사실 그 점원에게는 인종차별의 의도가 없었을 수도 있다. 하필

그때 기분 나쁜 일이 있어서 그랬던지 아니면 단순히 내가 마음에 안 들어서 그랬던 건지 모른다. 하지만 당시 나는 인종차별을 받는 듯한 느낌을 받았다.

며칠 후에 다른 음식점을 갔는데, 음식이 맛이 있고 없고가 중요하지 않았다. 점원이 서빙을 어떻게 하느냐만 보였다. 혹시 이 사람이 또 나에게 그릇을 던지지는 않을까 염려되었다. 왜? 내 안에 트라우마가 생겼기 때문이다. 그러면 점원이 실수로 그릇을 놓쳤을 뿐인데도 마치 인종차별을 당한 듯 느낄 수 있다.

누가 눈만 흘겨도 '저 사람이 나를 무시하는구나' 하고 마음이 상할 수 있다. 왜? 내 안에 그런 상처가 있기 때문이다. 이처럼 개인이 느끼는 수치심, 모욕감, 두려움과 같은 감정은 매우 주관적인 감정이기 때문에 가해자의 입장에서 그같은 감정 유발이 의도한 것이 아니라든지, 또는 그와 같은 행위에 상당한 이유가 있었다는 사실을 입증한다는 것은 매우 어려운 일이다. 따라서 입증책임의 배분은 가해자로 지목된 이들에게는 매우 불합리하게 악용될 가능성이 크다.

동성애에 대한 사람들의 입장은 저마다 다르다. 동성애를 사랑이라고 생각하는 사람도 있지만 비윤리적이라고 생각하는 사람도 있다. 그러므로 동성애에 대한 개인적 생각과 입장을 표명하는 것은 개인의 자유에 속한 문제다. 동성애를 하는 것이 자유인 것처럼 동성애에 대한 비판도 자유롭게 할 수 있어야 형평에 맞다. 그런데 동성애를 하는 것은 자유라고 하면서 동성애를 비판하면 처

174

벌하겠다고 하니 역차별이 아닐 수 없다. 그런 의미에서 차별금지법은 표현의 자유, 더 나아가 종교와 사상의 자유까지 역차별하는 위헌적인 법안이다. 동성애자들을 혐오하거나 차별하기 위해서 이 법안을 반대하는 것이 아니다. 오히려 동성애를 반대하는 수많은 선량한 자들을 부당한 역차별로부터 보호하기 위해서다.

차별금지법의
역차별 사례들

영국 사례

차별금지법이 통과된 영국의 사례를 보면 사태의 심각성을 이해할 수 있을 것이다. 영국 기독교법률센터(Christian Concern for Our Nation, CCFON)라는 단체가 있다. 기독 법조인들이 만든 것으로 여성 변호사 안드레아 윌리엄스(Andrea Williams)가 설립했다. 그녀와 뜻을 같이 하는 법조인들이 차별금지법과 같은 법안을 통해 역차별당하는 그리스도인들을 변호해 주고, 하나님의 변호사로서 법정에서 하나님의 진리를 수호하는 역할을 감당하고 있다.

영국과 같은 기독교 국가가 어떻게 변화되었고, 영국 교회가 어떻게 무너져 갔는지, 그 심각성을 일깨우고자 그녀를 한국에 초청했다. 그때 윌리엄스 변호사가 동성애 문제, 이슬람과 관련된 영국의 현실 등을 아주 생생하게 들려주었다.

2010년에 통과된 영국의 '평등법'(Equality Act)은 우리나라의 차별금지법에 해당되는 법안이다. 이 법이 통과된 후에 영국의 모든 정치인들이 동성결혼을 지지하고 나섰다. 더 나아가 기독교 지도자들마저 동성결혼을 인정해야 한다고 발언할 지경이 되었다. 윌리엄스 변호사의 표현에 의하면, "갈 때까지 갔다"고 할 수 있다. 우리나라에서 차별금지법이 통과된다면 상황이 이토록 심각해질 수 있다.

영국에서는 교회에서 동성애자 목사가 동성결혼의 주례를 본다. 동성결혼의 주례를 거부했다가는 고소당할 수 있다. 자궁을 고용하기도 한다. 남성 동성애자들끼리는 자녀를 못 낳으니까 자궁을 고용하는 것이다. 현대판 씨받이가 정자 기증자를 선택해서 아기가 태어나면 레즈비언 커플이나 게이 커플에게 아기를 넘기는 일도 있다.

어떻게 이런 일들이 일어나는가? 평등법이 제정되어서 가능해진 것이다. 법 제정을 못 막은 탓이다. 평등법이 통과되자 2014년 리처드 페이지(Richard Page) 판사가 동성커플의 입양에 대해 부정적인 언급을 했다는 이유로 징계를 당하는 일이 생겼다. 그는 켄트 지역에서 15년간 존경받는 판사로서 일했던 사람이다. 페이지 판사는 아이가 동성커플 가정에서보다 자신의 친부모 밑에서 성장할 때 가장 행복하고 건강하게 성장할 수 있다고 판단했다. 그러나 그가 판결을 내리자마자 영국 사법부의 최고 판사는 그가 기독교적 신념에 따라 판결을 내렸다는 이유로 징계 조치했다.

런던 어린이병원의 간호사 사라 엠부이(Sarah Mbuyi)가 해임됐다. "결혼은 남자와 여자의 결합"이라고 말한 것이 이유였다. 병원 측은 그녀의 발언이 아주 심각하게 잘못된 행위(gross misconduct)라고 말했다.

2010년 북부 런던 학교의 교사 콰베나 피트(Kwabena Peat)가 왕따 문제 해결을 위한 연수 교육 중에 주제와 상관없이 동성애 권리 옹호에 대한 이야기만 한 강사에게 불만을 표시했다는 이유로 정직을 당했다. 알고 보니 강사가 레즈비언이었다. 강연을 듣던 몇몇 그리스도인 교사들이 참지 못하고 퇴장했다가 학교로부터 징계를 받았다.

빅토리아 웨스트니(Victoria Wasteney)는 무슬림 직장 동료에게 기독교 서적을 주었다는 이유로 고용위원회로부터 징계 조치를 받았다. 그녀가 세 가지 잘못을 저질렀다고 징계 사유를 밝혔다. 첫째, 무슬림 동료를 교회 행사에 초대한 것은 잘못이다. 둘째, 무슬림 동료와 함께 기도한 것은 잘못이다. 그가 함께 기도하는 것에 대해 동의했을지라도 잘못이다. 셋째, 무슬림 동료에게 기독교 서적을 준 것 또한 잘못이다.

간호사 셜리 채플린(Shirley Chaplin)은 16살부터 30년이나 착용해 온 십자가 목걸이를 착용하지 말 것을 병원으로부터 요구받았다. 환자나 주변인들에게 건강과 안전의 문제를 유발할 우려가 있다는 것이 이유였다. 그러면서 한 가지 타협안을 제시했다. 옷 속에 넣으면 괜찮다는 것이다. 그러나 셜리는 거부했다. 병원이 이슬람

식 스카프 히잡(Hijab)은 허용하면서 십자가 목걸이는 금지했기 때문이다. 결국 소송에 들어갔다.

듀크 아마크리(Duke Amachree)는 의사가 더 이상 손쓸 수 없다고 진단한 환자에게 하나님께 소망을 두라는 조언을 했다는 이유로 해고당했다.

LA에서 부보안관으로 일하다가 은퇴한 후 노방 전도자가 된 미국인 토니 미아노(Tony Miano)의 사례는 가히 충격적이다. 런던 윔블던에서 동성애를 포함한 성적인 죄에 대해서 설교하다가 체포되었다. 성적 방종은 하나님이 몹시 싫어하는 죄라고 선포하고 죄로부터 돌이키라는 내용이었다. 그런데 갑자기 한 여인이 자기 아들이 동성애자라고 소리를 지르며 난동을 피웠다. 경찰이 출동해서 토니를 체포해 갔다. 난동을 피운 것은 여인인데 그가 체포된 것이다. 이것이 차별금지법이 통과된 영국의 현실이다.

리처드 스코트(Richard Scott) 박사가 쓴《사선에 선 그리스도인》(Christians In The Firing Line)의 서문에서 영국 성공회의 대표적인 지도자 중 한 명인 마이클 나지르 알리(Michael Nazir-Ali) 전 로체스터 주교가 이렇게 말했다.

"그리스도인들은 이제 신앙으로 인해 직장에서 해고되고 전문가 집단에서 제명되고 대중적 인기를 잃는 등의 대가를 치르고 있다. 이러한 각 영역에서 활동할 권리의 제한은 박해의 시작을 의미한다."

안드레아 윌리엄스 변호사는 제발 한국만큼은 차별금지법의 제

정을 막아 달라고 부탁하며 영국처럼은 되지 말아야 한다고 호소
했다.

캐나다 사례

2012년 캐나다 온타리오에서 '왕따 방지를 위한 학교안전법(Bill 13)'이 통과되었다. 이는 우리나라의 차별금지법과 유사한 법안이다. 이 법안이 통과되면서 토론토 교육청에서 성교육 가이드라인을 발간했다. 주요 내용은 다음과 같다.

- 1학년, 6살 아이에게 남성과 여성의 성기에 대해 가르친다.
- 3학년, 8살 아이에게 남성과 여성이란 교육에 의해서 만들어진 개념으로 선택에 의해 변경 가능하다고 가르친다. 동성연애와 동성부부에 대해 가르친다.
- 4학년에게 로맨틱한 데이트에 대해 가르친다.
- 6학년에게 자위행위의 즐거움을 가르친다.
- 7학년에게 정상 성교와 항문 성교를 가르친다.
- 8학년에게는 항상 콘돔을 준비할 것을 가르친다. 머지않아 섹스를 하게 될 사람은 반드시 콘돔을 준비해야 필요할 때 쓸 수 있다고 강조한다. 그리고 성전환 수술을 받지 않고도 자아의 성정체성에 따라 화장실을 사용할 수 있어야 한다고 가르친다.

뿐만 아니라 성교육 내용에 대해서 학부모에게 사전 공지를 할 필요가 없다. 학부모가 자녀의 수업 참여 여부를 결정할 권한이 허용되지 않는다.

온타리오 주 벌링턴에서 살고 있는 9학년 학생이 지역 언론과 인터뷰를 했다.

"학교 여자 화장실에 남학생이 들어와서 버젓이 사용해요. 너무 이상하고 불편하지만 아무도 뭐라고 하지 못해요."

평등과 인권이라는 이름으로 화장실의 벽까지 허물고 있다.

이러한 친동성애적 흐름이 우리나라에도 들어오고 있다. 압력까지 가하고 있다. 국내외 동성애자 인권단체들이 연합하여 계속해서 압박하는 것이다.

유엔과 국가인권위원회를 통한 압력

2015년 6월 퀴어문화축제 개막식 때 16개국 대사관이 참여하여 성소수자의 권리를 옹호하는 지지 선언을 했다. 11월에는 유엔 시민적 정치적 권리규약위원회(ICCPR)가 포괄적 차별금지법 제정을 한국 정부에 권고하는 최종 심의보고서를 채택했다.

유엔우편행정부(UNPA)는 2016년 2월, 자유와 평등이라는 이름으로 동성애를 지지하는 우표를 발행했다. 유엔이 앞장서서 동성애 관련 캠페인을 벌이고 있다. 이것이 세계적인 흐름이다.

유엔이 아무리 포괄적 차별금지법을 권고해도 우리나라가 따라야 할 의무는 없다. 하지만 정부에 상당한 압력으로 작용될 수는 있다. 우리 정부를 압박하고 있는 곳은 유엔만이 아니다.

2016년 2월 미국 오바마 대통령이 국무부 소속 성소수자 인권 특별대사 랜디 베리(Randy Berry)를 한국에 보냈다. 랜디 베리는 한국에 13시간 정도 체류하는 매우 짧은 일정이었지만 주한 미국 대사를 접견한 후 외교부를 공식 방문하고 게이인권운동단체인 〈친구사이〉를 방문했다. 그곳에서 여러 동성애자단체 대표들을 만났다.

또 오찬 모임에서는 트랜스젠더 연예인 하리수 씨, 게이 커플인 김조광수 씨와 김승환 씨, 군인권센터 임태훈 소장 등이 랜디 베리 특사를 만났다. 만찬 초대장에는 "미국 국무부 LGBT(성소수자) 인권 특사 랜디 베리와의 만찬에 귀하를 초대하오니 참석하여 자리를 빛내 주시기 바랍니다"라고 적혀 있었다. 베리 특사 오찬 모임에 참석한 류민희 변호사(공익인권변호사모임 희망을만드는법 소속)는 "미국이 펼치는 LGBT 인권 외교 차원의 방한이다, 미국 정부가 성소수자 인권을 주요 의제로 추진하고 있다"고 설명했다.

그것뿐이 아니다. 미국에서 동성결혼 합헌이 발표된 지 얼마 지나지 않아 동성애를 옹호하는 긴즈버그(Ginsburg) 대법관이 우리나라를 방문하여 대법원장을 만났고 대법원에서 강의를 했다. 대법원장과 성소수자 인권 보호를 위한 양국 대법원의 역할의 중요성에 대해 이야기를 나눴다고 한다.

심상치가 않다. 미국 대법관이 한국에 와서 대법원장을 만나고 대법원에서 강의를 하고 돌아갔다. 그것도 동성결혼이 합법화된 지 얼마 안 된 시점이었다. 동성애를 옹호하는 매우 강력한 힘이 작용하고 있음을 알 수 있다.

2015년 12월, 유엔 산하 시민적 및 정치적 자유에 관한 국제협약 이행감시위원회(CCPR)는 우리나라에 군형법 92조 6항의 폐지를 권고했다. 국내 동성애자 인권 단체가 유엔에 군대 내 동성 간의 성행위를 처벌하는 군형법 92조 6항의 문제점을 고발하는 보고서를 보냈던 것이다. 법률사무소 로하스의 정선미 변호사에 따르면, 이 보고서는 심각한 수준으로 왜곡된 내용의 보고서였다고 한다. 그런데 CCPR은 그것을 기초로 군대 내 동성애자들에 대한 인권 침해가 이루어지고 있다고 판단하고 군형법 92조 6항의 폐지를 권고한 것이다.

미국 성소수자 인권 특별대사 랜디 베리가 우리나라를 방문했을 때 오찬 모임에서 참석자들이 "외교부가 한국에는 동성애 차별 조항이 없다고 말하지만 실은 군형법 92조 6항 같은 동성애자 차별법이 있다"며 문제 제기를 했다고 한다.

하지만 우리나라 군대 내 성추행 및 성폭력 사건이 계속해서 일어나고 있는 상황이다. 2014년 3월, 대구 보통군사법원에서 후임병 17명을 성추행한 20살 동성애자 이모 상병에 대해서 1년 6개월의 실형을 선고했다. 보도에 따르면, 이모 상병이 7월부터 10월 사이에 후임병들의 신체 특정 부위를 만지는 것은 물론이고 구강 성교와 같은 유사 성행위까지 강요했던 것으로 알려졌다. 피해 병사 중 한 명의 누나가 SNS에 이와 같은 사실을 폭로함으로써 세상에 알려졌다. 피해 병사들은 정신과 치료를 받았다.

국가인권위원회에서 발행한 〈군대내 성폭력 실태조사〉를 보면, 설문 조사에 참여한 671명 가운데 피해 경험이 있다고 응답한 사람이 103명으로 전체 15.4%였다. 직접 가해 경험이 있다고 응답한 사람은 48명으로 7.6%, 성폭력 발생을 목격했거나 들어본 경험이 있는 경우는 24.7%였다. 2004년도 조사 내용이다.

2015년 국방위원회 위원 김광진 국회의원이 보고한 자료에 의하면, 군대 내 동성간 성범죄가 과거보다 2배 이상 증가했다고 한다. 2012년엔 83명이었는데 2014년엔 220명이 된 것이다.

2013년 한국갤럽이 한국교회언론회의 의뢰를 받아 조사한 〈군전역자 대상 동성애 의식 조사 결과〉를 발표했다. 전국 만 21~39세의 군필자 1,020명을 대상으로 조사했는데, "군대 내 동성애 허용이 군기강과 전투력에 미치는 영향"에 대해서 부정적인 영향을 미친다고 생각하는 사람은 70%였다. 아무 영향이 없다고 답변한 사람이 22%, 긍정적 영향을 미친다는 답변은 2.9%에 불과했다. 이렇게 군 전역자들도 군대 내 동성애 허용은 문제가 있다고 판단하고 있다.

군형법 92조 6항을 개정하거나 폐지하는 것에 대한 물음에는 오히려 더 강화해야 한다고 답한 사람이 64.2%, 유지해야 한다가 22.6%, 폐지해야 한다가 6.5%였다. 폐지를 반대하는 쪽이 86.8%나 되었다.

군형법 92조 6항의 폐지, 차별금지법의 추진 등은 국가인권위원회법을 근거로 추진되었다. 특히 국가인권위원회법에 명시한 '성적 지향' 문구가 문제가 된다. 동성애를 보호해야 된다는 개념을 확산시키고 동성애에 대한 국민의 일반적인 법적, 도덕적 가치 판단에 엄청난 변화를 불러일으켰다.

국가인권위원회법 제2조 3항

"평등권 침해의 차별행위"란 합리적인 이유 없이 성별, 종교, 장애, 나이, 사회적 신분, 출신 지역(출생지, 등록기준지, 성년이 되기 전의 주된 거주지 등을 말한다), 출신 국가, 출신 민족, 용모 등 신체 조건, 기혼·미혼·별거·이혼·사별·재혼·사실혼 등 혼인 여부, 임신 또는 출산, 가족 형태 또는 가족 상황, 인종, 피부색, 사상 또는 정치적 의견, 형의 효력이 실효된 전과(前科), 성적(性的) 지향, 학력, 병력(病歷) 등을 이유로 한 다음 각 목의 어느 하나에 해당하는 행위를 말한다.

법무법인 아이앤에스의 조영길 변호사는 국가인권위원회법이 제정된 후 현재 국내에서 제기되고 있는, 동성애 성행위를 도덕 및 법률로 보호해야 한다는 주장들을 다음과 같이 정리하며 반박했다.

첫째, 국제인권법상 원칙을 따라야 한다는 주장이다. 우리나라 헌법재판소가 우리나라가 가입한 국제 조약에서 인정하는 권리는 국내에서도 그대로 법적 구속력이 발생한다고 인정한 바가 있다. 하지만 "성적 지향"을 이유로 한 차별 행위 금지는 국제 규약에 명시된 것이 아니라 국제인권기구의 해석에 불과하다.

1994년 호주의 동성애자 투넨(Toonen)이 동성애를 처벌하는 태즈메이니아 주 법률이 유엔 시민적 정치적 권리규약(ICCPR) 2조 1항에 위배된다고 유엔인권위원회에 고발했다. 그러자 유엔인권위원회에서 태즈메이니아 주에 위반을 판결했다. ICCPR 조문에는 성적 지향을 차별행위 사유로 명문화하지 않았다. 규약의 2조, 26조의 남녀 성별(Sex)에 따른 차별금지 조항을 성적 지향(Sexual Orientation)으로 확대 해석한 것이다.

그리고 나서 2011년 제17차 유엔인권이사회에서 "성적 지향과 성 정체성에 대한 차별을 금지하는 결의안"을 채택했다. 이후 성적 지향을 이유로 한 차별 행위 철폐를 조직적으로 전개해 오고 있다.

국내 동성애자 인권단체들은 국제인권법상의 원칙을 따라야 한다고 말하며 동성결혼도 합법화시켜야 한다고 주장한다. 그러나 헌법재판소는 "될 수 있는 한 국제 법규의 취지를 살릴 수 있도록 노력해야 한다. 그러나 국제인권기구의 인권 해석은 각국에 권고적 효력만 있을 뿐 법적 구속력을 가지는 것은 아니다"라고 밝히고 있다. 따라서 대한민국 정부는 동성애 문제에 대해 자주적으로 결정할 수 있는 주권을 가지고 있으며, 국제인권기구의 해석과 권고를 무조건 따라야 할 의무는 없다.

둘째, 동성애를 반대하는 것은 헌법상 보장된 기본권을 침해한다는 주장이다.

대한민국 헌법 10조는 "모든 국민은 인간으로서의 존엄과 가치를 가지며, 행복을 추구할 권리를 가진다"라고 명시하고 있다. 따라서 대한민국 국민이라면 누구든지 자신의 행복을 추구할 수 있는 권리, 즉 인권을 보장받는다. 하지만 무조건적인 권리가 주어지는 것은 아니다. 대한민국 헌법 37조 2항에 따르면 "국민의 모든 자유와 권리는 국가안전보장, 질서유지 또는 공공복리를 위하여 필요한 경우에 한하여 법률로서 제한할 수 있다"고 그 한계를 분명히 못 박고 있다.

따라서 동성애자이든 일반인이든 상관없이 그들의 자유와 권리가 '국가안전보장, 질서유지 또는 공공복리'에 위협을 가할 경우에는 법률로서 제한을 가하는 것이 마땅하며, 그와 같은 제한은 차별도 아니고 인권침해도 아니다.

예컨대 2011년 헌법재판소는 "군대내 동성 간 성행위를 처벌하고 있는 군형법 92조 6항에 대해 목적의 정당성, 수단의 적정성, 피해의 최소성 관점에서 군인들의 성적 자기결정권이나 사생활의 비밀과 자유를 침해하지 않는다"고 판결을 내린 바 있다. 군대 내 동성 간 성행위 처벌에 대한 합리적 사유가 있으므로 평등권 침해도 아니라고 판시했다.

우리나라는 군형법에서만 동성애를 법률로 금지하고 있을 뿐 그 외의 영역에서는 동성애를 법률로 금지하거나 처벌하는 제도를 가지고 있지 않다. 그러나 2008년 대법원과 2011년의 헌법재판소는 동성애를 "객관적으로 일반인들에게 혐오감을 주고 선량한 성도덕 관념에도 반하는 성적 만족 행위"라고 판시함으로써, 법률로는 동성애를 금지하고 있지 않지만, 도덕적으로는 선량한 성도덕에 반하는 행위로 인정하고 있는 것이다.

따라서 동성애 성행위를 반대하거나 비판하는 것이 동성애자들의 헌법상 기본권 침해가 될 수 없음은 명백하다. 특별히 동성결혼은 전통적인 결혼 제도와 가정 질서를 붕괴시켜 건강한 사회의 기초를 흔들 수 있기 때문에 동성결혼을 인정하지 않는 현재의 결혼 제도가 동성애자들의 헌법상 보장된 기본권을 침해한다고 볼 수 없다.

셋째, 동성애 반대는 종교적 선입견에 의한 다양성 훼손이라는 주장이다.

한 방송국에서 유명 동성애자와 동성결혼 합법화를 주제로 일대일 토론을 녹화한 적이 있다. 토론 중에 그는 의도적으로 나를 변호사 대신에 목사라고 불렀다. 그 자리에 변호사로서 참석한 것인데 일부러 목사라고 부른 것이다. 일반인들에게 내가 동성결혼을 반대하는 이유가 종교적 선입견에 의한 것이라는 인상을 주기 위해서였다. 그래서 잠시 녹화를 중단시키고 항의하여 편집하도록 했다.

동성결혼을 반대하거나 동성애의 문제점을 거론하는 것이 개인의 종교적 신념을 타인에게 강요하여 다양성을 훼손시키는 것처럼 보이게끔 전략적으로 프레임을 짠 것이다. 그러나 부도덕한 성행위를 비판하는 것이 어떻게 특정 종교의 가치관을 강요하는 행위라고 할 수 있겠는가?

2013년 동아일보와 재단법인 아산정책연구원이 전국 성인 남녀 1,500명을 대상으로 실시한 〈국민의식조사〉를 보면 "동성애에 대해서 거부감이 든다"는 답변이 78.5%나 되었다. 국민들의 대다수가 동성애에 대해 부정적 입장을 가지고 있는 것이다. 우리나라의 대다수 국민들은 "동성애는 건전한 성 윤리에 반한다"는 대법원과 헌법재판소의 결정을 지지하고 있다.

동성애 정상화와 같은
시대적, 문화적 흐름의 칼날의 끝은
결국 성경의 권위, 교회의 권위,
더 나아가 하나님의 권위를 향하고 있다.

동성결혼
합법화가
바꿔 버릴 세상

동성결혼에 대한
우리 법 이해

근래 우리나라에서도 동성결혼 합법화를 위한 움직임이 본격화되고 있다. 2015년 6월 현재, 전 세계 동성결혼 허용 국가는 총 21개국이다. 2001년 네덜란드가 최초로 허용했고 주로 서유럽 국가들에 치중해 있다. 2006년 남아프리카공화국이, 2009년 노르웨이와 스웨덴이, 2015년 미국이 동성결혼을 합법화했다. 아일랜드 같이 가톨릭이 우세한 나라에서도 동성결혼을 허용했다. 그 외 생활동반자법의 형태로 동성결혼을 암묵적으로 허용하는 것까지 합하면 약 35개국 정도가 된다.

전 세계 동성결혼 허용 국가 현황 (총 21개국)

2001년   네덜란드
2003년   벨기에
2005년   스페인, 캐나다
2006년   남아프리카공화국
2009년   노르웨이, 스웨덴
2010년   포르투칼, 아이슬란드, 아르헨티나
2012년   덴마크, 잉글랜드/웨일즈
2013년   브라질, 프랑스, 우루과이, 뉴질랜드
2014년   스코틀랜드
2015년   룩셈부르크, 아일랜드, 멕시코, 미국

김조광수 씨 커플이 2015년 41명의 변호인단을 구성하여 혼인신고를 반려한 서대문구청을 상대로 서울서부지법에 불복신청을 냈다. 현대판 더둘로 변호사를 고용한 것이다. "대한민국 민법과 헌법이 과연 동성결혼을 금지하고 있는가"가 이 소송의 핵심 쟁점이다.

우리나라 민법은 근친혼이나 중혼, 미성년자 등의 결혼을 제한하고 있다. 민법 809조는 근친혼을 금지하고 있고, 810조는 중혼을 금지하고 있으며 808조는 미성년자의 결혼을 제한하고 있다. 그러나 동성결혼을 금지하는 내용은 없다.

동성결혼 합법화를 추진하는 쪽에서는 "민법에서 동성결혼을 금지하고 있지 않으니 동성결혼을 금하는 법 적용은 문제가 있다.

금지의 법적 근거가 없다"고 주장한다.

그런데 민법에 동성결혼을 금지하는 조항이 없는 이유는, 입법자들이 동성결혼을 인정했기 때문이 아니라 언급의 필요성 자체를 느끼지 못했기 때문이었다. 우리 민법에는 동물과의 결혼을 금지하는 내용도 없다. 그렇다고 동물과의 결혼을 허용하는 것으로 봐도 되는가? 아니다. 논쟁거리가 될 리가 없는 비상식적인 일이기 때문에 언급하지 않은 것뿐이다. 따라서 동성결혼 합법화를 주장하는 측의 논리는 한마디로 억지다.

우리나라 헌법과 민법에서는 '부부'라는 표현을 쓴다. 지아비 부(夫)와 지어미 부(婦)다. 민법에서 부부란 남성과 여성을 의미하는 것으로 보고 있다는 증거다.

민법의 상위법이 헌법이다. 따라서 민법은 헌법의 차원에서 이해하면 된다. 헌법 36조 1항은 결혼에 대해 이렇게 말하고 있다.

"혼인과 가족생활은 개인의 존엄과 양성의 평등을 기초로 성립되고 유지되어야 하며, 국가는 이를 보장한다."

결혼은 '양성의 평등'을 기초로 설립되는 것이다.

대법원장과 대법관 13명으로 구성되는 전원합의체는 헌법 36조 1항을 근거로 해서 결혼이란 "1남 1녀 간의 정신적, 육체적 결합"이라고 판결한 바 있다.

이처럼 우리나라 헌법과 최고 사법기관인 대법원의 법 해석은 남녀 간의 결혼만 인정할 뿐 동성결혼을 인정하지 않고 있다.

그런데도 동성결혼을 옹호하는 이들은 "헌법에 명시된 '양성의 평등'의 방점은 양성, 즉 남성과 여성이 아닌 평등에 있다"고 주장한다.

하지만 헌법은 분명히 양성의 평등이라고 명시하였으므로 결혼이란 남녀 양성으로 구성된 것으로 봐야 한다. 동성결혼 옹호자들이 양성은 의미가 없고 평등만 의미가 있다고 주장하는 것은 자신의 뜻을 관철하기 위한 초법적인 해석이라고 할 수 있다. 헌법을 자기 마음대로 해석하는 억지인 것이다.

그리고 동성결혼을 찬성하는 사람들이 주장하는 것처럼 단순히 부부의 평등을 강조하기 위해 사용된 표현이라면 굳이 양성이란 표현을 쓸 필요가 없었을 것이다. 예를 들어 배우자 또는 당사자와 같은 중성적인 단어를 사용할 수 있음에도 불구하고 양성이란 표현을 썼을 때는 분명한 이유가 있는 것이다. 중성적인 표현을 쓰지 않고 양성이라고 지목한 이유는 혼인을 남녀 간의 정신적, 육체적 결합을 의미하는 것으로 봤기 때문이다.

사법적극주의라는 함정

사회 인식의 변화나 상황의 변화로 법 조항을 다르게 해석할 수는 있다. 그러나 명시된 규정의 어의적 의미를 벗어난 해석은 사실 사법의 영역을 넘어선 입법의 영역이라고 볼 수 있다. 이것을 사법적극주의(Judicial Activism)라고 한다. 사법적극주의란 "법 해석과 판결에 있어서 법 문언에만 그치지 않고 판사의 개인적인 의견이나 정치적 목표 등을 염두에 두고 사법의 기능을 넘어 적극적인 입법의 역할까지 강조하는 태도"를 말한다.

미국 대법원이 동성결혼을 합법화한 것이 바로 그런 경우다. 미국 헌법에는 우리나라와 달리 결혼에 대한 아무런 언급이 없다. 따라서 대법원은 동성결혼의 합헌 여부에 대해 "헌법에서는 결혼에 대해 아무런 얘기도 하고 있지 않다. 따라서 각 주 정부가 주민들의 의견을 수렴하여 주정부가 자치적으로 입법하여 결정하면 된다"고 판결했어야 한다.

그런데 동성결혼을 지지한 5명의 대법관들은 헌법에도 나와 있지 않은 결혼에 대한 정의를 자기들 마음대로 해석하여 입법화하였다. 그 판결로 말미암아 미국 전역에서 동성결혼이 합법화되는 강제적인 결과를 초래했다.

미국 연방대법원에 대해 살펴보면, 대법원장 존 로버츠는 정치적으로는 보수주의 성향이다. 보수 성향은 대체로 미국 전통적인 기독교 세계관에 입각한 가족 제도와 결혼 제도를 지지하는 쪽이다. 그다음 고(故) 앤터니아 스칼리아는 신실한 기독교인이었다. 그 밖에 토머스 대법관, 알리토 대법관이 보수 성향의 대법관으로 분류된다.

케네디 대법관은 정치적으로 중도보수 성향의 인물이다. 나머지 우리나라에 왔던 긴즈버그 대법관을 비롯한 소토마요르, 브레이어, 케이건 등 네 사람은 소위 진보적인 성향을 가진 대법관들로, 이들은 낙태를 찬성하며, 동성결혼 합법화를 주장하는 등 대부분의 판결에 있어 진보적인 성향을 보여 왔다.

2015년 6월에 동성결혼 합헌 결정 때 보수 대 진보가 4대 4였는데 중도보수 성향의 케네디 대법관이 동성결혼 지지자들의 손을 들어주는 바람에 결국 동성결혼이 합법화된 것이다.

[보수 성향]
대법원장 존 로버츠, 故 안토닌 스칼리아, 클래런스 토머스, 사무엘 알리토 (4)

[중도보수 성향]
앤서니 케네디 (1)

[진보 성향]
루스 베이더 긴즈버그, 소니아 소토마요르, 스티븐 브레이어, 엘레나 케이건 (4)

미국의 대표적인 싱크탱크인 헤리티지재단(Heritage Foundation)의 리언 앤더슨(Ryan T. Anderson) 박사는 사법적극주의에 의한 이번 연방대법원의 판결이 미국헌법과 민주주의 질서의 근간인 삼권분립의 원칙을 크게 훼손하는 계기가 되었다고 우려했다. 미국 건국의 아버지들이 헌법과 정치 시스템의 가장 중요한 원칙으로 삼은 것 중 하나가 바로 삼권분립의 원칙이다.

미국의 저명한 신학자인 웨인 그루뎀(Wayne Grudem) 박사에 따르면 삼권분립의 정신은 성경에 뿌리를 두고 있다.

> 대저 여호와는 우리 재판장이시요 여호와는 우리에게 율법을 세우신 이요 여호와는 우리의 왕이시니 그가 우리를 구원하실 것임이라 사 33:22

여호와는 재판장, 즉 대법원장(사법부)이시며 율법을 세우신 분(입법부)인 동시에 우리의 왕(행정부)이시다. 모든 권력을 가진 절대자이신 하나님은 완전하신 분이다. 하지만 성경은 인간을 죄성을 가진 타락한 존재로 본다. 타락한 인간에게 절대 권력이 주어지면 그 권력은 절대적으로 타락하게 되어 있다.

그래서 미국 건국의 아버지들은 국가의 권력을 한 사람에게 집중시키지 않고 입법, 사법, 행정 세 부분으로 권력을 나누는 삼권분립이라는 정치 제도를 만들어 냈다. 3개의 권력 기관이 서로 견제하여 힘의 균형을 이루게 함으로써 국민의 자유와 권리를 보장하게끔 한 것이다.

그 결과 1789년 총 7개조로 이루어진 미국 헌법이 제정되었다. 헌법의 첫 3개조는 연방정부를 3개의 부로 구성하는 권력 분립의 원리를 기술하고 있다.

동성결혼 합법화 판결에서 반대 의견을 개진했던 존 로버츠 대법원장은 자신의 판결문에서 다음과 같이 주장했다.

"미국 헌법에는 결혼에 대한 어떤 이론도 제공하고 있지 않다. 그래서 주의 주민들이 동성애를 결혼의 의미에 포함시키든 전통적인 결혼의 정의를 유지하든, 그것은 각 주 주민들의 자유로운 선택에 달려 있다. 그러나 이번 재판을 통해 5명의 대법관들이 오만하게도 자신들이 가지고 있는 결혼에 대한 개념을 입법화했다. 사법부의 역할을 넘어 입법부의 역할을 한 셈이다. 판사는 법이 무엇인지 말할 권리는 있으나 법이 어떠해야 하는지를 결정하는 권한은 없다."

사법적극주의에 의한 판결을 강하게 비판한 것이다.

우리나라에서 동성결혼 합법화를 주장하는 이들이 바로 그런 전략을 노리고 있다. 미국과 달리 우리 헌법은 결혼에 대한 명확한 정의를 갖고 있다. 그렇기 때문에 우리나라의 동성결혼 합법화는 국민투표를 통한 헌법 개정을 통해서나 가능한 일이다. 대다수의 국민들이 동성결혼에 대해 부정적인 입장을 가지고 있기 때문에 국민투표를 통한 합법화는 현재로서는 쉽지 않아 보인다. 따라서 동성결혼을 주장하는 이들은 동성결혼을 지지하는 일부 진보적인 성향의 판사들의 독단적인 판결을 통해 동성결혼을 합법화 시키는 사법적극주의적 전략을 취하고 있는 것으로 보인다.

동성결혼 문제의
본질

모든 국민은 자신의 존엄한 인격권을 바탕으로 자율적으로 자신의 생활 영역을 형성해 나갈 수 있는 권리가 있다. 혼인 및 가족 생활에서도 이와 같은 개인의 인격권, 행복추구권은 마땅히 보장되어야 한다. 그렇다면 동성 간의 결혼을 인정하지 않는 우리의 혼인 제도가 헌법에서 보장하고 있는 동성애자들의 평등권과 행복추구권을 침해하고 있는가? 물론 아니다.

대한민국에서 결혼은 "1남 1녀 간의 정신적 육체적 결합"을 의미한다. 이 정의 밖에 있는 모든 형태의 결합은 결혼이 아니다. 동성결혼을 결혼으로 인정하지 않는 이유는 동성애자들을 혐오하거나 차별하기 때문이 아니라, 동성 간의 결합은 결혼이 아니기 때문이다. 사실 이 문제는 동성애자들에게만 해당되는 문제가 아니다. 이성애자들에게도 평등하게 적용되는 문제다.

예를 들어, 서로가 아무리 뜨겁게 사랑해도 1남 2녀 간, 2남 1녀 간 또는 3남 3녀 간의 결합은 법적인 부부로 인정받지 못한다. 왜냐하면 "결혼은 1남 1녀 간의 정신적, 육체적 결합"이라는 법률상 정의에 '남녀'의 성별 조건을 포함하고 있을 뿐 아니라, '1남 1녀'라는 수적인 조건도 포함하고 있기 때문이다.

동성애자들이 주장하는 것처럼 성별을 구분하고 있는 현재의 혼인 제도가 동성애자들의 평등권을 침해하는 것이라면 수적인 제한을 두고 있는 현재의 혼인 제도는 두 명의 여성과 결혼하기

원하는 또는 두 명의 남성과 결혼하기 원하는 이성애자들의 평등권을 침해하는 제도란 말인가?

이처럼 동성결혼 문제의 본질은 평등권의 문제가 아닌 것이다. "결혼이란 무엇인가?" 하는 결혼의 정의와 관련된 문제다. 따라서 우리는 평등권을 말하기에 앞서, 결혼에 대한 정의부터 내려야 한다.

대한민국 헌법재판소와 대법원은 결혼을 "1남 1녀 간의 정신적, 육체적 결합"이라고 정의했다. 이와 같은 정의에는 결혼이 갖고 있는 핵심적인 요소 3가지가 포함되어 있다.

첫째, '성별의 구분'이다. 결혼이란 남성과 여성 간에 이뤄지는 것이다.

둘째, '수적인 구분'이다. 결혼이란 단순히 남성과 여성 간에 이뤄지는 것일 뿐 아니라, 한 남성과 한 여성 간에 이뤄지는 것이다.

셋째, 한 남성과 한 여성 간의 정신적, 육체적 결합이다. 이것이 아주 중요한 부분인데, 서로 다른 남성과 여성이 정신적으로 육체적으로 한 몸을 이루는 것, 즉 '성적인 결합'이 바로 결혼이다(참고로 이와 같은 결혼의 정의에는 인종의 구분이 없다. 따라서 오래전 흑백 결혼 금지는 정당화될 수 없는 차별적 제도였다). 우리는 성을 통하여 서로 다른 남성과 여성이 한 몸을 이루게 되는 신비를 경험하게 된다. 한 몸이 된 이상 다른 몸과 합쳐질 수 없다.

그래서 두 이성 간의 성적 결합은 '영속성'(permanence)과 '배타성'(exclusivity)을 내포하고 있다. "한 번 한 몸을 이룬 후에는 떨어지면 안 되는 것"(영속성)이고, "이 사람과 한 몸을 이룬 다음에는 다른 몸과 한 몸을 이룰 수 없는 것(배타성)"이다. 이와 같은 성적 결합을 통해 두 사람이 한 몸을 이루는 신비로움을 경험하게 될 뿐 아니라, 그 신비를 통해 더 큰 신비, 즉 생명의 신비를 경험하게 되는 것이다.

이와 같은 결혼의 요소를 토대로 인류의 문명은 발전해 왔다. 이와 같은 결혼 제도는 정치적인 산물도 아니고, 입법의 산물도 아니다. 존 로버츠 미국 대법원장의 말을 빌리자면 '자연의 질서'다. 평생을 한 몸으로 살아가기로 서약한 한 남성과 한 여성이 성적 결합을 통해 한 몸을 이루고, 견고하고 안정적인 가정(울타리)을 이룰 뿐 아니라, 그와 같은 안정적인 울타리 속에서 태어난 아이들을 자기 생명보다 더 귀하게 여기며 사랑하고 훈육함으로써 건강한 사회의 일원으로 성장시킨다. 이와 같은 건강한 가정 질서를 토대로 세대와 세대가 이어져 지금과 같은 문명을 이룩해 온 것이다. 결혼 제도는 문명의 기초다. 따라서 결혼을 재정의하는 일은 문명의 근간을 뒤흔들 수 있는 아주 중차대한 문제인 것이다.

동성결혼 합법화의
문제들

가족과 함께 미국 워싱턴 D. C.에서 살 때 경험한 일이다. 큰딸과 같은 학교에 다니던 미국 아이가 집에 놀러 와서 함께 간식을 먹으며 놀았다. 아내가 부엌에서 빵을 구우며 둘의 대화를 듣게 되었다. 미국 아이가 딸에게 "결혼은 꼭 남자와 여자만 해야 되는 거 아니야"라고 말했다. 그래서 딸이 "아니야. 결혼은 남자와 여자만 하는 거야"라고 말했다. 아내가 이야기를 듣다가 깜짝 놀라서 미국 아이에게 다가와 결혼은 왜 남자와 여자만 해야 하는지에 대해 설명을 해주었다. 그랬더니 미국 아이가 "아니에요, 아줌마. 우리 윗집에는 내가 태어나기 전부터 살던 남자 부부가 있어요"라고 말해서 충격을 받은 적이 있다.

또 동성결혼이 합법화된 네덜란드의 한 어린이 방송국에서 부른 합창 노래 중에 〈두 아빠〉라는 곡이 있다. "두 아빠가 있어~"라고 선창하면 코러스가 우우우우~ 흥겹게 따라 부른다. 이런 가사가 너무나 자연스러운 것이다. 동성애가 비정상이 아니라는 성 윤리 교육이 어린아이들에게 행해진 결과다. 네덜란드를 비롯해 종교개혁 이후 많은 정치, 사회, 문화의 변혁을 이루었던 서구 유럽 나라들이 지금은 이런 상황이 된 것이다. 동성결혼이 합법화 되면 무엇이 문제인지 자세히 살펴보자.

동성결혼 합법화의 문제 1. 동성결혼은 출산을 할 수 없다

가장 큰 문제 중의 하나는, 동성부부는 자녀를 출산할 수 없다는 것이다. 아이는 이성간의 성적 결합을 통해서만 생긴다. 출산은 결혼에 있어 매우 중요한 부분이다. 이것은 불임부부나 자녀를 낳지 않기로 결정한 부부를 폄하하거나 차별하기 위한 것이 아니다. 결혼의 정의에서 출산이 중요한 이유는 모든 부부가 아이를 낳기 때문이 아니라, 모든 아기는 "부모"를 가지고 있기 때문이다.

즉 남자와 여자의 성적 결합을 통해서만 아기가 태어날 수 있기 때문에 자녀의 행복을 위해 결혼의 정의를 남성과 여성간의 결합으로 제한하는 것은 매우 중요하다. 특별히 결혼 연령이 늦어지고 출산을 기피하는 경향이 많아지고 있는 가운데, 동성결혼 합법화는 출산율 저하로 인한 노동 인구 감소와 고령화를 더욱 앞당기게 될 것으로 우려된다. 물론 대리모에 의한 출산을 통해 아이를 키울 수도 있겠지만, 대리모의 경우는 생명 윤리의 문제를 안고 있기 때문에 건강한 대안이 될 수 없다.

동성결혼 합법화의 문제 2. 아이에게는 아빠와 엄마가 필요하다

아이에게는 아빠와 엄마가 모두 필요하다. 아빠만 있어서도 안 되고 엄마만 있어서도 안 된다. 동성애자들은 두 아빠 또는 두 엄마가 각기 엄마 아빠 역할을 나눠서 하면 되지 않겠느냐고 말한다. 그러나 그렇지 않다. 아빠가 둘이면 아빠가 둘인 것이지 엄마가 있는 것은 아니다. 엄마가 둘이면 엄마가 둘인 것이지 아빠가 있는 것은 아니다.

러트거스대학교((Rutgers University) 결혼문제연구소장 데이비드 포프노(David Popenoe) 교수는 《아버지 없는 삶》(Life without father)에서 이렇게 말했다.

"아빠가 엄마의 자리를 대신할 수 없으며 엄마가 아빠의 자리를 대신할 수 없다. 아빠의 남성성과 엄마의 여성성은 아이들의 건강한 성장을 위하여 필수적인 요소다."

그런데 동성애자들은 "동성부부 밑에서 자란 아이가 오히려 더 좋은 결과를 가진다"는 미국정신의학회(APA)의 자료를 인용하며 반박한다. 하지만 APA에서 참고한 59개의 조사를 분석한 결과, 우선 표본 크기가 매우 작았고, 연구 대상 선정에 있어 무작위 선발이 이루어지지 않았다. 그래서 일반화하기에는 너무나 조잡한 수준의 연구였다. 프린스턴대학교 존 런 박사가 "동성 부모가 흔치 않고, 위와 같은 연구를 위해 조사 대상을 모집할 경우에 성소수자 단체들을 통해 연결될 수밖에 없기 때문에 신빙성 있는 연구 결과가 나오기 힘들다"고 지적했다.

캘리포니아에 사는 레즈비언 부부가 8살 남자아이를 입양했다. 아이의 이름은 토마스 로블이다. 엄마들 밑에서 자란 아이는 성정체성에 혼란을 겪었다. 자신이 남자로 태어난 것에 대해 수치심을 느끼기까지 했다.

동성 부부는 어느 날 토마스가 자신의 성기를 훼손하는 장면을 목격했다. 고민 끝에 아이를 성전환 시켜 주기로 결정했다. 그래서 성호르몬을 억제하는 약물 치료를 했고, 이후 소년 토마스가 아닌 소녀 태미로서 살고 있다.

이것이 정말 아이를 행복하게 하는 일일까? 동성부부 밑에서 자란 아이는 특히 성정체성에 혼란을 느낀다. 그래서 더더욱 동성결혼을 반대하는 것이다.

동성부부 밑에서 자란 클라인(B. N. Klein)은 "내 평생에 동성애자 사회는 아이들을 결코 자신들의 우선순위에 두지 않았다. 아이는 겉만 번지르르한, 보여 주기 위한 정치적 도구에 불과했다"고 폭로했다.

로버트 오스카 로페즈(Robert Oscar Lopez)는 동성애 문화 안에서 자라나 자신의 성적 지향에 대해 엄청난 혼란을 겪었고, 결국 아버지에 대한 갈망을 충족시키기 위해 나이가 많은 남자와 사랑하며 10대 시절을 보냈다.

레즈비언 부부 밑에서 자란 케이티 파우스트(Katy Faust)는 "동성 부모를 가진 아이들은 일반적인 남녀 결혼에 대한 자신의 생각을 표현하는 것을 힘들어 한다. 왜냐하면 동성 부모와의 관계가 위태로워지는 것을 원치 않기 때문"이라고 말했다.

또 다른 레즈비언 부부 밑에서 성장한 헤더 바윅(Heather Barwick)은 동성애자 커뮤니티에 〈당신의 자녀는 상처받고 있습니다〉라는 제목의 편지를 보냈다. 편지에 "동성애자들은 아이로부터 엄마나 아빠를 분리시키면서 아무런 문제가 없는 것처럼 말한다. 그러나 사실은 그렇지 않다. 우리가 아는 많은 아이들이 상처를 받고 있다. 나는 어머니의 파트너로부터 많은 사랑을 받았지만 그녀는 결코 아버지의 빈자리를 채울 수 없었다"라고 썼다.

동성결혼 합법화의 문제 3. 국가에게는 아빠와 엄마가 필요하다

아이들에게만 아빠와 엄마가 필요한 것이 아니다. 국가에게도 아빠와 엄마가 필요하다. 버지니아대학교(University of Virginia) 사회학과 브래드포드 윌콕스(Bradford Wilcox) 교수는 "국가의 경제적 부는 가족의 건강에 달려 있다"고 딱 잘라 말한다.

미국의 대표적인 싱크탱크 중 하나인 브루킹스연구소(Brookings Institution)에 따르면, 1970년에서 1996년 사이 연방 복지비 중 2억 2천9백만 달러가 가정 파괴로 인해 지출됐다고 한다. 이뿐 아니라 2008년 연구에 따르면, 이혼과 미혼 및 독신 부모를 위해 최저 생활 보장 제도 기금 중 1억1천2백만 달러가 사용됐다고 한다.

프린스턴대학교의 조지 맥코믹(George McCormick) 법대 교수는 "가족 제도가 손상되고 무너진다면 개인의 삶에 대한 정부의 개입이 확대될 수밖에 없고, 때문에 경제 성장은 약화될 수밖에 없다"고 분석했다. 이런 의미에서 동성결혼 합법화는 건강한 가족 제도를 손상시킬 뿐 아니라, 장기적으로 국가 경쟁력에도 큰 부담을 안겨 주게 될 것이다.

동성결혼 합법화의 문제 4. 건전한 성 윤리를 붕괴한다

동성애가 정상화되고 동성결혼이 합법화되면 건전한 성 윤리가 설 자리를 잃는다. 남성 간의 항문 성교를 정상적인 성행위로 교육하는 마당에 우리가 금기시할 수 있는 성적 행위가 뭐가 있겠는가? 때문에 동성애의 정상화로 말미암은 성 윤리의 붕괴는 동성애로 끝나지 않는다. 동성애의 정상화는 이제 소아성애의 정상화를 위한 단계로 넘어가고 있다.

미국의 일부 정신의학자들은 동성애에 이어 소아성애도 정신질환 목록에서 삭제시키려는 움직임을 시작했다. 소아성애에 대한 편견을 제거하기 위해 B4U-ACT라는 단체를 설립하고 이렇게 주장한다.

"소아성애가 정신질환으로 분류되는 것을 재고해야 한다."

〈크리스천포스트〉(Christian Post)의 칼럼니스트 마이클 브라운 (Michael Brown) 박사는 〈왜 동성애 다음이 소아성애인가〉라는 기고문을 통해 "동성결혼 합법화가 소아성애 합법화의 길을 열었다"고 말했다.

토드 니커슨(Todd Nickerson)이라는 소아성애자는 웹진 〈살롱닷컴〉(Salon.com)에 〈나는 소아성애자이지만 괴물이 아니다〉라는 제목의 글을 올리고 "나도 정말 원치 않지만, 아이들에게 성적으로 끌린다. 나를 비판하기 전에 나의 말을 한번 들어 달라"고 호소했다. 그는 〈도덕적인 소아성애〉(Virtuous Pedophiles)라는 웹사이트를 소개하며 이렇게 말했다.

"이 웹사이트의 목표는 대다수의 소아성애자들은 아이들을 성추행하지 않는다는 것을 알리고, 소아성애자들에게 붙어 있는 딱지를 없애며 소아성애자들이 행복하고 생산적인 삶을 살 수 있도록 필요한 정보와 자원들을 공급하는 것이다."

마이클 브라운 박사는 정신질환 목록에서 동성애가 제거된 데 고무된 소아성애자들이 마찬가지 노력을 하고 있다면서 심각한 문제라고 지적했다.

소아성애자들은 심지어 "소아성애는 죄가 아니라 세대 간 친밀감"이라고 말하며 상호 합의에 의해 성관계가 이루어지고 있고 유익하기까지 하다고 주장하고 있다.

마이클 브라운 박사는 소아성애자들이 사용하는 8가지 논리를 다음과 같이 밝힌다.

1. 소아성애는 타고난 것이며 불변의 것이다.
2. 소아성애는 인류 보편적이다.
3. 성인과 어린이의 성관계가 해롭다는 주장은 과장됐다.
4. 상호 합의 하에 이뤄지는 성인과 어린이의 성관계는 어린이에게 유익할 수도 있다.
5. 소아성애는 정신질환으로 분류되지 않아야 한다.
6. 많은 동성애자들은 소아성애자들이기도 했다.
7. '세대 간 친밀감'에 반대하는 사람들은 낡은 사회적 기준과 청교도적 성적 공포증에 사로잡힌 이들이다.
8. 이것은 사랑과 평등과 자유에 대한 문제다.

동성애 정상화와 동성결혼 합법화로 말미암아 성 윤리가 붕괴되자 비정상적인 성도착증이 연쇄적으로 모습을 드러낸다. 소아성애로 끝나지 않고 기계성애(Mechanophilia), 시체성애(Necrophilia), 동물성애(Zoophilia) 등이 음지에서 양지로 나오려고 시도하고 있다.

자동차와 사랑에 빠진 한 태국 남성이 흰색 포르쉐와 성관계를 하는 장면이 CCTV에 찍혀 화제가 된 적이 있다. 자전거, 오토바이,

헬리콥터 등 기계류에서 성욕을 느끼는 기계성애, 즉 메카노필리아의 한 예다. 어떤 사람은 시체를 보고 성욕을 느끼는 시체성애, 즉 네크로필리아에 빠지기도 한다.

시체가 되면 동물은 왜 안 되겠는가? 40여 년 전 암컷 돌고래와 1년 동안 연인 관계를 유지했던 동물성애자 말콤 브레다의 충격 고백이 화제다. 최근 제작된 15분짜리 다큐멘터리에서 그는 1971년 돌리라는 암컷 돌고래와 1년 정도 연인 관계를 유지했으며 돌고래가 먼저 추파를 날리면서 관계가 시작됐다고 주장했다. 작가 겸 사진작가로 활동했던 브래다는 학생과 돌고래와의 사랑을 다룬 단편소설로 유명세를 탄 바 있다. 그는 또 "돌고래와의 성관계는 초월적이었다"고 말하면서 돌리와 자신은 연인이었고 돌리가 죽자 5년간 극심한 우울증에 시달렸다고 했다. 사람과 두 번 결혼했던 그는 개와도 관계를 가진 경험이 있다고 밝혔다.

덴마크는 최근까지 해외 외국인들이 동물섹스 관광을 할 정도로 유명한 동물매춘 나라였다. 2011년 덴마크 윤리위원회의 보고서는 동물의 특정 부위 외과 치료의 17%가 인간과 동물의 성관계를 통해 발생된 것으로 의심된다고 보고했다. 이에 동물보호단체들이 덴마크 정부에 항의했고, 2015년 4월 정부는 인간과 동물 사이의 성관계를 금지하는 법안으로 동물복지법을 개정하여 통과시켰다. 이제는 동물매춘을 하면 처벌을 받고 재범은 2년 미만의 징역에 처하게 된다. 2016년 3월 현재 동물매춘을 금지하지 않는 나라는 헝가리, 핀란드, 루마니아 등이 있다.

동성결혼 합법화의 문제 5. 건강한 가정과 사회질서를 붕괴시킨다

2015년 미국에서 동성결혼이 합법화된 후에 법원에 일부다처제도 용인해 달라는 신청서가 제출되었다. 시카고대학교(The University of Chicago)의 법학 교수 윌리엄 보드(William Baude)는 "미국 내 일부다처제에 대한 부정적인 인식도 동성결혼처럼 짧은 시간 안에 사라질 것"이라고 전망했다. 동성결혼의 합법화로 말미암은 성 윤리의 붕괴는 이와 같은 다양한 형태의 결혼 제도의 용인으로 나갈 수밖에 없게 되었다. 심지어 동물과의 결혼을 허용해야 한다는 주장이 나오기도 한다.

동성결혼이 합법화되면, 교육, 세금 등 여러 분야의 제도와 법을 바꾸어야 한다. 그야말로 새 판이 짜이는 것이다.

예컨대, 2012년 캘리포니아 주에서 법안 SB 48이 통과됐다. 일명 〈동성애 의무교육법〉이다. 유치원부터 12학년까지(K~12학년) 학생들에게 동성애자 등 성소수자들의 삶을 긍정적으로 가르치도록 의무화한 법이다. 교계를 중심으로 무효화 운동이 벌어졌지만 저지에 실패하고 말았다.

SB 1172(청소년 동성애 치료 금지법)는 "18세 이하의 청소년 동성애자 치료를 위한 상담 등을 금지한다"는 내용이다. 동성애 치료가 완전히 금지되어 부모가 요구하거나 청소년 동성애자 자신이 원해도 치료받을 수 없다.

SB 1306은 각종 문언에서 '남편과 아내'라는 단어를 삭제하고 배우자(spouse)로 바꾸는 내용이다. 각종 양식에 성 중립적인 단어를 표시하도록 했다. 따라서 서류에 남편 또는 아내로 표시하는 게 아니라, 파트너1, 파트너2로 표시하게끔 되었다. 혼인신고를 하러 오는 부부가 남-녀일지 남-남일지 녀-녀일지 알 수 없기 때문이다.

동성결혼이 합법화된 이후, 트랜스젠더 직원의 여자화장실 사용을 거부한 회사가 벌금 11만5천 달러를 내고 사규를 고친 일이 있었다. 워싱턴 주는 미국 최초로 주 전역에서 화장실, 샤워실, 탈의실의 남녀 혼용을 허용했다.

뉴욕에서는 새로운 인권보호법안(new civil law)이 통과됨으로써 트랜스젠더를 그(he) 또는 그녀(she)라고 부르면 25만 달러, 한화로 2억 9천만 원의 벌금을 물게 된다. 이제 지(ze)라는 성중립적 인칭대명사를 공식적으로 사용하게 될 것이라고 한다. 〈뉴욕타임스〉에 따르면, ze는 독일어 인칭대명사 sie에서 유래한 것으로 발음이 '지'로 같다.

동성결혼 합법화의 문제 6. 사상과 종교의 자유를 침해한다

동성결혼의 합법화가 성 윤리를 붕괴시키는 것도 문제고, 가정제도를 파괴시키는 것도 문제고, 국가 경제를 약화시키는 것도 문제다. 그러나 보다 심각한 문제는 하나님을 잃어버리게 만든다는 것이다.

2003년 미국에서 매사추세츠 주가 제일 처음으로 동성결혼을 합법화했다. 그 결과 입양 기관들이 동성부부가 입양을 할 수 있게끔 도와야 하는 상황이 되었다. 동성부부도 합법적인 부부가 되었으니 법적으로 입양할 수 있는 권리가 생기기 때문이다. 보스턴의 가톨릭 자선단체(Catholic Charities)라고 하는 입양 단체가 곤란하게 되었다. 성경적 가치관에 따라 동성부부에게 입양을 주선할 수는 없다고 판단했다. 그래서 20년 동안 720명의 아이들에게 새로운 보금자리를 마련해 주었던 입양 사역을 접기로 했다. 하나님의 귀한 사역을 감당하던 단체들이 신앙을 고수하느냐 타협하느냐 하는 기로에 섰고 하나둘씩 자취를 감추고 사라지게 되었다.

매사추세츠 주 렉싱턴에서 일어난 일이다. 유치원에서 아이들에게 《누가 가족일까》(Who's in a Family)라는 책으로 다양한 형태의 가정을 가르쳤다. 레즈비언 가정, 게이 가정이 소개되었다. 다섯 살짜리 아이가 받아 온 책을 본 아빠, 데이비드 파커(David Parker)가 유치원에 항의했다. 그리고 동성애 관련 교육을 할 때에는 사전 통지를 해주든지 아니면 교육을 받지 않을 수 있는 선택권을 달라고 요구했다.

그러자 유치원 측은 학부모가 커리큘럼을 좌지우지할 수 없으며, 학교 내에서는 아이들에게 동성결혼과 동성애에 대해서 가르칠 수 있다고 반박했다. 합법화됐기 때문에 반대할 명분이 없는 것이다.

데이비드는 자신의 자녀가 유치원에서 동성애를 배우는 걸 원치 않는다고 수정해 줄 것을 요청했다. 그랬더니 교사가 경찰에 신고를 했다. 데이비드는 수갑을 차고 감옥에 들어가게 되었다.

이처럼 동성결혼이 제도화되면서 동성애 교육에 반감을 표시하는 학부모가 감옥에 갇히는 초유의 사태가 벌어지고 있다. 결국 이것은 종교의 자유의 침해이며 역차별이다.

2013년도 매사추세츠 주 사우스 하들리(South Hadly)의 공립학교가 〈세상에서 가장 멋진 이야기〉(The Most Fabulous Story Ever Told)라는 제목의 뮤지컬을 공연했다. 그런데 성경 이야기를 동성애 코드로 바꾸어 놓아 충격을 주었다. 아담과 하와 대신 아담과 스티브, 하와와 제인, 즉 남남 커플과 여여 커플이 등장했고, 동정녀 마리아를 레즈비언으로 바꾸었고, 노아는 방주 안에서 동물들과 수간(獸姦)을 하는 노인으로 묘사한 것이다.

보스턴에 위치한 기독교 대학 골든칼리지(Gordon College)에 동성애를 금지하는 학칙이 있었다. 그랬더니 미국 교육부를 대행하는 교육인증기구의 하나인 NEASC(New England Association of Schools and Colleges)에서 차별적 학칙을 조정하지 않으면 인가를 취소하겠다고 으름장을 놓았다. 유예기간 1년을 받았는데 학교 측은 기도 끝에 기존의 학칙을 고수하기로 결정하고 입장을 밝혔다. 다행히 NEASC에서 인가를 유지하기로 했다.

그런데 이야기가 여기서 끝나지 않았다. 골든칼리지가 살렘 시소유의 건물을 일부 사용하고 있었는데 시에서 사용권을 박탈하고 시 교육위원회에서는 골든칼리지의 졸업생을 교사로 임용하지 않기로 한 것이다.

2015년 4월 오리건 주 노동청이 포틀랜드에서 스위트 케이크 바이 멜리사(Sweet Cakes by Melisa)라는 베이커리를 운영하던 아론(Aaron)

과 멜리사 클라인(Melissa Klein) 부부에게 13만5천 달러의 손해배상을 선고했다. 자신의 기독교적 신념에 따라 레즈비언 커플에게 웨딩케이크 팔기를 거부함으로써 그들에게 감정적인 상처를 입혔다는 것이 이유였다.

클라인 부부는 레즈비언 커플을 혐오하거나 차별한 것이 아니라는 뜻에서 "우리는 당신을 정말 사랑합니다!"(We really do love you!)라고 쓴 케이크를 동성애자 인권단체에 돌리며 해명했지만 소용이 없었다. 종교적 신념에 따라 동성결혼이라는 제도에 동의할 수 없다는 그들의 뜻은 철저히 외면되었다.

레즈비언 커플은 멜리사 부부에게 손해배상액을 청구하면서 자신들이 입은 손해 178가지를 나열했는데, 예를 들면 이런 것들이다. "자신감 결여, 의심, 과도한 잠, 감정적으로 강간당한 느낌, 수치심, 모욕감, 고혈압 증상, 소화불량 증상, 식욕 감퇴, 두통 증상, 약간 창백해지는 기운, 퇴근 후 집에 돌아왔을 때 느끼는 약간의 통증, 다시 시작된 흡연 습관, 체중 증가 등등." 오리건 주 노동청은 결국 13만5천 달러의 손해배상을 최종 판결했다.

미국 애틀랜타에 사는 전 소방청장 켈빈 코크란(Kelvin Cochran)은 주일학교 교사로서 아이들에게 가르치기 위해 직접 책을 한 권 냈다.《누가 너의 벗었음을 네게 알렸느냐》(Who Told You That You Were Naked?)라는 제목으로 창세기의 타락 사건을 통해 성 윤리, 동성결혼, 동성애의 문제점들을 다룬 책이다. 그런데 이 책 때문에 파면을 당했다.

이런 역차별적인 일들이 우리 주변에서 실제로 일어나고 있다. 동성애에 대해 종교적 신념에 따라 윤리적 판단을 할 경우에 파면을 당하거나 벌금을 물 수 있는 세상이 되었다.

결국은 성경을 다시 써야 한다는 주장에 부딪히는 지경에 이르게 되었다. 〈뉴욕타임스〉의 칼럼니스트 프랭크 브루니(Frank Bruni)는 동성애자다. 그는 "성소수자들을 죄인으로 보는 것은 오래된 문서(ancient text)에 기초한 판단"이라면서 성경을 다시 써야 한다고 주장해 물의를 빚었다. 그리고 "성경이 기독교인들을 오래된 신념에 가두고 있다. 이들을 포용하기 위해 성경을 다시 써야 한다. 이것은 선택이다. 성경은 우리가 배워 온 모든 것들보다, 오래된 문서들의 흩어진 구절들에 우선순위를 두고 있다. 이는 시간이 여전히 멈춰 있거나, 과학과 지식의 발전이 아무런 의미가 없는 것과 같다"고 주장했다.

동성애를 포용하기 위해서 성경을 다시 쓰라는 말이다. 동성애 정상화나 동성결혼 합법화와 같은 시대적, 문화적 흐름의 칼날의 끝이 결국은 성경의 권위, 교회의 권위, 더 나아가 하나님의 권위를 향하고 있음을 잘 보여 주는 사례다.

동성결혼이 합법화되는 순간 성경은 동성애를 금기시하는 비정상적인 책이 되고 만다. 그와 같은 비정상적인 책을 믿고 따르는 이들은 비정상적인 사람들로 간주되어 소송을 당하고 파면당하는 등의 불이익을 감수해야 할 것이다. 이것은 새로운 형태의 핍박이다.

성 윤리의 붕괴는
사탄의 한 수다

스위스 로잔의 대법원 복도에 걸려 있는 그림 가운데 폴 로버트(Paul Robert)가 그린 〈정의가 나라를 들어올리다〉(Justice Lifts the Nations)란 작품이 있다. 드나드는 길목에 있어서 판사들이 법정에 갈 때마다 바라보며 종교개혁의 열매로 얻은 사법 정신을 되새기게 한다.

대체 어떤 그림인가? 위에는 판사들이 보이고, 밑에는 변호사와 의뢰인들이 서로 분쟁하는 모습이 보인다. 많은 소송 사건들 가운데 판사들이 어떻게 판결해야 할지 고민하면서 가운데에 서 있는 여신에게 시선을 모으고 있다. 이 여신은 긴 칼을 쥐고 있는데, 칼 끝이 바닥에 놓여 있는 한 권의 책을 향하고 있다. 그 책은 다름 아닌 성경이다.

기독교 세계관에 입각한 입법 및 사법 정신을 보여 주는 그림이다. 하나님의 진리를 토대로 옳고 그름과 선과 악을 분별하라는 종교개혁의 정신을 일깨워 준다.

이것이 바로 서구 문명의 힘이다. 사실 이 같은 정신에서 인권 개념이 탄생하였다. 하나님의 진리를 토대로 하지 않는 인권은 타락해 갈 뿐이다.

더둘로 변호사와 대제사장 아나니아가 손잡고 법정에서 바울을 고발했던 것과 같은 공격에 대비하기 위해서, 오늘날 우리는 교계 지도자들과 법조인들이 한 몸이 되어서 영적 전쟁을 수행해야 한다.

특별히 그리스도인들은 아름답고 모범적인 결혼 생활을 통해 세상 사람들에게 결혼이 무엇인지를 제대로 보여 줘야 할 필요가 있다. 결혼이 무엇인지를 이해하는 데 있어 가장 중요한 사실은 결혼은 '하나님이 만드신 제도'라는 것이다. 결혼은 인간의 지혜의 산물도 아니요, 문화적, 시대적 산물도 아니다. 결혼은 하나님이 태초에 창조하신 '창조의 산물'이다. 따라서 결혼이란 제도는 인간이 없앨 수도 없고 바꿀 수도 없다. 결혼은 하나님이 만드신 것이기 때문이다.

그러므로 결혼에 대한 인간의 태도는 곧 하나님에 대한 태도를 반영하며, 결혼 제도에 대한 인간의 도전은 곧 하나님에 대한 도전이라고 볼 수 있다. 오늘날 전 세계적으로 많은 논란을 일으키고 있는 동성결혼 합법화라든지, 급증하고 있는 이혼율, 동거 문제 등은 바로 하나님에 대한 이 세상의 태도를 그대로 반영하고 있다고 볼 수 있다.

결혼은 하나님이 만드신 것이기 때문에, 그 안에는 다른 사회적 제도와는 다른 '신성함'(Divinity)이 있다. 결혼의 신성함은 결혼을 만드신 하나님의 본성에 기인한다. 즉 "결혼이란 무엇인가"에 대한 답은 "하나님은 누구신가"에 대한 답을 통해서만 가능하다는 말이다.

그러므로, '결혼의 본질'을 이해하기 위해 '하나님의 본성'에 대해 먼저 살펴볼 필요가 있다.

하나님께서 말씀하시기를 우리가 우리의 형상대로 우리의 모양을
따라 사람을 만들어 그들이 바다의 물고기와 공중의 새와 가축과
온 땅과 땅 위에 기는 모든 것을 다스리게 하자 하시고 창1:26

하나님은 누구신가? 하나님은 '우리'로 존재하는 분이시다. 즉
하나님의 본질, 하나님의 형상은 성부, 성자, 성령의 세 위격(位格)
이 한 몸으로 존재하는 '공동체'다. 그러므로 하나님의 형상대로
지음 받은 사람 역시 공동체로 존재한다.

하나님이 자기 형상 곧 하나님의 형상대로 사람을 창조하시되 남
자와 여자를 창조하시고 창1:27

태초에 하나님은 하나님의 형상대로 남자와 여자, 즉 부부를 창
조하셨다. 그리고 명령하셨다.

생육하고 번성하여 땅에 충만하라, 땅을 정복하라, 바다의 물고기
와 하늘의 새와 땅에 움직이는 모든 생물을 다스리라 하시니라
창1:28

하나님은 부부에게 하나님의 청지기로서 세상을 정복하고 다스
리라고 명령하셨다. 부부 공동체는 하나님이 세상을 다스리고 통
치하시기 위한 가장 기본이 되는 단위다. 그런데 이 말씀을 가만

히 살펴보면 다스림에 대한 명령 이전에 선행되는 명령이 있다. 그것은 바로 "자식을 많이 낳아 번성해 땅에 가득하라"는 출산의 명령이다.

남자와 여자가 성적 결합을 통해 출산함으로써 가정을 이루고 하나님은 그 가정을 통해 땅을 정복하고 세상을 다스리신다. 이것이 창조 질서다. 그렇기 때문에 성 윤리는 하나님 나라와 사회의 근간을 이루는 가장 중요한 윤리 영역이다. 따라서 성 윤리가 붕괴되면 가정이 파괴되고, 가정이 파괴되면 사회가 무너지고, 사회가 무너지면 하나님 나라의 창조 질서가 위태로워진다. 그런 의미에서, 동성결혼 합법화를 비롯한 성 윤리의 붕괴는 오늘날 우리의 가정과 사회, 하나님 나라의 창조 질서를 파괴하기 위한 사탄의 한 수다.

《로마제국쇠망사》를 쓴 18세기 영국 역사가 에드워드 기번(Edward Gibbon)이 로마제국 말기에 나타난 특징을 다섯 가지로 꼽았다. 사치, 빈부 격차의 증가, 음란, 미친 예술 그리고 애국심의 실종이다. 이 모두를 꿰뚫는 핵심은 바로 음란이다. 성 윤리가 붕괴되면서 가정이 파괴되고 사회가 무너지는 현상이 나타남을 에드워드 기번이 목격한 것이다.

18세기 프랑스의 정치철학자 샤를 몽테스키외는《로마의 성공, 로마제국의 실패》에서 로마제국 멸망의 원인을 분석하면서 다음과 같은 명언을 남겼다. "풍요는 부에 있지 않고 도덕 속에 존재한다." 도덕은 풍요를 담는 그릇이다. 이 그릇을 누가 지켜야 하는 가? 우리들이 지켜야 한다. 한국 교회가 지켜야 한다. 이것은 우리에게 부여하신 시대적 사명이다.

동성애에
대처하는
그리스도인의
자세

절대적인 진리
vs 선택의 문제

2008년 미국 대통령 선거 기간 동안 ABC방송의 유명 앵커 댄 해리스(Dan Harris)가 뉴욕에서 열린 크리스천 찬양 집회에 참석한 십대 청소년 몇 명과 인터뷰를 했다. 인터뷰한 청년들 대부분은 놀랍게도 낙태나 동성결혼 문제가 그다지 중요한 정치적 사안이 아니라고 생각했으며, 그중 일부는 자신은 성경적 윤리에 입각하여 낙태를 반대하지만 정작 지지하는 후보자는 낙태를 찬성하는 쪽이라고 밝혔다.

이에 앵커가 본인은 낙태를 반대하면서도 낙태를 찬성하는 후보를 지지하는 모순적인 상황이 불편하게 느껴지지는 않느냐고 물었다. 그러자 청년이 이렇게 대답했다.

"약간은요. 하지만 그건 다 개인적 선호의 문제잖아요. 그런 것으로 다른 사람을 판단할 수는 없어요. 그건 그들의 믿음이니까요."

이 짧은 인터뷰는 얼마나 많은 그리스도인들이 인본주의 세계관에 뿌리를 둔 도덕적 상대주의를 그대로 받아들이고 있는지를 보여 준다. 도덕적 상대주의란 모든 윤리 도덕적 기준이 개인적 선호도에 의해 결정된다고 믿는 것이다.

사도 바울은 세상의 마지막 날에 나타날 여러 가지 징조들을 언급하면서 특별히 '불법을 행하는 자들'이 늘어날 것을 경고했다.

> 그 때에 불법한 자가 나타나리니 주 예수께서 그 입의 기운으로 그를 죽이시고 강림하여 나타나심으로 폐하시리라 살후 2:8

사도 바울은 '불법'을 의미하는 단어로 '하마르티아'(hamartia)라는 헬라어 대신 '아노미아'(anomia)라는 단어를 사용하고 있다. 하마르티아는 '옳고 그름의 기준을 인정하면서도 그것을 의도적으로 무시하는 것'을 의미한다. 즉 기존의 법이나 명령을 '의도적으로 위반하는 것'(violation of the law)을 뜻한다. 반면에 '아노미아'는 '법이 없음, 무법'(lawlessness)을 의미한다. 도덕법의 존재 자체를 부정하는 의미다.

우리 사회의 뜨거운 쟁점들, 예를 들어 낙태, 동성결혼과 같은 문제를 두고 벌어지는 사회적 갈등의 본질은 "그것이 옳으냐 그르냐"에 대한 것이라기보다 "옳고 그른 것 자체가 존재하는가"에 대한 것이다. 즉 객관적이고 보편적인 도덕적 진리가 있다고 믿는 사람들과 도덕을 그저 주관적이고 개인적인 선택의 문제라고 생각하는 사람들 사이의 갈등인 것이다.

그런 의미에서 우리의 싸움은 본질적으로 동성애와의 싸움이 아니다. 하나님의 절대적인 윤리 도덕적 기준을 개인적인 선택의 문제로 바꾸어 하나님의 창조 질서를 허무는 시대정신과의 싸움이다.

수 세기 동안 서구 사회에서 진리의 개념, 그에 따른 옳고 그름에 대한 기준은 절대적인 것이었다. 하나님은 계시를 통해 우리에게 진리를 주셨다. 옳고 그름에 대한 인간의 근본적인 판단은 오직 하나님의 말씀을 기준으로 이뤄져야 한다고 믿어 왔다.

하지만 17세기에 과학혁명이 일어났다. 현미경이 발명되고 새로운 것에 눈을 뜨게 되었다. 과학의 성취에 깊은 감명을 받은 사상가들이 경험을 진리의 유일한 원천으로 떠받들기 시작하면서 경험주의(Empricism)라는 사조가 탄생했다.

경험주의란, 말 그대로 경험을 통해서만 진리를 발견할 수 있다고 믿는 세계관이다. 보고 듣고 만지고 무게를 달고 길이를 측정하는 인간의 감각이 모든 지식의 근원이라고 믿는 인본주의 세계관의 한 종류다. 하지만 우리가 잘 알다시피 도덕적 진리는 다른 과학적 진리와 달리 시험관에 넣거나 현미경을 통해서 관찰할 수 있는 것이 아니다. 그 결과, 사상가들은 도덕적 진술을 더 이상 객관적인 진리가 아닌 주관적인 감정의 표현 정도로 여기기 시작했다. 도덕은 초월적 진리에 토대를 둔 절대적 기준이 아닌, 개인적 선호에 따라 결정되는 선택의 문제라고 생각하기 시작했다.

영국의 철학자이며 역사가인 데이비드 흄(David Hume)은 대표적인 경험주의 철학자다. 그는 감각적인 경험을 통해서 진리를 발견할 수 있다고 믿는 경험주의의 전제를 토대로 도덕도 고통이나 쾌락 같은 감각적인 경험에서 나와야 한다고 주장했다.

그와 같은 철학에 영향을 받은 많은 사람들은 자신에게 모종의 쾌락을 주는 것을 도덕적으로 선하다고 말하기 시작했다. 반면에 자신에게 고통을 주는 것을 악하다, 즉 도덕적으로 옳지 않다고 간주하기 시작했다. 도덕이 취향과 감정의 문제로 전락한 것이다.

도덕을 개인의 취향으로 환원시킨 경험주의 사상은 서구 사상의 진로를 바꾸어 놓는, 아주 중요한 분기점이 되었다.

경험주의 철학은 기독교 세계관을 허무는 핵심 사건이 된다. 그 전까지는 진리란 자연 질서와 도덕 질서를 아우르는 포괄적인 개념이었다. 하지만 흄은 이 둘을 상호 대립적인 관계로 분리시켰다.

예컨대, 기독교 세계관에 따르면 하나님은 이 세상의 자연 질서뿐 아니라 도덕 질서도 함께 창조하셨다. 그래서 자연 질서와 도덕 질서는 똑같이 우주보편적 진리다. 이 땅에서 살아가는 모든 인간이 중력의 법칙이라고 하는 자연 질서의 지배를 받으며 살아가듯, 이 땅의 모든 인간은 간음을 금지하고 있는 하나님의 절대적 도덕 질서의 지배를 받으며 살아가고 있다. 왜냐하면 하나님이 세상을 그렇게 지으셨기 때문이다.

그러나 흄은 인간의 감각적 경험을 기준으로 이 둘을 분리시켰다. 중력의 법칙과 같은 자연 질서는 과학적 실험과 감각적 경험을 통해 인식될 수 있으므로 객관적 지식의 범주에 포함시키는 반면에, 간음하지 말라는 십계명의 도덕 질서는 과학적 실험으로 증명될 수도 없고 감각적 경험을 통해서도 인식될 수 없기 때문에 단순한 주관적 감정으로 치부한다.

그 결과, 그동안 사람들이 초월적 진리로 여겨 왔던 위대한 도덕적 원리들은 더 이상 절대적인 진리가 아니라 단순한 선호의 대상으로 전락했다. 도덕의 궁극적 원천이었던 종교 역시 경험주의의 등장으로 말미암아 객관적 진리와 관련 없는 사적 감정이요, 감정적 위안으로 치부되기 시작하였다.

프란시스 쉐퍼 박사는 이와 같은 진리의 분열 현상을 건물의 비유를 통해 설명하였다. 건물의 아래층을 구성하는 과학적 사실은, 과학적으로 실험이 가능하고 경험적으로 인식될 수 있는 것들만 포함될 수 있는 사실 영역이다. 반면에 위층은 과학적으로 실험이 불가능하고 감각적인 경험으로 증명될 수 없는 가치 영역, 예컨대 도덕, 신학과 같은 것들이라고 설명했다.

그래서 아래층의 사실 영역은 객관적이고 공적이며 보편적인 진리로 인정을 받게 되는 반면에, 위층의 가치 영역은 사적이고 주관적이며 상대적인 것으로 치부된다.

(도덕 법칙) 가치 영역 - 사적, 주관적, 상대적

경험 ——————————————————————————

(자연 법칙) 사실 영역 - 공적, 객관적, 보편적

낸시 피어시(Nancy Piercy)는 쉐퍼의 건물 비유를 도식으로 표현하면서 이렇게 말했다.

"본질적으로 위층은 경험주의 세계관이 진리라고 인정하지 않는 모든 것을 던져 넣는 편리한 쓰레기장이 되었다."

이와 같은 진리의 분열을 흔히 '사실과 가치의 분리'라고 부른다. 객관적 지식은 경험적 사실의 영역에서만 가능하고, 도덕과 종교는 감각적 경험으로 인식될 수 없는 것이므로 주관적 가치에 불과하다는 생각이다.

진리의 이층 개념을
극복하라

그리스도인들조차 성경적 진리관을 정면으로 부정하는 가치의 이분법을 그대로 받아들이고 있다. 미국의 기독교 변증단체 〈스탠드 투 리즌〉(Stand to Reason)의 브렛 쿤클(Brett Kunkle)은 교회 청소년들을 대상으로 얼마나 많은 그리스도인 청소년들이 이와 같은 분열된 진리의 개념을 가지고 살아가고 있는지 확인해 봤다.

그는 몇 가지 문장을 제시하기 전에 먼저 객관적인 것과 주관적인 것의 차이를 설명해 주었다.

"어떤 것이 '객관적'이라는 말은 모두가 동의하거나 그것을 확실히 알고 있다는 뜻이 아니라, 그것이 '옳거나 또는 그를 수 있다'는 의미다. 마치 어려운 시험 문제를 풀 때 내가 정답을 맞혔는지는 알 수 없지만, 적어도 정답이 분명히 존재하는 것만큼은 확실히 알고 있듯이 말이다. 반면에 '주관적'이라는 것은 정확한 정답이 있는 것이 아니라 사람들마다 각기 다른 정답을 가질 수 있는 경우를 의미한다."

그리고 나서 다음 문장들을 제시했다.

"저 사람의 셔츠는 빨간색이다."

"2 더하기 2는 4다."

학생들은 즉각적으로 객관적이라고 대답했다.

"빨간색은 최고의 색깔이다."

"디즈니랜드가 식스 플래그(Six Flags)보다 더 재밌다."

이번에는 주관적이라고 대답했다.

이와 비슷한 질문들이 이어진 다음에 쿤클이 다음 문장을 던졌다.

"신은 존재한다."

10대 응답자의 75%가 주관적이라고 대답했다.

"혼전 성관계는 잘못된 것이다."

10대 응답자 중에 한 명을 제외하고 모두가 주관적이라고 대답했다. 한 여학생은 "나는 그리스도인으로서 혼전 성관계가 잘못이라고 생각하지만 다른 사람들은 이 문제에 대해 다르게 생각할 수 있고, 그들에게는 그것이 옳을 수 있다고 생각한다"고 말했다.

그리스도인 청소년들조차 "내게는 옳지만 네게는 옳지 않을 수 있다"는 식의 분열된 진리의 개념을 받아들이고 있는 것이다. 이 말은 "내게는 중력의 법칙이 옳지만 다른 사람에게는 중력의 법칙이 적용되지 않을 수도 있다"고 말하는 것과 다르지 않다.

자연 질서와 도덕 질서를 아우르는 통합적 진리의 개념이 세속적 세계관에 의해 사실과 가치로 분리되었음을 보여 준다. 이처럼 교회를 다니고 매주 성경 공부에 참여하면서도 성경적 진리관과 정면으로 배치되는 세속적 세계관을 받아들이고 있는 것이 오늘날 우리의 현실이다.

현대사회는 세상을 이와 같은 이분법적인 관점으로 바라보고 있다. 사회 전체를 공적인 영역과 사적인 영역으로 분리시켜 놓고, 정부, 대학, 기업 등과 같은 사회적 기관들은 공적인 영역에 집어넣고, 가정이나 교회 또는 개인적인 관계 등은 사적인 영역에 포함시킨다. 그리고 공적인 영역은 과학적 지식이 다스리는 객관적인 영역인 반면에, 사적인 영역은 개인적인 선호가 다스리는 주관적인 영역으로 스스로 규정했다.

이와 같은 이분법적인 구조에 따라, 공적인 기관이 아닌 사적인 단체나 개개인은 종교적 선호를 표명하는 일에서부터 성생활 방식을 정하는 데 이르기까지 자기 정체성을 형성하는 모든 활동에 있어서 어떤 절대적인 기준에도 얽매일 필요 없이 자기 생각대로, 원하는 대로 선택할 수 있도록 방치되었다.

한마디로, 사적 영역은 도덕적 상대주의로 가득 차 있는 영역이다. 특별히 종교는 사적인 영역에 속한 것이기 때문에 종교는 우리가 순종해야 할 절대적이고 객관적인 진리가 아니라 개인의 선호도에 따라 선택이 가능한 개인적 취향의 문제에 불과한 것으로 간주된다.

이와 같은 이분법적인 사고방식을 이해하는 것이 매우 중요하다. 바로 이것이 오늘날 성경적 관점이 공적인 영역에서 설득력과 합법성을 갖지 못하도록 만드는 가장 강력한 무기이기 때문이다.

예를 들면, "창조론이 옳다"는 주장에 대하여 대다수의 사람들은 직접 대놓고 종교를 공격하거나 거짓이라고 주장하지 않는다. 그럴 필요 없이 창조론을 사적인 영역에 집어넣음으로써 참과 거짓, 옳고 그름의 영역에서 빼내어 개인적인 가치와 선호도의 문제로 간주해 버린다.

그런 다음 종교를 존중한다고 안심시키는 동시에 종교는 공적인 영역과는 아무런 상관이 없는 것으로 간주하면서 공적인 토론장에서 펼쳐지는 모든 주장을 무력화시킨다.

이와 같은 이층 구조는 우리가 진지하게 고민해야 할 참 지식이 무엇이며, 또한 진지하게 받아들일 필요가 없는 사적인 지식은 무엇인지 판가름하는 문지기 역할을 하게 된다.

그리스도인들이 공적인 영역에서 의사소통하기가 어려운 이유가 바로 여기에 있다. 불신자들이 그리스도인들의 말을 들을 때 사실과 가치의 틀을 통해 그 말을 계속 여과하고 있기 때문이다.

예를 들어, 낙태나 동성애와 같은 이슈에 대해 입장을 표명할 때, 그리스도인은 개인의 건강과 사회의 발전을 위한 객관적이고 도덕적인 진리를 의도적으로 주장하지만, 그들은 그리스도인들이 단지 주관적이고 개인적인 종교적 편견을 표현하고 있다고 생각한다.

창조론자들이 우주는 누군가에 의해 지적으로 설계된 것임을 지지하는 과학적 증거를 말할 때도 그들은 개인적으로 믿는 종교 이야기를 하고 있다고 생각하고 진지하게 받아들이지 않는다.

이처럼 이분법적인 사고의 틀, 즉 사실과 가치의 틀이 우리가 하는 말의 객관적 내용을 순식간에 무력화시키기 때문에, 이 문지기를 통과할 수 있는 방법을 찾아내지 못한다면 공적인 토론장에서 우리의 역할은 계속해서 축소될 수밖에 없을 것이다.

그러므로 그리스도인들이 공적인 토론장에서 영향력을 확대시켜 나가기 위해서는 공적인 것과 사적인 것, 사실과 가치, 거룩한 것과 세속적인 것을 구분해 놓은 이분법을 극복하는 방안을 찾아내야 한다.

캐나다 트리니티웨스턴대학교(Trinity Western Christian University) 종교학부 마이클 고힌(Michael W. Goheen) 교수는 "현대 서구 문화에서 교회가 사실과 가치의 이분법에 타협하는 것은 복음을 쇠창살 우리에 감금하는 것이다"라고 말했다.

우리는 복음을 이와 같은 문화적 포로 상태에서 해방시켜 공적인 진리의 지위로 회복시켜야 한다. 성경적 진리에 대한 우리의 믿음을 종교적 진리라는 사적 영역에 가두어 두도록 하는 성과 속의 분리 현상을 극복해야 한다. 그리고 우리 삶을 예배 및 개인의 경건 생활과 같은 거룩한 영역과 과학, 정치, 경제 등 공적인 영역을 포괄하는 세속적 영역으로 나누어 양자가 서로 분리 또는 대립하는 것처럼 생각하는 이원론적인 사고방식을 배격해야 한다.

이런 이분법이야말로, 복음의 능력이 오늘날 문화 전반에 영향을 주는 것을 방해하는 최대 걸림돌이다. 이와 같은 걸림돌을 극복하기 위한 유일한 방법이 기독교 세계관을 회복하는 것이다. 이것이 시급히 해결해야 할 한국 교회의 숙제이자 사명이다.

회심하면
세계관이 충돌한다

로자리아 버터필드(Rosaria Butterfield)는 박사 과정 중이던 28세에 레즈비언임을 공개적으로 선언했다. 36세에 뉴욕 시러큐스대학교(Syracuse University) 종신 교수가 되어 영문학과 여성학을 가르쳤으며, 프로이트, 헤겔, 마르크스, 다윈의 세계관을 추종했다. 레즈비언 파트너와 함께 살면서 에이즈 관련 활동, 아동 보건 및 문맹 퇴치 운동을 펼쳤으며 애완견 골든리트리버 구조 활동 등을 통해 힘없고 소외된 계층을 대변하려고 노력했다.

1997년 로자리아는 지역 신문에 예수와 가부장적 삼위일체론을 공격하는 글을 실었다. 이 기사는 상당한 반향을 불러일으켜 지지자들과 반대자들의 편지가 쇄도했다.

그러던 어느 날, 그 어느 쪽에도 속하지 않은 편지 한 통이 날아들었다. 시라큐스 개혁장로교회의 담임목사인 켄 스미스(Ken Smith)가 보낸 것이었다. 이 편지는 훗날 그녀가 그리스도인이 되는 데 결정적 역할을 했다.

그녀는 자신의 저서 《뜻밖의 회심》(The Secret Thoughts of an Unlikely Convert)에서 자신이 경험한 이야기를 들려주었다. 그녀에게 회심이란, 살아계신 하나님과 일대일 관계를 맺는 과정에서 겪은 파국적인 과정을 설명하기에는 지나치게 온건하고 세련된 말이라고 했다.

"오랜 시간에 걸쳐 서서히 이뤄진 나와 하나님과의 조우를 설명하기 위한 단어는 하나밖에 없다. 충돌(Impact)이다. 수많은 사상자를 남기는 다중추돌의 충격이었다."

그녀는 하나님이 자기의 삶에 부딪쳐 오신 과정을 상세하게 설명했다. 회심의 순간에 그녀가 경험한 충돌은 바로 세계관의 충돌이었다.

이후 그녀는 제네바 대학 연구 교수를 지냈으며, 2001년 결혼하여 더램개혁장로교회의 사모이자 엄마로서 자녀들을 홈스쿨링하고 지역사회를 돌보는 일에 헌신하고 있다.

예수님을 영접하는 사건은 삶의 전반적인 체계와 방식을 바꾸는 것을 의미한다. 그동안 자기가 가지고 살아왔던 가치관, 세계관, 삶의 방식과 습관, 모든 것들을 다 버리고 완전히 새롭고 생소한 세계관을 받아들이는 것을 의미한다.

왜냐하면 기독교는 단순히 예수 믿고 천국 가는 종교적인 신념에 국한된 것이 아니라 삶의 전반적인 체계요 우주를 이해하고 해석하는 총체적인 진리관이기 때문이다.

그리스도의 부활이 그토록 민감한 문제가 되는 이유가 여기에 있다. 그리스도가 부활했다는 사실을 받아들이기 힘들어 하는 것은 단순히 그것이 의학적으로 불가능하게 느껴지기 때문만은 아니다. 그리스도가 부활했다면, 그는 사람이 아니라 신이다. 스스로 생명을 버렸다가 다시 취할 수 있는 분은 하나님밖에 없기 때문이다. 만약 부활이 사실이라면, 그의 모든 말씀은 진리라는 것이다. 따라서 자신의 가치 체계를 버리고 예수님의 말씀을 따라야 한다.

그것이 싫은 것이다. 그리스도의 부활이 믿기지 않는 것이라기보다 믿고 싶지가 않은 것이다. 자기 삶의 방식을 포기하고 그리스도가 말씀하신 삶의 방식을 따르고 싶지 않기 때문이다.

그런 의미에서 로자리아 박사가 자신의 회심 과정을 '세계관의 충돌'로 표현한 것은 매우 정확하다.

18세기 네덜란드의 수상을 지낸 신학자이자 목사였던 아브라함 카이퍼(Abraham Kuyper)는 "기독교 진리의 핵심은 구원론이 아니라 우주론, 즉 온 우주에 대한 하나님의 통치권"이라고 말했다. 즉 기독교의 진리란 개인의 구원 문제만을 다루는 종교적 신념이 아니라, 모든 피조 세계의 영적, 물리적 질서와 도덕적 질서를 다스리고 있는 총체적 삶의 체계 또는 우주 보편적인 진리라는 것이다.

한마디로, "이 세상의 모든 진리는 곧 하나님의 진리"임을 믿는 것이 기독교 신앙의 핵심이라는 것이다.

기독교 신앙의 뿌리

태초에 하나님이 천지를 창조하시니라 창 1:1

성경은 이 선포로 그 문을 열고 있다. 기독교라는 종교는 바로 이 선포에 뿌리를 두고 있다. 그리고 신앙은 바로 이 선포에 대한 믿음을 기초로 하고 있다. 그래서 이 선포가 흔들리면 기독교 자체가 흔들리고, 선포에 대한 믿음이 흔들리면 신앙이 흔들리게 되어 있다.

이 말씀은 무엇을 의미하는가?

첫째, 세상에 존재하는 모든 것은 하나님의 명령에 의해 존재하게 된 것이다. 따라서 하나님 안에서만 그 목적과 의미를 발견할 수 있다.

예컨대 "세상은 어디로부터 왔으며, 어떻게 존재하게 되었는가?" "인생은 어디에서 와서 어디로 가는가?" "나는 이 땅에서 무엇을 위해 살아가며, 세상과 역사의 목적은 무엇인가?"와 같은 질문에 대한 답은 오직 하나님과 하나님의 계시, 즉 성경을 통해서 발견될 수 있음을 의미한다.

둘째, 세상에 존재하는 모든 것 안에는 창조주가 정하신 일정한 법칙과 질서가 존재한다.

스마트폰을 물에 집어넣으면 망가지는 것처럼, 하나님이 만드신 세상은 하나님이 정하신 질서와 법칙대로 다스려지지 않으면 망가지고 만다. 우리가 살아가고 있는 세상이 망가져 있는 것은 바로 이 때문이다.

예를 들어, 영화나 드라마에서는 간음을 멋진 사랑으로 둔갑시키고 있지만, 그것은 필연적으로 분노와 질투, 관계의 손상, 심지어는 폭력까지 불러오게 된다. 우리 사회는 동성애를 아름다운 사랑으로 둔갑시키고 있지만, 동성애자들은 일반인에 비해 수명이 25-30년 짧고, 우울증의 발병률이 2배, 자살 시도율은 3배나 더 높다.

이처럼 하나님이 정하신 도덕적 질서를 거부할 때 우리는 그에 따른 대가를 반드시 치러야 한다. 왜냐하면 세상은 하나님이 정하신 질서에 따라 다스림을 받고 있기 때문이다.

우리는 백만장자들, 할리우드 스타들, 정치 권력자들에게서 이런 삶을 흔히 볼 수 있다. 아무리 돈을 많이 벌어도 삶이 부요하지 않고, 아무리 먹어도 배부르지 않고, 쾌락을 즐기면 즐길수록 더 큰 공허함에 시달리다 결국에는 자살로 생을 마감하는 사람들이 얼마나 많은지 모른다.

그런데 왜 이런 현상들이 나타나는 것일까? 모든 것에서 부족함이 없는데, 왜 모든 면에서 부족함을 느끼는 것일까?

부족함이 없으신 하나님을 떠났기 때문이다. 평안의 근원을 떠나 있기 때문에 불안이 찾아온 것이고, 능력의 근원을 떠나 있기 때문에 무능해진 것이고, 부요의 근원을 떠나 있기 때문에 궁핍 가운데 있는 것이다.

그러므로 우리의 문제는 돈의 문제도 아니고 환경의 문제도 아니다. 하나님을 떠난 것이 문제다. 이것을 성경은 죄라고 부르고, 그 죄의 결과로 인간은 모든 면에서 결핍한 상태에 처하게 되었다고 말한다.

이와 같은 결핍의 상태를 사도 바울은 사망이라고 정의했다. 사망의 상태에 놓인 인간을 구원하기 위하여 부족함이 없으신 하나님이 인간의 옷을 입고 우리 가운데 찾아오셨다.

> 태초에 말씀이 계시니라 이 말씀이 하나님과 함께 계셨으니 이 말씀은 곧 하나님이시니라 그가 태초에 하나님과 함께 계셨고 만물이 그로 말미암아 지은 바 되었으니 지은 것이 하나도 그가 없이는 된 것이 없느니라 요 1:1-3

헬라어 원문에서는 말씀을 로고스(logos)로 표기하고 있는데, 로고스는 '우주의 질서와 법칙'을 의미한다. 이 세상을 다스리는 우주 법칙이자 질서인 로고스가 우리 가운데 찾아오신 것이다. 산산조각 난 나의 인생 가운데 인생을 풍성하게 만드는 질서와 법칙이 찾아오신 것이고, 가난과 무질서가 가득한 사회 가운데 정의와 부요의 법칙이 찾아오신 것이고, 영원히 죽을 수밖에 없는 우리 가운데 영생의 법칙이 찾아오신 것이다.

그러므로 육신으로 오신 로고스, 즉 예수 그리스도를 영접한다는 것은 이 세상이 가르쳐 준, 또는 내가 스스로 창조한 삶의 법칙과 원리들을 버리고 예수 그리스도를 통해 계시된 하나님의 질서와 법칙을 받아들이는 것을 의미한다. 그리고 그 질서와 법칙대로 삶의 방향을 전환하는 것을 의미한다. 그때 충돌이 일어나는데 이것이 바로 회심이다.

회개 또는 회심을 나타내는 헬라어 메타노에인(metanoein)은 방향의 전환을 의미한다. 즉 회심이란, 기존에 사용하던 사고방식과 삶의 방식을 버리고 우리를 영원한 생명으로 인도하고 풍성한 삶으로 인도하는 하나님 나라의 질서와 방식, 즉 기독교 세계관으로 전환하는 것을 의미한다.

> 하나님 아는 것(기독교 세계관)을 대적하여 높아진 것(인본주의 세계관)을 다 무너뜨리고 모든 생각을 사로잡아 그리스도에게 복종하게 하니 고후 10:5

> 하나님을 아는 지식(기독교 세계관)을 가로막는 모든 교만(인본주의 세계관)을 쳐부수고, 모든 생각을 사로잡아서, 그리스도께 복종시킵니다 고후 10:5, 새번역

바로 이것이 회심의 근본적인 의미다. 그래서 우리는 회심을 통해 영혼이 구원될 뿐 아니라, 관점도 구원되어야 한다. 더 이상 하나님을 대적하는 초등학문의 관점으로 세상을 바라보지 아니하고, 하나님의 진리를 토대로 이 세상을 바라보는 하늘의 관점을 받아야 한다.

그런데 가만히 보면 그리스도인이라고 주장하는 사람들도 영혼의 구원은 받았을지 몰라도 관점의 구원을 아직 받지 않은 이들이 많다. 그래서 정신세계의 분열 현상이 일어난다.

예수 그리스도를 받아들임으로써 하나님의 자녀가 되었지만, 관점, 즉 내 삶의 질서와 가치관은 예전 그대로인 것이다. 관점의 분열이 일어나면 삶의 분열이 일어난다.

눈이 바뀌고 가치관이 바뀌어야 한다. 오로지 예수 그리스도를 통해 계시된 진리 하나만으로 옳고 그름의 판단 기준이 바뀌어야 하고, 선과 악의 판단 기준이 바뀌어야 하고, 가치 있는 것과 가치 없는 것의 판단 기준이 완전히 재조정되어야 한다.

이 과정을 성화라고 한다. 그래서 사울이 다메섹 도상을 걷다가 성령을 체험함과 동시에 그 눈에서 비늘이 벗겨진 것이다. 관점이 바뀌어야 했기 때문이다.

그전까지는 유대교적 세계관에 의해 교회를 핍박하고 그리스도인을 죽이는 것이 하나님의 영광을 위한 것이라고 생각했다. 그러나 예수님을 만나고 성령 세례를 받는 순간 눈에서 비늘이 벗겨지고, 드디어 자신이 예수님을 핍박하는 죄인 중의 괴수임을 깨닫고 회심할 수 있었다.

바로 이와 같은 회심의 역사가 우리들 가운데 일어나야 한다. 그리스도를 구주로 영접하였다면 관점 역시 회심해야 한다.

진정한 회심은
사회를 바꾼다

오늘날 기독교가 당면한 위기의 본질은 우주 보편적인 기독교의 진리가 파편화 또는 이원화되었다는 사실에 있다. 관점의 회심이 온전히 이뤄지지 않은 것이다. 그래서 삶에도 변화가 일어나지 않는다. 관점의 이원화가 삶의 이원화를 낳았다.

교회 안에서 따르는 진리가 따로 있고, 세상에서 따르는 진리가 따로 있다. 교회 안에서 따르는 진리와 사업장에서 따르는 진리가 분리되었다. 교회에서 믿는 진리와 학교 교실에서 믿는 진리가 분리되었다. 기독교와 학문 세계는 아무런 상관이 없는 것처럼 배웠고, 우리가 믿는 성경적 진리와 정치인에 대한 투표는 아무런 상관이 없는 것처럼 배웠다.

기독교의 가르침은 종교적인, 다시 말해서 교회 안에서만 통용되는 가르침으로 국한시킨 채, 세상 속에서는 세상적인 가르침을 따라 살아간다. 이로써 영적인 분열증을 앓는 것이다.

결국 교회와 세상이라는 두 개의 분리된 세계에서 살아가면서 그 사이를 왔다 갔다 하는 삶을 살아간다. 이것이 오늘날 교회가 허약해진 이유다. 교회가 세상 속에서 짠 맛을 잃어 가고 빛을 잃어 가고 있는 핵심적인 이유다.

학생인권조례 문제로 한 지방교육청과 회의를 하러 간 일이 있었다. 그 지역 한 교회에서 학생인권조례가 기독교 세계관으로 볼 때 왜 심각한 문제인지에 대해 강의했는데 나중에 보니 그 교회 장로님이 바로 학생인권조례를 진두지휘한 분이었다. 너무나 놀랐다.

해리 블래마이어즈(Harry Blamires)는 이 같은 현실을 바라보며 "기독교적 지성이란 더 이상 존재하지 않는다"고 한탄했다. 이 말은 그리스도인들이 전문성 면에서는 고도의 교육을 받았을지 모르나 법, 교육, 경제, 정치, 과학, 예술 등과 같은 자기 분야의 중심 주제를 이해하는 데 있어서 성경적 진리에 입각하여 그것들을 해석하고 분석할 수 있는 기독교 세계관이 결여되어 있음을 의미한다.

기독교적으로 사고한다는 것은 기독교가 실재 전체에 관한 진리를 제공한다는 것, 곧 모든 주제를 해석하는 데 필요한 관점을 제공한다는 점을 이해하는 것이다.

초대교회 당시 사람들이 그리스도인들을 예수 그리스도의 도(道), 즉 기독교 세계관을 따르는 사람들(행 22:4)이라고 불렀던 것도 이들이 믿는 예수 그리스도의 도가 단순히 종교적 신앙에 관한 것이 아닌, 세상을 바라보는 특별한 관점 그리고 그것에서부터 나오는 특정한 삶의 방식과 관련된 것이었기 때문이다.

그러므로 진정한 회심은 개인의 영적인 변화와 삶의 변화를 일으킬 뿐 아니라 개인이 속한 공동체와 사회의 변화를 이끌어 낸다.

미국 복음주의 진영의 대표적 지성인 짐 월리스(Jim Wallis)는 그의 저서 《회심》(Call to Conversion)에서 회심에 대해 다음과 같이 설명한다.

"성경에서 회심은 언제나 역사에 탄탄하게 기초를 두며, 사람들을 둘러싼 실제적 상황을 다룬다. 다시 말해, 성경적 회심은 역사적으로 구체적이다. 하나님은 결코 역사적 진공 상태에서 회심을 촉구하시지 않는다.

사람들은 실제 사건, 딜레마, 선택들의 한가운데서 하나님께로 돌아선다. 이 돌아섬은 언제나 매우 인격적인 사건이다. 그러나 결코 사적이지는 않았다. 결코 추상적이거나 이론적인 일이 아니다. 회심은 언제나 실제적인 사안이다. 사회적이고 정치적인 현실로부터 분리된 회심이라는 개념은 성경적인 것이 아니다."

18세기 유럽과 미국에서 일어난 복음주의 신앙 부흥의 핵심 주역이었던 존 웨슬리(John Wesley)는 순회 전도자이자 옥외 설교가였다. 그가 설교한 복음은 죄인들을 그리스도께로 인도했을 뿐 아니라 그들로 하여금 사회적, 경제적 정의에 헌신하도록 이끌었다. 역사가들은 영국이 프랑스처럼 피비린내 나는 혁명의 공포를 겪지 않았던 것은 다른 어떤 요인보다 웨슬리의 영향 덕분이라고 평가한다.

이 기간 동안 영국을 휩쓴 정치사회적인 변화는 웨슬리 브레디(Wesley Bready)의 《웨슬리 이전과 이후의 영국》(England Before and After

Wesley)에 잘 기록되어 있다. 이 책의 부제는 '복음주의 부흥과 사회 개혁'이다.

브레디는 18세기 대부분에 걸쳐 행해진 엄청난 만행을 다음과 같이 기술하고 있다.

"스포츠를 즐기기 위해 동물들을 무자비하게 학대하고, 대중이 짐승처럼 술에 취했으며, 아프리카 흑인들을 비인간적으로 매매했고, 동포들을 노예로 수출하거나 팔기 위해 유괴했다. 교구 어린이들의 높은 사망률, 보편적인 도박 중독, 감옥 제도와 잔인한 형법, 부도덕에 대한 탐닉, 극장의 매춘, 만연해 가는 무법 풍조, 미신과 외설, 정치적 수뢰와 부패, 교회의 교만과 흉포, 이신론의 피상적인 겉치레, 교회와 정부에 만연하던 불성실과 품위 저하 등 명백한 표지(標識)들은 아마도 영국민이 당시 다른 어떤 기독교 국가 사람들 못지않게 심하게 타락했고 사나웠었다는 것을 시사한다."

하지만 상황이 변하기 시작했다. 19세기에 노예제와 노예무역이 폐지되었고, 감옥 제도가 인간다워졌으며 가난한 사람들이 교육을 받게 되었다.

브레디는 이와 같은 변화의 근본적인 이유를 다음과 같이 평가한다.

"그렇다면 이 두드러진 인간애는 어디에서 왔는가? 사회 정의에 대한 이러한 열정과 인간이 저지르는 잘못에 대한 이러한 민감성은? 엄연한 역사적 사실과 균형을 이루는 대답은 단 하나뿐이다. 그것은 새로운 사회적 양심에서 유래했다.

그리고 그 사회적 양심은 일반적으로 인정하듯 여러 기원을 갖고 있지만, 생동감 있고 실제적인 기독교의 복음주의 부흥에서 태어나고 자랐다. 그 부흥 운동은 신약 윤리의 중심적 근본 원리들을 조명하고, 하나님이 진정 아버지이시며 사람들은 진정한 형제라는 것을 생생하게 느끼게 해주었으며, 재산보다 인격이 먼저임을 지적하고, 마음과 영과 생각이 모두 이 땅에 의의 나라를 세우는 데 향하게 했다."

이처럼 18세기 영국에서 일어난 복음주의 운동은 개개인을 예수 그리스도께로 인도하는 것에 그치지 않고, 그들이 속한 사회적, 정치적 현실에 대해 예수 그리스도의 도를 따라 반응하도록 격려하였다.

그 결과 그랜빌 샤프(Granville Sharp), 토머스 클락슨(Thomas Clarkson), 제임스 스티븐(James Stephen), 헨리 손턴(Henry Thornton), 그리고 윌리엄 윌버포스(William Wilberforce)와 같이 회심한 수많은 그리스도인들이 교회 안에 머물지 않고 사회 속으로 뛰어들어 노예제 폐지, 경제 정의, 여권 신장 등을 위한 사회 변혁을 이끌어 낼 수 있었다.

보라 너희가 금식하면서 논쟁하며 다투며 악한 주먹으로 치는도다 너희가 오늘 금식하는 것은 너희의 목소리를 상달하게 하려는 것이 아니니라 사 58:4

이것이 어찌 내가 기뻐하는 금식이 되겠으며 이것이 어찌 사람이 자기의 마음을 괴롭게 하는 날이 되겠느냐 그의 머리를 갈대 같이 숙이고 굵은 베와 재를 펴는 것을 어찌 금식이라 하겠으며 여호와께 열납될 날이라 하겠느냐 내가 기뻐하는 금식은 흉악의 결박을 풀어 주며 멍에의 줄을 끌러 주며 압제 당하는 자를 자유하게 하며 모든 멍에를 꺾는 것이 아니겠느냐 또 주린 자에게 네 양식을 나누어 주며 유리하는 빈민을 집에 들이며 헐벗은 자를 보면 입히며 또 네 골육을 피하여 스스로 숨지 아니하는 것이 아니겠느냐 그리하면 네 빛이 새벽 같이 비칠 것이며 네 치유가 급속할 것이며 네 공의가 네 앞에 행하고 여호와의 영광이 네 뒤에 호위하리니 네가 부를 때에는 나 여호와가 응답하겠고 네가 부르짖을 때에는 내가 여기 있다 하리라 사 58:5-9

하나님 아버지 앞에서 정결하고 더러움이 없는 경건은 곧 고아와 과부를 그 환난 중에 돌보고 또 자기를 지켜 세속에 물들지 아니하는 그것이니라 약 1:27

우리는 종종 하나님을 종교예식이나 예배 행위와 같은 영적인 행위에만 관심을 두시는 분으로 오해한다. 물론 하나님은 우리의 예배와 종교적인 삶에 큰 관심을 갖고 계신 분이다.

하지만 그것이 우리의 삶 전체와 연관되어 있을 때만 그러하다. 구약의 예언서들과 예수님의 가르침에 따르면, 하나님은 우리의 실제적인 삶의 모습과 분리된 종교의식에 대해 매우 비판적이시다.

교회 안에서 이뤄지는 우리의 예배와 종교 활동이 교회 밖에서 이뤄지는 우리의 일상생활에 아무런 변화를 가져 오지 못한다면, 우리의 예배는 종교적 위선에 불과하며, 하나님을 기쁘게 하기는 커녕 오히려 하나님을 역겹게 할 뿐이다.

그러므로 우리는 살아 계신 하나님의 관심사를 종교적인 영역으로 축소시켜서는 안 된다. 하나님을 향한 우리의 사랑과 열정은 이 세상 속에서 소금과 빛의 사명을 감당하는 수준으로까지 나아가야 한다.

이 세상의 모든 진리는
곧 하나님의 진리임을 믿는 것이
기독교 신앙의 핵심이다.

세상에서
거룩한 영향력을
발휘하라

모든 그리스도인이
그리스도인이어야 한다

　2013년 여름 어느 날, 터질 것 같은 답답함과 절망감을 안고 사무실에서 하나님의 말씀을 묵상하고 있었다. 그때 묵상했던 말씀은 우리가 너무나도 잘 아는 말씀이었다.

구하라 그리하면 너희에게 주실 것이요 찾으라 그리하면 찾아낼 것이요 문을 두드리라 그리하면 너희에게 열릴 것이니 구하는 이마다 받을 것이요 찾는 이는 찾아낼 것이요 두드리는 이에게는 열릴 것이니라 마 7:7-8

누구에게나 친숙한 말씀이지만 이상하게도 그날만큼은 이 말씀이 무척 새롭게 느껴졌다. 항상 외우고 묵상했던 말씀인데 정작 한 번이라도 제대로 하나님께 구하고 찾고 두드려 봤는지 자문하게 되었다.

그래서 나는 앞이 보이지 않는 답답함과 절망 속에서 그저 낙심만 하고 있을 것이 아니라 말씀대로 하나님께 제대로 구하고 찾고 두드려 보기로 했다.

사무실의 불을 끄고 방문을 잠근 뒤, 책상 밑으로 기어 들어가 무릎을 꿇고 얼굴을 무릎 사이에 묻은 뒤 하나님께 내 마음의 소원을 간절하게 기도하기 시작했다. 그런데 막상 구하고 찾고 두드리려고 하니 무엇을 구하고 찾고 두드려야 할지 알 수 없었다. 내 안에 있던 갈망은 우리가 흔히 바라는 것들, 예컨대 사회적 성공, 부유, 명예와 같은 것들은 분명 아니었다. 사실 나도 그와 같은 것들을 바라고 있는 줄 알았다.

그러나 그와 같은 것들은 '내가 원하는 것'이 아니라, '내가 원해야 하는 것들'이었다. 즉, 세상의 관점이나 주변 사람의 시선과 기대를 의식하여 마땅히 구해야 할 것이라고 착각하고 있었을 뿐, 내가 진심으로 원하고 갈망하는 것은 아니었다.

나는 정말 내가 원하는 것을 하나님께 구하고 싶었다. 그러기 위해서는 그것이 무엇인지부터 알아야 했다. 그래서 하나님께 구했다.

"하나님! 지금 이 순간 제가 정말로 원하는 것이 무엇인지 깨닫기를 원합니다. 제가 하나님께 구하고 찾고 두드려야 하는 것이 무엇인지를 깨우쳐 주십시오."

그렇게 기도한 후, 하나님의 깊은 임재 가운데로 들어가기 시작했다.

그 순간, 내 마음 깊은 곳에서 단어 하나가 떠올랐다. 그 단어는 바로 '영향력'이었다. 그때 내가 정말로 원했던 것을 깨달았다.

그래서 하나님께 간구했다.

"하나님! 제가 정말로 원하는 것은 한 개인의 삶을 변화시킬 수 있는 영향력입니다. 한 나라와 민족의 방향을 바꾸고 더 나아가 열방의 역사적 흐름을 바꿀 수 있는 영향력입니다. 하나님께서 솔로몬에게 지혜를 주셨다면, 저에게는 이 나라와 민족을 변화시킬 수 있는 거룩한 영향력을 주십시오!"

그와 같이 기도하는 가운데, 내 마음 속에 영적인 공식 하나가 떠올랐다.

진리+마이크=영향력

여기서 진리란 하나님의 말씀을 의미하고, 마이크는 강대상의 마이크뿐 아니라 진리를 선포하고 확산시키는 모든 형태의 매체, 즉 책, 방송, 설교 등을 의미한다.

태초에 하나님은 말씀으로 천지를 창조하셨다. 그래서 그분의 말씀 안에는 어둠 가운데 빛을 창조하시고, 혼돈 가운데 질서를 창조하시며 죽음 가운데 생명을 창조하실 수 있는 능력이 담겨 있다.

그러나 그와 같은 말씀이라 할지라도 말씀이 장롱 안에 갇혀 있고 교회 안에 갇혀 있으면 세상 가운데 아무런 영향력을 발휘할 수가 없다. 그러므로 소금과 빛으로 부름 받은 우리 모두는 하나님의 진리로 무장되어야 할 뿐 아니라 그 진리를 품고 세상 속으로 들어가 그 진리를 선포해야 한다.

그리고 선포한 말씀대로 살아 내야 한다. 입을 통해 선포된 진리가 삶을 통해 입증되어야 한다.

존 풀턴(John Fulton)은 《오늘날의 복음전도》에서 이렇게 말했다. "가장 효과적인 선포는 자신이 말한 바를 그대로 구현해 내는 사람들의 선포다. 그들은 곧 그들이 전하는 메시지다. 그리스도인들은 그들이 말하는 것과 같은 모습이 되어야 한다. 소통하는 것은 무엇보다 사람이지 말이나 개념이 아니다."

말씀이신 하나님이 육신의 옷을 입고 이 땅에 오셨듯이, 하나님의 진리는 언제나 우리의 삶을 통해 세상 속에서 성육신되어야 한다.

그러므로 영향력이란 우리의 입을 통해 선포되어진 진리가 우리의 삶으로 세상 속에서 녹을 때 나타나는 열매다. 이것이 바로 소금과 빛으로 부름 받은 우리들의 사명이요, 이와 같은 삶을 통해서만 세상은 변화될 수 있다.

모든 그리스도인들이 그리스도인이라면 세상은 변화될 수 있다. 동성애자들이 동성애로부터 자유해지고, 가정이 가정폭력과 이혼의 아픔으로부터 자유해질 수 있다. 하나님의 영광을 드러내는 거룩한 나라, 거룩한 민족이 되기 위한 유일한 길은 바로 모든 그리스도인들이 그리스도인이 되는 것이다.

그런 의미에서 분열된 정신세계가 기독교 세계관 안에서 통합되어야 한다. 즉 교회와 세상이라는, 서로 다른 진리와 서로 다른 가치관과 서로 다른 기준이 다스리는 두 세계를 왔다 갔다 하는 분열적인 세계관을 기독교 세계관으로 통합해야 한다. 그런 후에 기독교 세계관을 토대로 삶이 변화되어야 한다.

진리를 가지고 세상 가운데로 나아가려면 진리에 걸맞은 삶을 살아야 한다. 그때 우리 입으로 선포되는 진리가 세상 가운데 영향력을 발휘할 수 있다.

그렇다면 영향력을 발휘하기 위해 필요한 것은 무엇일까?

기독교적 시민 교양이
필요하다

하나님의 진리를 하나님의 방식대로 선포할 수 있는 훈련이 되어야 한다. 올바르지 않은 방식으로 말할 경우에는 아무리 바른 말이라도 틀린 말이 될 수 있다.

마치 맛있는 음식이 있어도 더러운 그릇에 담아서 주면 먹을 수 없게 되는 것처럼, 아무리 거룩하고 아름다운 진리라도 전하고 유통하는 방식이 하나님의 방식이 아니라면 그 진리는 세상에서 영향력을 발휘할 수 없다. 그러므로 진리를 잘 선포하기 위해서는 기독교적 시민 교양을 함양해야 한다.

시카고대학교 종교사학과 마틴 마티(Martin Marty) 교수는 이렇게 말했다.

"오늘날의 문제는 예의 바른 사람은 종종 강한 신념이 없고, 강한 신념을 가진 사람은 예의가 없다는 점이다."

우리는 교양 있는 태도에다가 강렬한 신념을 결합해야 한다. 이것이 우리에게 주어진 진정한 도전이다. 그리스도인은 목적이 되는 자신의 신념과 수단이 하나님의 말씀에 기초하고 있는지 살펴봐야 한다.

우리가 이 싸움을 하는 데 있어서 신념과 교양 사이에 균형이 반드시 필요하다. 그렇지 않고 우리가 갖고 있는 신념을 공격적으로 전달하거나 무례하게 교양 없이 전달할 경우에는 오히려 역효과가 나타날 수 있다. 모독의 피해자가 될지언정 모독의 가해자가 되어서는 안 되고 폭력의 피해자가 될지언정 폭력의 가해자가 되면 결코 안 된다.

나는 이것이 예수님의 가르침이라고 생각한다. 이것이 바로 우리가 올바른 신념을 위해서 싸우는 올바른 방법이다. 그래서 기독교적 시민 교양은 한마디로 "올바른 일을 올바르게 하는 것"이다. 성경의 진리를 성경적 방법대로 선포하는 것이다. 그럴 때 진리가 세상에서 영향력을 발휘한다.

한국 교회에는 이와 같은 기독교적 교양이 그 어느 때보다 시급히 요구되고 있다. 현재 우리 사회는 동성애 문제, 동거, 이혼과 같은 다양한 성 문제에서부터 새로운 정치, 경제, 교육과 같은 문제들에 이르기까지 세대 간에, 진영 간에, 지역 간에 견해 충돌이 심각하다.

교회 안에서조차 정치적으로 진보와 보수 양측으로 나뉘어 각종 사회윤리적인 문제에 대해서 통합된 목소리를 내지 못하고, 자신의 정치적 이념과 진영 논리에 따라 서로 등을 돌리거나 비난하는 일이 비일비재하다.

그러면 구체적으로 어떻게 해야 기독교적 시민 교양을 함양해 갈 수 있을까? 풀러신학교(Fuller Theological Seminary)의 전 총장 리처드 마우(Richard Mow) 박사는《무례한 기독교》(Uncommon Decency)에서 크게 네 가지를 제시했다.

첫째, 기독교적 시민 교양은 상대주의를 받아들이는 것이 아니라는 점을 인식할 필요가 있다.

주변에서 일어나는 모든 현상을 무비판적으로 수용하는 것이 기독교적 시민 교양을 의미하는 것은 아니다. 다른 사람들이 믿고 행하는 것을 무조건적으로 옳다고 인정해 주는 것이 교양 있는 태도는 아니다.

다른 이들이 자신의 신념을 표현할 권리가 있다고 주장하는 것과 그들이 그렇게 하는 것이 옳다고 주장하는 것은 다르다. 모든 믿음과 가치관이 동등한 것처럼 대우받아야 마땅하다고 말하는 것은 상대주의를 주장하는 것으로, 이는 기독교 신앙과 양립할 수 없는 관점이다.

기독교적 시민 교양은 무엇이 선하고 옳은지 판단하기를 거부하는 것을 의미하지 않는다. 성경은 우리에게 진리와 가치의 문제에 대해 판단력을 사용하라고 권고한다.

> 악을 선하다 하며 선을 악하다 하며 흑암으로 광명을 삼으며 광명으로 흑암을 삼으며 쓴 것으로 단 것을 삼으며 단 것으로 쓴 것을 삼는 자들은 화 있을진저 사 5:20

사도 바울은 친절과 인내와 온유함을 계발하라고 권면하면서도 성적 부도덕과 더러움과 술 취함과 같은 육체의 일에 대해 단호한 입장을 취하라고 주장한다(갈 5:16-23).

그러므로 그리스도인은 특정한 태도와 행위를 기독교적 진리에 입각하여 판단할 수밖에 없다.

예수님이 창녀와 세리를 용납하셨을 때 그분이 그들의 죄를 그냥 묵과하신 것은 아니었다. 죄에도 불구하고 사랑하셨다. 그들의 음란함과 불의함을 판단하시면서도 동시에 그들이 하나님의 신실한 자녀로 회복될 수 있는 가능성을 보고 계셨던 것이다. 그것이 바로 우리가 다른 사람에게 마땅히 보여야 할 자세다.

타인이 하는 모든 행위를 무비판적으로 포용하는 상대주의적 태도가 아니라, 그들 안에 있는 회복의 가능성을 바라보며 그들로 하여금 죄를 떠나 진리 가운데 거하도록 힘쓰는 것이 진정한 기독교적 시민 교양이다.

둘째, 기독교적 시민 교양은 교양을 갖춘 언어를 사용하는 것이다.

리처드 마우 박사는 《무례한 기독교》에서 17세기 청교도와 퀘이커교도 간에 있었던 일화를 하나의 본보기로 소개했다. 위대한 청교도 설교자였던 리처드 박스터(Richard Baxter)는 한 팸플릿에서 퀘이커교도를 "술주정뱅이, 욕쟁이, 호색가, 음탕한 자들" 및 여타 비참한 피조물들과 동류로 취급했다.

그러자 퀘이커교의 지도자 제임스 네일러(James Naylor)는 자기가 "예수 그리스도의 영에 이끌려 어쩔 수 없이 그런 혹독한 비난에 반응하지 않을 수 없다"고 말하면서, 그의 청교도 대적을 "뱀이자 거짓말쟁이요 마귀의 자식, 저주받은 위선자, 멍청한 개망나니"로 묘사했다. 이런 식의 분노에 찬 언어는 건전하고 생산적인 토론을 방해할 뿐 아니라, 그리스도의 이름과 교회에 큰 상처를 입힌다.

셋째, 기독교적 시민 교양을 함양하기 위해서는 하나님의 관점을 갖는 훈련을 해야 한다. 어떤 사람이나 사물을 바라볼 때 개인적인 감정이나 관점으로 바라보지 않고, 그것을 바라보시는 하나님의 관점으로 보아야 진정한 기독교적 시민 교양을 가질 수가 있다.

하나님의 관점을 소유하기 위해서는 하나님의 임재 안으로 깊이 들어가야 한다. 하나님의 임재 안으로 깊이 들어가는 '시간의 지성소'를 확보하지 않으면 세상과의 격렬한 싸움터에서 그들을 바라보는 하나님의 관점을 갖고 임하기가 힘들어진다. 현실을 바라보는 하나님의 마음을 품지 않으면 때로 감정이 격앙될 수 있으며, 때로는 세상적인 방법으로 하나님의 진리를 선포하고 수호하고자 하는 잘못을 범할 수 있다.

하나님의 마음과 관점으로 이 세상을 바라볼 때, 우리는 기독교적 시민 교양을 갖고 담대하게 진리를 선포할 수가 있다.

넷째, 상대방의 관점을 갖는 것도 중요하다. 역지사지의 관점에서 생각하고 바라봐야 한다. 예수님은 말씀하셨다.

> 무엇이든지 남에게 대접을 받고자 하는 대로 너희도 남을 대접하라 이것이 율법이요 선지자니라 마 7:12

기독교적 시민 교양의 핵심은 내가 대접을 받고자 하는 대로 나도 남을 대접하는 것이다. 나 자신과 타인 사이의 심리적 간격을 좁혀감으로써 애초에 나와는 완전히 다른 종류의 사람이라고 생각했던 사람들과 일종의 심리적, 감정적 공감대를 만들어 가는 것이다. 그와 같은 공감대 형성을 위해 아주 좋은 방법이 바로 '감정이입'의 훈련이다.

나 자신이 상대방의 상황과 감정 속으로 들어가 상대방이 겪는 경험이나 감정들이 어떤 것인지를 이해하는 것이다. 이처럼, 자기중심적인 관점의 굴레를 깨고 나와 다른 사람들의 경험 속으로 들어가 그들의 관점을 갖기 시작할 때 우리는 진정으로 그들의 삶에 영향을 끼칠 수가 있다.

사실 바로 이것이 예수님이 우리의 삶을 변화시키기 위해 사용하신 방법이었다. 아무 죄 없으신 하나님의 아들이 죄인의 모양으로 우리 가운데 찾아오셔서 우리를 대신하여 십자가에 죽으심으로 우리를 그리스도의 자녀로 삼아주셨다. 하나님이신 그리스도가 죄인의 모양으로 이 땅에 오신 성육신 사건이야말로 이 세상을 변화시켜 가기 위해 갖춰야 할 기독교적 시민 교양의 표본이다.

> 우리에게 있는 대제사장은 우리의 연약함을 동정하지 못하실 이가 아니요 모든 일에 우리와 똑같이 시험을 받으신 이로되 죄는 없으시니라 히 4:15

거룩한 성 윤리를
회복하는 법

성 문제에 대해 옳고 그름을 근본적으로 혼동하는 사회는 결코 건강한 사회가 될 수 없다. 성적 순결에 대해 임의적인 태도를 갖고 있는 지도자는 다른 책임 영역에서도 신뢰할 수가 없다. 강하고 믿음직한 가족 간의 유대감을 체험하지 못한 아이는 강하고 믿음직한 시민으로 성장할 가능성이 희박하다.

그러므로 날이 갈수록 음란해져 가는 이 시대 문화 속에서 그리스도인들은 거룩한 성 윤리의 회복과 문화의 확산을 위해 앞장서야 한다. 특별히 동성애 정상화와 동성결혼 합법화 논쟁이 뜨겁게 달아오르고 있는 이 시점에서 우리 그리스도인들은 기독교적 시민 교양을 가지고 그와 같은 사명에 앞장서야 한다. 그러므로 이렇게 하라.

첫째, 성적으로 자기 비판적인 자세를 취하라. 우리 모두는 자신의 성에 대해 정직한 관점을 가질 필요가 있다. 솔직히 말해서 우리 가운데 자신을 성적으로 가장 바람직한 모델로 내세울 만한 사람은 하나도 없다. 그러므로 간음한 여인을 처벌하려 했던 성적 위선자들에게 하신 예수님의 말씀이 곧 우리를 향한 말씀이기도 하다는 사실을 기억해야 한다.

> 너희 중에 죄 없는 자가 먼저 돌로 치라 요 8:7

둘째, 동성애와 동성애자를 구분할 줄 알아야 한다. 죄를 포용하지 않으면서도 죄인을 사랑하는 방식을 연구하고 고민해야 한다.

예수님이 말씀하셨다.

> 어찌하여 형제의 눈 속에 있는 티는 보고 네 눈 속에 있는 들보는 깨닫지 못하느냐 보라 네 눈 속에 들보가 있는데 어찌하여 형제에게 말하기를 나로 네 눈 속에 있는 티를 빼게 하라 하겠느냐 외식하는 자여 먼저 네 눈 속에서 들보를 빼어라 그 후에야 밝히 보고 형제의 눈 속에서 티를 빼리라 마 7:3-5

눈에 들어간 이물질을 빼기 위해서 눈을 빼버리는 의사는 유능한 의사가 아니다. 눈을 보호하고 눈이 다치지 않는 상태에서 이물질만 제거할 수 있는 사람이 유능한 의사다. 마찬가지로 예수님은 죄인들을 보실 때 언제나 죄와 죄인을 분리해서 보셨다. 창녀, 세리, 귀신들린 사람을 만나실 때 예수님의 태도를 보면 알 수 있다.

헬무트 틸리케는 《현실과 믿음 사이》(Life Can Begin Again)에서 이렇게 말했다.

"이것은 결코 하나님이 의도하셨던, 이 사람의 본모습이 아니다. 뭔가 이질적인 것이 그의 속에 들어왔다. 이 사람의 근본적 본 모습과 이질적인 들보를 구분해야 한다."

최악의 인간이라 할지라도 하나님의 눈에는 여전히 그분의 자녀다. 음란이라는, 탐욕이라는 이물질이 그를 장악했을 뿐이며, 하나님이 의도하지 않은 그 무엇이 그를 일그러뜨리고 있는 것이다.

치유는 이질적인 것을 제거하는 일이다. 그것을 가장 극명하게 보여 주는 것이 바로 귀신들린 사람들의 축사 이야기다. 따라서 치유는 사실상 축사다. 본 모습과 이질적 요소를 갈라내고 제거하는 수술이다. 예수님은 병자와 죄인을 그렇게 고쳐 주셨다.

셋째, 거룩한 삶을 회복해야 한다.

그리스도인은 오늘날 널리 퍼져 있는 성적 문란을 유감스럽게 생각해야 한다.

성이란 인간 상호 작용의 다른 중요한 차원과 깊은 연관이 있다. 사람들이 성적 순결을 유지하지 못할 때 그 사회는 약속과 신뢰의 측면에서 심각한 문제에 봉착하게 된다. 뿐만 아니라 그런 사회는 다른 종류의 문제로 인해서 어쩔 수 없이 큰 고통을 당할 것이다.

오직 마음을 새롭게 함으로 변화를 받아 롬 12:2

이 세대를 본받지 않고 하나님의 말씀에 뿌리를 내리게 되면, 마음이 새롭게 되어 전인적인 삶의 변화를 경험하게 된다. 이 변화를 일컬어 거룩이라고 부른다. 거룩이란 한마디로 '구별된 삶'이다. 이 세대를 본받지 않고 하나님의 진리를 따르는 구별된 삶, 바로 거룩이다.

1995년 어느 봄날로 기억된다. 그날은 주일이었고, 여느 주일처럼 저녁 예배를 드리기 위해 성경을 들고 나가려던 참이었다. 그때 갑자기 친구에게서 전화가 왔다.

"태희야, 오늘 밤 우리 나이트클럽 가려고 하는데 같이 안 갈래?"

대학 시절 나이트클럽은 내게 최고의 놀이터였다. 화려한 조명과 신나는 음악이 있는 곳에서 멋있고 아름다운 젊은 남녀들과 함께 어울려 춤출 때 진정한 해방감을 맛보곤 했다.

나이트클럽을 즐기면서도 나름대로의 원칙은 있었다. 첫째, 술을 마시지 않고 맨 정신으로 춤추기. 둘째, 부킹은 절대로 하지 않기. 정말 순수하게 춤추는 것만 즐기기 위해 나이트클럽에 다녔다.

친구의 제안에 잠시 망설였지만 흔쾌히 수락했다. 전화를 끊자마자 곧바로 무대 의상으로 갈아입었다. 그리고 차를 몰고 약속

장소로 달려갔다. 그날따라 컨디션이 최상이었다. 무대 위에서 주체하기 힘들 만큼 현란한 춤을 선보이며 수많은 사람들의 시선을 즐겼다.

이렇게 즐거운 시간을 보내고 난 며칠 후 밤, 운전하면서 집으로 돌아오는 길이었다. 집에 거의 다 와서 유턴을 하려고 하는데 갑자기 하얀색 소형차가 내 운전석을 향해 돌진하는 것이 아닌가. 그 차는 그대로 내 운전석 문을 들이받았고, 순간 도로는 아수라장이 되고 말았다. 여기저기서 고함 소리와 자동차 경적 소리가 시끄럽게 들리기 시작했다. 나는 크게 다치지는 않았지만 넋이 나간 상태로 가까스로 문을 열고 아스팔트 위에 흩어진 유리 조각을 밟고 서서 경찰차를 기다렸다.

바로 그 순간이었다. 말로 형용할 수 없는 신비스러운 음성이 나의 내면에서부터 들려왔다. 태어나서 처음으로 경험하는 것이었다. 아주 친숙하게 느껴졌지만 처음 듣는 음성이었고, 내 마음을 녹일 만큼 따뜻했지만 영혼을 뒤흔드는 아주 단호한 음성이었다. 바로 성령님의 음성이었다.

"태희야, 난 네가 구별된 삶을 살기 원한다."

성령님의 음성은 나의 인생을 180도 뒤바꾸어 놓았다. 나는 하나님의 말씀을 중심으로 철저히 삶을 구별시키기 시작하였다. 그렇게 좋아하던 나이트클럽도 끊었다. 조금씩 배워 보려고 했던 담배도 끊었다. 하나님의 말씀을 기준으로 가는 장소, 보는 영화, 만나는 사람들을 정리하기 시작했다. 그리고 하나님을 알아가는 일,

하나님의 말씀을 공부하는 일에 힘을 쏟기 시작하였다.

이 같이 삶을 하나님 말씀 중심으로 구별하기 시작하자 삶에 놀라운 일들이 일어나기 시작하였다. 삶을 구별하였더니 구별된 꿈이 임하기 시작하였고, 구별된 만남이 임하기 시작하였고, 구별된 은사와 축복들이 부어지기 시작하였다.

> 큰 집에는 금 그릇과 은 그릇뿐 아니라 나무 그릇과 질그릇도 있어 귀하게 쓰는 것도 있고 천하게 쓰는 것도 있나니 그러므로 누구든지 이런 것에서 자기를 깨끗하게 하면 귀히 쓰는 그릇이 되어 거룩하고 주인의 쓰심에 합당하며 모든 선한 일에 준비함이 되리라 딤후 2:20-21

재료가 핵심이 아니라 구별됨이 핵심이라는 것이다. 학벌이 핵심이 아니라 구별됨이 핵심이다. 금수저든 흙수저든 구별되는 것이 핵심이다. 구별된 인생에 구별된 지혜가 임하기 때문이다. 구별된 인생에 구별된 능력이 임하기 때문이다.

인류의 역사를 바꾸었던 수많은 그리스도인들은 다 하나같이 하나님을 위하여 자신을 철저히 구별시켰던 사람들이다. 다니엘을 보라. 다니엘은 왕이 먹는 음식과 포도주로 자신을 더럽히지 않겠다며 자기 삶을 철저히 구별시켰다. 그때 하나님이 다니엘에게 다른 자들보다 10배가 넘는 구별된 지혜와 총명을 부어 주셨다.

오늘날 유감스럽게 생각해야 할 것은, 만연한 성 윤리의 붕괴만

이 아니다. 우리의 거짓, 탐욕, 교만에 대해서 마찬가지로 유감스럽게 생각해야 한다. 동성애에 대해 비판적인 만큼 과연 나 자신의 죄에 대해서도 비판적인가? 심각하게 여기고 있는가? 그만한 열심을 내고 있는가? 삶의 전반에서 거룩이 회복되어야 한다.

넷째, 성도들에게 편안한 사람이 되어 주는 것, 즉 목회적인 접근이 필요하다.

로자리아 버터필드 교수는 자신의 회심에 대하여 켄 스미스 목사가 보인 태도를 이렇게 묘사했다.

> "내가 지역신문에 프라미스 키퍼스(Promise Keepers)의 성차별적인 논리를 비판하는 글을 올린 후 증오심에 가득차거나 열렬한 공감을 표하는 편지들이 날아들었다.
>
> 시러큐스 개혁장로교회 담임목사 켄 스미스가 보낸 편지도 그것들 가운데 섞여 왔다. 그의 편지는 매우 친절한 어투로 나 자신도 간절히 대답하고픈 그런 질문들을 묻고 있었다.
>
> '당신은 투고에 실린 결론에 어떻게 이르게 되었는가? 당신은 자신의 의견이 옳다는 것을 어떻게 검증할 수 있는가? 당신은 하나님의 존재를 믿는가?'
>
> 켄 목사는 내 글의 근거가 되는 전제들을 더 깊이 연구해 보라고 권하고 있었다. … 켄과 플로이는 식사 시간을 통해 기독교의 오랜 전통이지만 대부분의 그리스도인 가정들에서 더는 볼 수 없는 일을 했다. 부부는 나를 희생양으로 삼기 위해서가

아니라 내 이야기를 듣고 배우고 대화를 나누려고 이방인을 그
들의 식탁에 초대했다. … 식사 후 켄이 나랑 계속 연락하며 지
냈으면 좋겠다고 제안했을 때 나는 부담감이 느껴지지 않았다.
… 만약 켄과 플로이가 첫 번째 식사를 위해 나를 교회로 초청
했더라면 나는 그 길로 뺑소니를 놓고 다시는 그들을 만나지 않
았을 것이다. 그가 선택한 방법은 교회를 내게 데려오는 것이
었다. 켄과 플로이가 있는 그대로 속을 다 드러내 보여 주는 만
큼 나도 내면을 드러내 보이는 데 여유와 안전감을 느꼈기에 그
들에게 내 마음을 열었다. 내가 어떤 사람인지 무엇을 소중하
게 여기는지 그들에게 알려 주었다. 그들을 집으로 초대해 내가
사는 세상을 보여 주고 내 친구들을 소개하고, 내가 여는 만찬
들에 초대해 내가 어떻게 살아가는지 보여 주었다. 이런 일들을
할 수 있을 정도로 그들은 내게 편안한 사람들이었다."

― 《뜻밖의 회심》(아바서원, 2014)에서

사람을 사랑하는 것보다 더 중요하고, 더 우선 되는 게 있다. 그
것은 바로 하나님을 사랑하는 일이다.

예수께서 이르시되 네 마음을 다하고 목숨을 다하고 뜻을 다하여
주 너의 하나님을 사랑하라 하셨으니 이것이 크고 첫째 되는 계명
이요 둘째도 그와 같으니 네 이웃을 네 자신 같이 사랑하라 하셨
으니 마 22:37-39

나의 마음을 다하고, 목숨을 다하고, 뜻을 다하여 하나님을 사랑
하면서 동시에 음란을 사랑할 수 있는가? 하나님을 사랑하면서 불
의를, 부정을, 탐욕을 동시에 사랑할 수 있는가? 불가능하다.

하나님에 대한 사랑은 반드시 죄에 대한 분노와 죄에 대한 혐오
로 나타나게 되어 있다. 하나님을 사랑하면 음란과 탐욕을 혐오하
게 되고, 하나님을 사랑하면 거짓과 불의에 분노하게 되어 있다.

그리고 이 같은 죄에 대한 분노는 죄인에 대한 분노로 나타나는
것이 아니라 그 죄로 말미암아 고통 받고 있는 죄인에 대한 사랑
으로 나타나는 법이다.

이처럼 하나님에 대한 사랑은 죄에 대한 분노로 이어지고, 죄에
대한 분노는 죄인에 대한 사랑으로 이어진다. 이것이 바로 하나님
의 사랑으로 이웃을 사랑하는 방법이요, 예수 그리스도께서 십자
가에서 우리를 위해 죽으신 이유다. 인간의 죄를 혐오하셨기 때
문에 십자가에 달리셨고, 죄로 고통 받고 있는 우리를 사랑하셨기
때문에 십자가에서 죽으신 것이다.

예수님은 동성애자를 사랑하신다. 이것이 바로 예수님이 동성
애를 그토록 혐오하시는 이유다. 동성애가 아름다운 인간의 삶을
파괴하고 있기 때문이다.

그러므로 동성애자들에게 필요한 자유는 '동성애를 위한 자유'
가 아니라 '동성애로부터의 자유'다. 즉 죄를 위한 자유가 아니라
죄로부터의 자유가 필요한 것이다. 이 자유를 위해 예수 그리스도
가 이 땅에 오셨다. 예수를 구주로 영접한 모든 자들에게는 그리

스도의 권세를 힘입어 모든 음란과 탐욕, 거짓과 불의의 죄를 이길 수 있는 능력과 권세가 주어짐을 믿는다.

그리스도인이 취해야 할 6가지 무기

존 스토트 박사는《살아있는 교회》(The Living Church)에서 우리 사회를 변화시키기 위해 그리스도인들이 취해야 할 6가지 무기를 소개하며 그리스도인들이 기독교적 시민 교양을 가지고 이 무기들을 취할 것을 촉구한다.

그리스도인의 무기 1. 기도

하나님의 진리를 기독교적 시민 교양에 담아 이 세상 속으로 들어가 선포하고 유통시킬 때는 반드시 기도하는 삶 가운데서 그와 같은 사명들을 감당해야 한다. 기도야말로 우리가 추구해야 하는, 영향력을 발휘하기 위한 무기다.

독일 통일 과정에서 빼놓지 않고 거론되는 사람이 있다. '월요평화기도회'로 유명한 라이프치히 니콜라이 교회(St. Nikolaikirche)의 크리스티안 퓌러(Christian Fuhrer) 목사다.

1980년 가을, 니콜라이 교회의 122대 목사로 부임한 퓌러는 그때부터 매주 월요일 평화기도회를 열기 시작했다. 겨우 6명만 참석한 경우도 있었지만, 1980년대 후반 민주화와 자유에 대한 열망이 높아지면서 여러 단체들이 합류하기 시작하였고, 결국 역사의 물줄기를 바꾸는 기적의 도화선이 되었다.

그는 2015년 국내 출간된 자서전《그리고 우리는 거기에 있었다》(Und wir sind dabei gewesen) 서문을 통해 한국 독자들에게 인사말을 전했다.

"그것은 겨자씨만큼이나 작게 시작되었다. 동독과 서독에 중거리 핵미사일을 배치하는 것에 반대하면서 정의, 평화, 그리고 창조 세계의 보존을 위한 평화기도회로 시작된 것이다. 하나님을 향한 전적인 신뢰와 정기적인 기도로 헌신한 이 작은 사역을 하나님께서 이토록 크게 사용하실지는 그 누구도 몰랐다. 피한 방울 흘리지 않고 강력한 공산주의 체제를 붕괴시킨 평화 혁명이며, 성경적 방법이 낳은 기적이었다. 하나님의 능력이 약한 자를 통해 나타날 때, 세상이 알 수도 없고 줄 수도 없는 길이 열리고 해결책이 보인다. 우리는 평화 혁명을 통해 이 진리를 체험했다.

분단된 조국은 다시 하나가 되었고 소련 군대는 철수했다. 그리하여 동서독은 통일되었으며 제2차 세계대전도 종결되었다. 우리는 진정 이 말씀을 체험했다.

나는 진심으로 기원한다. 끝까지 포기하지 않는 공적인 기도와 하나님의 전능하심에 대한 하나 된 신뢰로 한반도의 분단 상황이 평화적으로 극복되며 폭력을 사용하지 않고 통일되기를 바란다."

예수님이 말씀하셨다.

> 진실로 너희에게 이르노니 만일 너희에게 믿음이 겨자씨 한 알 만
> 큼만 있어도 이 산을 명하여 여기서 저기로 옮겨지라 하면 옮겨질
> 것이요 또 너희가 못할 것이 없으리라 마 17:20

겨자씨 한 알과 산을 비교해 보라. 비교가 되지 않는다. 그러나
겨자씨만한 믿음 한 알갱이가 산을 옮길 수 있는 능력을 갖고 있
다고 말씀하신다. 고농축 우라늄이 조금의 양으로도 어마어마한
폭발력을 자랑하듯이, 겨자씨 한 알갱이만큼이라도 그리스도의
이름을 믿는 믿음 안에서 산을 옮길 만한 폭발력을 갖는다. 예수
님의 이름을 믿는 믿음이 갖고 있는 능력이다. 큰 믿음도 필요 없
다. 겨자씨만큼의 믿음이라도 있으면 역사가 일어난다. 그 믿음으
로 마음을 합하여 기도하자.

특별히 세계관 전쟁이 가장 치열하게 펼쳐지고 있는 교육 현장
을 위해서 기도해야 한다. 교과서, 교육청, 교육감, 학교 교사들을
위해서 집중적으로 기도해야 한다.

더불어 주일학교 교사를 위해서 기도해야 한다. 주일학교 교사
가 정말 진지한 사명감을 가지고 맡겨진 아이들을 가르쳐야 하기
때문이다.

아이들은 일주일에 한 번 교회에 오고, 나머지 6일은 학교 교육을 받는다. 하나님을 하찮게 여기는 세계관이 녹아 있는 교과서로 교육 내용을 주입받는다. 하나님의 진리가 담긴 기독교 세계관이 아니라 세상의 세계관에 익숙해지게 된다. 그렇기 때문에 영적 전쟁터인 교육 현장을 위해서 기도해야만 한다.

> 진실로 다시 너희에게 이르노니 너희 중의 두 사람이 땅에서 합심하여 무엇이든지 구하면 하늘에 계신 내 아버지께서 그들을 위하여 이루게 하시리라 마 18:19

최근 위 구절을 묵상할 때 '합심'이라는 단어가 마음에 깊이 다가왔다. 그전에는 유심히 보지 않았던 단어다. 마음을 합하여 기도할 때, 기도의 능력에 놀라운 역사가 나타난다는 것이다.

기도를 통해 나라와 민족을 변화시키고, 사회를 변화시키고자 할 때, 기억해야 할 기도의 원리는 이것이다. 겨자씨 한 알갱이만큼의 믿음이라도 가지고 있다면, 그리고 그 믿음을 가진 두 세 사람이 마음을 합하여 기도한다면 정말 놀라운 기적 같은 역사들이 우리 삶과 나라와 민족 가운데 나타나게 될 것이라는 것이다.

그러므로 기독교적 시민 교양으로 진리를 들고 세상 속으로 들어갈 때, 반드시 겨자씨만큼의 믿음을 챙겨야 한다. 그리고 마음을 합하여 하나님께 부르짖어야 한다. 그와 같은 기도를 통해 세상이 변화될 것이다.

그리스도인의 무기 2. 복음 전도

예수님은 공생애 기간 동안 "온 갈릴리에 두루 다니사 그들의 회당에서 가르치시며 천국 복음을 전파"(마 4:23; 9:35)하셨다. 또 "두루 다니시며 선한 일을"(행10:38) 하셨다. 이처럼 복음 전도와 사회적 관심은 교회사 전체에 걸쳐 서로 밀접한 관계를 맺어 왔다.

예수님이 갈릴리를 두루 다니실 때 천국 복음만 전파하신 것이 아니다. 그들의 병과 약한 곳도 고쳐 주셨다. 즉 영혼 구원이라는 영적인 필요를 채워 주셨을 뿐만 아니라 육적인 필요도 함께 채워 주시는 전인적인 사역을 감당하셨다는 것이다.

이처럼 복음 전도와 사회적 관심, 한 개인의 영혼에 대한 관심과 그 육신이 처한 현실에 대한 관심, 영혼 구원과 구제 등은 언제나 서로 밀접한 관계를 가져 왔다. 예수님의 사역 안에는 이것들이 동전의 양면 같이 존재해 왔다.

사실상 세상을 변화시키기 위해서는 먼저 그리스도의 진리, 즉 복음을 전하여 가르쳐 지키게 함으로써 아버지와 성령의 이름으로 세례를 주어야 한다. 세상은 변화된 그리스도인을 통해 변화되어 가는 것이다. 그렇기 때문에 사회에서 소금과 빛의 사명을 감당하기 위해서는 먼저 복음 전도에 힘써야 한다. 그 다음에 사회적인 변화가 함께 간다.

우리는 이런 현실을 역사적인 사건들을 통해 재확인할 수 있다. 18세기 영국에 존 웨슬리가 있었다면, 19세기 미국에는 찰스 피니(Charles Finney)가 있었다. 미국 뉴욕 주 변호사 출신의 복음 전도자

찰스 피니는 19세기 미국 대각성 운동(The Great Awakening)의 주요 지도자 중 한 사람이었다.

그의 설교는 개인의 영혼 구원뿐 아니라 세상을 개혁하는 일에 늘 초점이 맞춰져 있었다. 특별히 피니는 당시 미국의 가장 커다란 사회악이었던 노예제도 폐지에 앞장섰는데, 그리스도께로 돌아선다는 것은 곧 노예 소유로부터 돌아서는 것을 의미했다. 노예제도에 대한 반대가 곧 회심의 열매로 받아들여졌던 것이다. 왜냐하면, 사람을 소유물로 삼는 관행은 하나님의 창조 질서와 법칙에 어긋나는 일이며, 예수 그리스도를 영접하였다면 결코 받아들일 수 없는 극악무도한 제도였기 때문이다.

1830년대와 1840년대에 정점에 이른 대각성 운동은 이처럼 부흥과 노예폐지론을 연결하여 생각했으며, 피니는 복음 전도자로서의 소명과 노예 폐지론자로서의 소명을 분리할 수 없었다.

그에게 있어서 부흥이란 개 교회의 성도수가 늘어나는 것이 아닌, 세상의 모든 영역들이 하나님의 창조 질서와 법칙대로 다스려지는 것, 즉 거룩하고 정의로운 하나님 나라가 이 땅 가운데 이뤄져 가는 것을 의미했기 때문이다.

그는 다음과 같이 설교했다.

"사역자들과 교회가 인권에 관련된 질문에 잘못된 입장을 취할 때 부흥은 지체된다."

피니는 이 점을 특별히 노예제도에 적용하면서 "노예제도에 대한 그리스도인의 침묵은 사실상 그들이 노예제도를 죄로 여기지 않는다고 말하는 것이며, 교회가 이 같은 문제에 대해 분명한 목소리를 내지 않을 때 교회는 위증하는 것이고 하나님의 성령은 교회를 떠난다"고 역설했다.

개인이 예수님을 영접하는 회심의 사건은 정치사회적인 현실을 뒤로 하는 도피적인 사건이 아니다. 오히려 실제적인 현실, 정치사회적인 현실 속으로 뛰어들어가 하나님의 질서를 세워 가는 삶이다.

마치 오순절 마가의 다락방에서 성령을 받은 그리스도인들이 복음에 적대적인 현실 속으로 들어가 로마제국의 변화를 이끌어 냈듯이, 북미 선교사들이 조선 땅으로 들어와 지금과 같은 대한민국의 영적 유산을 만들어 냈듯이, 한 개인의 회심은 역사적 진공 상태에서 이뤄지는 것이 아니라 특정한 상황 속에서 이뤄지기 때문에 반드시 정치적이며, 역사적인 변화를 일으키게 되어 있다.

그 결과, 복음 전도와 사회 참여는 교회사 전체에 걸쳐 동전의 앞뒷면과 같이 아주 밀접한 관계를 맺어 왔다. 존 스토트의 표현을 빌리자면, "사회 참여는 복음주의 기독교의 자식이자 복음 전도의 쌍둥이 자매"다. 사도 바울은 말한다.

> 내가 복음을 부끄러워하지 아니하노니 이 복음은 모든 믿는 자에게 구원을 주시는 하나님의 능력이 됨이라 롬 1:16

복음 안에 사람을 변화시키는 능력이 있다. 복음은 사람들을 변화시키며, 변화된 사람들은 사회를 변화시킨다. 이 점에서 우리는 복음 전도가 사회적 행동보다 더 우선되어야 한다고 선포할 수 있다. 왜냐하면 그리스도인의 사회적 책임은 사회적으로 변화된 그리스도인들을 통해서만 가능하기 때문이다. 그런 사람들을 만들어 내는 것은 오직 복음뿐이기 때문이다.

그리스도인의 무기 3. 모범적인 삶의 모습

1936년 6월 13일 나치 독일 해군함 진수식에 노동자 군중들이 모였다. 그 자리에 참석한 모든 사람들이 나치의 히틀러를 향해 손을 들어 경례하는데 딱 한 사람만이 팔짱을 낀 채 있었다. 그의 이름은 아우구스트 란트메서(August Landmesser)였다. 그가 경례를 할 수 없었던 이유는, 그의 아내가 바로 유대인이었기 때문이다.

아우구스트 혼자 팔짱을 끼고 있는 모습이 찍힌 사진이 많은 사람들에게 감동을 주었다. 이 사진은 〈나치 경례를 거부한 남자〉, 〈팔짱 낀 남자〉라는 제목과 함께 세계적으로 유명해졌다.

한 사람의 모범적인 모습이 얼마나 큰 영향력을 발휘하는지 보여 주는 좋은 사례다. 세상을 변화시키기 위해서 많은 사람이 필요한 것이 아니다. 많은 소금, 많은 빛이 필요한 것이 아니다. 하나님의 진리를 위하여 타협하지 않은 그리스도 한 분이 얼마나 엄청난 영향력을 보이셨는지를 기억하라.

의를 위하여 타협하지 않고 용기 있게 하나님의 진리 앞에 서 있는 한 사람을 바라볼 때 다른 사람들도 그와 같은 길을 따를 수 있는 용기를 부여받게 될 것이다. 한 사람의 모범은 그것을 바라보는 많은 이들에게 전염되게 마련이다. 마치 불이 번져 가듯이.

그래서 기독교 가정 하나가 하나님의 진리대로 아름다운 가정을 이루고 살아갈 때 주변의 많은 이웃에게 선한 영향력을 행사할 수 있다. 학교와 대학과 병원과 직장과 사무실에서 형성된 아름다운 그리스도인 모임 하나가 사회의 흐름을 바꿀 수 있다. 하나님의 진리에 철저하게 헌신된 소수의 진짜 그리스도인들이 세상에 엄청난 영향력을 발휘할 수 있다.

예컨대 나는 이런 경험을 종종 한다. 모두가 신호를 위반할 때 교통규칙을 지키는 차, 그 한 대가 얼마나 많은 영향을 끼치는지 모른다. 얼떨결에 신호를 위반하고 가려고 하다가도 그런 차를 보면 브레이크를 밟고 신호를 기다리게 되는 것이다. 아무도 차선을 양보해 주지 않을 때 깜빡이를 켜고 들어오는 차에 양보해 주는 한 대의 차가 교통체증으로 짜증 나 있는 운전자들에게 선한 영향력을 미칠 수 있다. 또는 어떤 모임에서 모든 사람들이 음담패설을 하며 한 사람을 비방하고 있을 때, 그런 분위기에 휩쓸리지 않는 한 사람을 볼 때 모임의 분위기가 달라질 수 있다.

창세기 18장을 보면 하나님이 소돔과 고모라를 심판하려고 하실 때 아브라함이 간절히 간구하지 않았던가.

아브라함이 또 이르되 주는 노하지 마옵소서 내가 이번만 더 아뢰리이다 거기서 십 명을 찾으시면 어찌 하려 하시나이까 이르시되 하나님이 말씀하셨다. 소돔에 10명이라도 의인이 있다면 심판하지 않고 멸하지 않겠다고 하셨다. 10명의 선한 영향력으로 말미암아 소돔 땅이 변화될 수 있다는 것이다. 심판을 피할 수 있다는 것이다.

사실 아브라함 한 사람의 기도로 말미암아 하나님의 거룩한 영향력이 얼마나 많이 행사되었는가. 한 사람의 기도와 헌신으로 말미암아 세상이 변화한다.

그리스도인의 무기 4. 논쟁

우리가 살아가는 다원주의 사회에서 그리스도의 진리를 전하는 데 있어 피해야 할 두 종류의 모습이 있다. 하나는 강요다. 하나님을 뜨겁게 사랑한 나머지 남에게 강요하는 것이다. 그리스도를 통해 계시된 진리를 너무나 확신한 나머지 법률로 강제하거나 힘으로 그 뜻을 이루려고 하는 태도다. 이것은 십자군식 정신 자세다. 자기들의 대의명분이 너무나 중요하기 때문에 무슨 수단을 써서라도 반드시 이겨야 한다고 생각하는 것이다. 그러나 그것은 성경적인 방법이 아니다.

하나님이 태초에 사람을 창조하실 때 애시당초 선악과를 따 먹지 못하도록 만드셨다면 아무 문제도 일어나지 않았을 것이다. 마치 사람을 새처럼 날 수 없게 창조하신 것처럼 하나님께 불순종할 수 없도록 창조하셨다면 타락도 일어나지 않았을 것이다. 그러나 하나님은 사람을 그렇게 창조하지 않으셨다. 하나님은 사람 안에 하나님의 말씀에 무조건적으로 순종할 수 있는 "순종의 DNA" 대신 순종할 수도 있고 순종하지 않을 수도 있는 "자유 의지"라는 DNA를 넣어 주셨다.

하나님은 모든 인간에게 자신의 뜻에 따라 선택하고 행할 수 있는 자유 의지를 주셨다. 물론 자유의 한계선도 분명하게 설정하셨다. 그러나 자유를 한계 내에서 누리든 선을 넘어서든 그것은 개인의 선택과 자유의 문제다.

그러므로 우리 역시 다른 사람에게 믿음을 강요하거나 하고 싶지 않은 일을 하라고 강요할 수는 없다. 창조주 하나님도 우리에게 선을 강요하지 않으시는데, 우리가 다른 사람에게 강요할 수는 없다.

피해야 할 또 하나의 모습은 자유방임이다. 강요의 반대는 자유방임이다. 포스트모던 시대는 관용과 자유방임을 혼동한다. 모든 세계관은 평등하게 여겨져야 하며, 어떤 관점이든 다른 관점보다 더 권위 있다고 볼 권리는 없다고 말한다. 어떤 사람들과 의견이 다른 것 자체를 관용하지 못하는 편협함으로 여길 정도다.

이와 같은 시대 흐름에 맞춰 그리스도인들조차 사람들을 비기독교적 방식에 내버려 두고 간섭하지 않으려고 하거나 어떤 식으로든 영향을 미치려 애쓰지 않겠다는 자유방임적인 태도를 취한다.

어떤 아이가 죽는 길인지도 모르고 벼랑 끝을 향해 달려가고 있다면, 그 아이의 "달려갈 수 있는 권리"를 위해 그대로 방치해 두 겠는가? 그것이 그를 정말로 위하는 길인가? 하나님이 예수 그리 스도 안에서 진리를 계시했다고 믿는 그리스도인은 그런 입장을 취할 수 없다. 우리는 그와 같은 태도를 관용적인 태도라고 말할 수 없다. 그것은 관용이 아니라 방관이다. 진리를 알고 있는 자들 이 진리를 모르는 자들을 방관하는 것은 죄다.

그러므로 그리스도인이 하나님의 진리를 대적하는 사회 속으로 들어가 하나님의 가르침을 지켜 행할 때 십자군처럼 강요해서도 안 되고, 그렇다고 해서 완전히 방관하거나 방임해도 안 된다.

그렇다면 우리가 취해야 할 적절한 태도는 무엇일까? 바로 논쟁을 통한 설득이다. 이것이 그리스도인이 취해야 할 방식이요 무기다.

우리는 하나님의 복음을, 그리스도의 복음을 전할 때, 사도들이 해왔던 것과 똑같이 성경을 인용하고 철학을 이용하고 세상 학문 들을 이용해서 이성적으로 논쟁하면서 복음을 권하고 설득해야만 한다.

마찬가지로 기독교 윤리에 대해서도 세상 사람들과 논쟁을 통해 설득해야 된다. 기독교 윤리가 가지고 있는 유익함에 대해서 이성 적으로 세상 사람들과 논쟁하면서 권하고 설득해 나가야 한다.

우리는 하나님의 진리가 그 자체로 선하고 보편적으로 적용되는 것을 믿는다. 하나님이 우리에게 율법을 주신 것은 우리를 고통스 럽게 하거나 자유를 억압하려는 것이 아니라 우리를 위함이다.

내가 오늘 네 행복을 위하여 네게 명하는 여호와의 명령과 규례를
지킬 것이 아니냐 신 10:13

하나님이 주신 삶의 진리, 질서와 법칙이 때로는 우리의 자유를
제한하고 억압하는 것처럼 느껴짐에도 불구하고, 사실 우리를 위
한 말씀이라는 것을 이해해야 한다. 세상은 하나님의 절대적인 삶
의 기준과 윤리 도덕적 질서가 다스리고 있기 때문에 그 진리를
거부한다고 거부할 수 있는 것이 아니다.

하나님이 우리에게 허락하신 삶의 질서와 법칙을 거부할 때 다
친다. 그래서 하나님의 진리에 순종하는 것이 복이다. 축복이라는
것이다. 그러므로 하나님의 진리는 기독교인들에게만 적용되는
것이 아닌 인류보편적인 진리임을 확신을 가지고 말해야 한다. 세
상 사람들 모두가 하나님의 말씀을 통해 계시된 기독교적 윤리를
따르는 것이 살 길임을 명확하게 알 수 있도록 논쟁을 통해 설득
해야 한다.

그리스도인들은 적극적으로 TV토론에 참여해야 한다. 방송, 인
터뷰에도 응해야 한다. 글이나 신문의 기고를 통해, 책을 통해 성
경적 진리를 세상 가운데 끊임없이 선포하고 유통시키고 논쟁하
며 설득해야 한다.

예수님을 보라. 예수님은 선포만 하고 도망가시지 않았다. 일대
일로 붙어서 바리새인들과 논쟁하셨다. 그래서 바리새인들이 가
지고 있는 논점의 허점을 공격하셨고, 그들의 세계관이 얼마나 모

순된 것인지 깨우쳐 주셨다. 바리새인들은 늘 백전백패했다. 그래서 화가 나서 예수님을 죽이려고 했던 것이 아닌가.

사도 바울도 마찬가지다. 틈만 나면 논쟁했다. 그는 합리적인 이성을 통해 그리스도의 진리를 설득하고자 했다.

이것이 우리가 취해야 할 무기다. 논쟁을 통해 설득해야 한다. 이때 필요한 것이 있다. 바로 세상 언어의 개발이다.

낸시 피어시의 《완전한 진리》 서문에서 강영안 박사는 이렇게 말했다.

"우리 모든 그리스도인들은 이중언어를 개발해야 한다. 세상 사람들과 어떠한 문제를 두고 이야기할 때는 그들이 알아들을 수 있는 언어로 이야기할 수 있는 훈련이 되어 있어야 한다.

예컨대 세상의 영역이라고 생각하는, 정치나 경제, 사회나 문화를 두고 믿지 않는 사람들과 토론할 때 우리는 곧장 성경을 가지고 사람들을 설득시킬 수가 없다. 성경을 통해 형성된 신앙과 지식이 참된 것이라면 그것을 세상의 언어로 번역하여 설득시키려고 노력해야 한다. 이런 능력을 키우는 일에 교회나 신학교나 그곳에 종사하는 사람들이 거의 무관심했다."

세상 속으로 들어가 하나님의 거룩한 진리를 사람들에게 가르쳐 지키게 하기 위해서는 논쟁을 통해 설득해야 하는데, 반드시 성경적 진리를 세상 언어로 번역해서 설명할 수 있어야 한다. 즉 이중언어의 능력을 갖추어야 한다.

성경적인 언어, 믿음의 언어, 영적인 언어를 세상 사람들이 알아들을 수 있는 언어로 끊임없이 번역하고 바꾸어 나가는 작업을 해야 한다. 성경을 통하여 계시된 진리를 정치, 경제, 사회, 문화, 예술 등 각 영역에서 통용되는 세상 언어로 번역하여 사용할 수 있어야 한다.

이중언어를 구사하기 위해서는 첫째, 자신이 속한 영역의 언어를 구사할 줄 알아야 한다. 바꿔 말해서 전문성을 갖춰야 한다는 뜻이다. 법학이면 법학 분야, 교육이면 교육 분야, 육아면 육아 분야, 경영이면 경영 분야에서 세상 사람들에게 설명할 수 있는 이중언어를 갖춰 가야 한다.

둘째, 전문성과 더불어 성경적 진리로 무장되어야 한다. 성경적 진리를 자신의 전문적 언어로 번역해서 구사할 수 있어야 된다는 것이다.

존 스토트 박사는 "두 종류의 변증학이 필요하다"고 말했다. 오늘날 하나님의 진리를 수호하고 하나님을 변호하는 변호사가 되기 위해서는 교리적 변증학과 기독교 윤리의 선함을 입증하고 설득할 수 있는 윤리적 변증학, 두 가지가 필요하다.

예를 들어, 윤리적 변증학은 이런 것이다. 미국 덴버대학교(Denver University) 갈레나 로데스(Galena K. Rhoads) 교수와 스콧 스탠리(Scott M. Stanley) 교수 연구팀이 2007~2008년에 미국의 미혼 성인 남녀 1,000명을 대상으로 5년 이상 추적 조사한 결과에 따르면, 결혼 전에 동거하거나 연애 경험이 많은 사람일수록 그렇지 않은 사람들보다 결혼 생활에 더 만족하지 못하는 것으로 나타났다고 한다.

연구 결과에 따르면, 혼전 성관계를 가진 사람들의 평균 파트너 수가 5명이었고, 결혼한 배우자하고만 성관계를 가진 커플은 그렇지 않은 커플에 비해 결혼 만족도가 더 높은 것으로 나타났다. 성 경험이나 연애 경험이 많을수록 과거 연애 상대를 현재 파트너와 비교하게 되기 때문으로 분석되었다. 또 연애 경험이 많은 사람일수록 현재 배우자에게 헌신하는 경향이 낮고, 상대와의 관계에 적극성이 떨어진다고 연구팀은 지적했다.

스탠리 교수는 연구 결과를 토대로 결혼을 준비하는 미혼 청년들에게 다음과 같이 충고했다.

"결혼 전 두 사람의 행동이 미래의 행복한 결혼 생활의 기초가 된다는 것을 기억하십시오."

동성애도 마찬가지다. 동성애자들이나 타락한 성 윤리에 젖어 있는 비기독교인들과 대화할 때에 성경의 내용, 즉 "동성애자들은 지옥에 간다"든지 "간음하지 말라"든지 "로마서 말씀에 동성애는 죄라고 언급되어 있다"든지 하는 직접적인 메시지는 쓰지 않는 것이 좋다. 그것보다는 기독교적 진리가 녹아 있는 객관적 데이터나 통계 자료들을 통해 누구나 이해할 수 있고 납득할 수 있는 세상 언어로 풀어서 대화하는 편이 더 설득력 있고 더 큰 영향력을 발휘할 수 있다.

그리스도인의 무기 5. 행동

세상의 소금과 빛으로 이 세상을 변화시켜 나가기 위해서는 기도하고 전도하고, 예배하는 영적인 행동도 매우 중요하지만 사회적 행동 역시 간과해서는 안 된다.

예를 들면, 동성결혼 합법화를 반대하는 1인 시위, 건전한 성 윤리를 파괴하는 제도와 정책에 반대하는 대중 집회, 서명 운동, 항의 전화, 인터넷 여론에 댓글 달기, 동성결혼 합법화나 차별금지법안과 같은 법안이 입안되었을 때 해당 정부 부처 게시판이나 국회 게시판에 반대의 목소리를 적극적으로 내는 것 등은 너무나 중요하다.

실제로 그러한 노력들을 통해 차별금지 법안이나 생활동반자법과 같은 법안들을 막아 왔다. 가장 중요한 사회적 행동은 바로 투표다. 투표를 통해 우리의 신념을 보여 줘야 한다.

이런 행동들을 통해 세상에 거룩한 영향력을 발휘할 수 있다.

그리스도인의 무기 6. 고난

고난은 진정성에 대한 하나의 시험이다. 복음전도와 사회적 행동은 희생이 따르는 행위다. 그리스도의 복음과 그분의 도덕적 기준들은 인기가 없기 때문이다. 세상의 공격과 비난을 감수해야만 한다.

일제강점기 말엽에 손양원 목사님이 신사참배 거부로 구속되었을 때 감옥에 있던 간수 중에 바깥소식을 전해 주는 사람이 있었다.

"오늘 손 목사님이 다른 감옥으로 이감되시는데 사모님이 역전에 나오십니다."

그날 손 목사님이 용수를 쓰고 역전으로 나가는데 멀리 서 있던 부인이 게다(일본 슬리퍼)를 신고 행주치마를 입고 와서 성경책 한 권을 내밀면서 "죽도록 충성하라 그리하면 내가 생명의 관을 네게 주리라"(계 2:10) 하면서 성구를 읽어 주니 손 목사님이 아멘 하고 소리를 질렀다고 한다.

주기철 목사님도 신사참배 거부로 옥중에 끌려가서 고문을 받았다. 일본 경찰이 뜨거운 물을 코에 부었다. 펜치로 손톱, 발톱을 다 뽑았다. 꼬챙이로 손톱 밑을 찌르면서 항복하라고 했다. 그래도 안 되니까 고문 형사가 들어오더니 긴 널판에 대못을 박아 놓고 맨발로 걸으라고 했다.

왜 그런 고초를 감당했을까?

"나 외에는 다른 신이 없다!"

이 말씀 한 구절에 자신의 모든 것을 다 던져 버렸기 때문이다. 죽도록 충성하면 생명의 면류관을 얻게 될 것이라는 하나님의 약속에 자신의 생명을 던져 버렸기 때문이다. 이와 같은 믿음의 순종이 세상 역사를 바꿔 간다.

순교자의 정신이 회복되어야 한다. 하나님을 대적하는 세상에서 살아가는 우리들 역시 십자가를 지고 예수님을 따를 각오를 해야 한다.

예수님을 따르는 이유는 그리스도의 진리로 세상의 가르침과 흐름에 맞서는 소금과 빛의 사명을 감당하기 위함이다. 세상으로부터 욕을 먹고 핍박을 받을 수밖에 없는 운명임을 알자. 복음의 실체이신 그리스도가 십자가에서 죽으셨다면, 복음을 믿고 따르는 이들 역시 십자가의 길이 운명임을 이해해야 한다.

사도 바울은 끊임없는 공격과 박해를 받았지만, 그럴수록 더 강력하게, 더 영향력 있게 하나님의 진리를 변호했다. 그의 안에 주체할 수 없는 확신과 기쁨, 평안과 능력이 흘러나오고 있었기 때문이다.

하나님의 진리 때문에 핍박을 받고 공격을 받는 그리스도인들과 교회는 더 강력하게 성장할 것이다. 반면에 공격을 피하기 위해서 진리를 타협하거나 안전을 추구하는 교회는 반드시 점진적으로 쇠퇴하게 되어 있다.

세계관 전쟁의
승리는 확정되었다

2010년 7월, 전임 목회자로 사역하다가 많은 기도와 고민 끝에 사임하고 미국 변호사 시험에 도전하기 위해 가족과 함께 유학길에 올랐다. 사실 그런 결정을 내리기까지 얼마나 많은 갈등과 고민이 있었는지 모른다. 하나님의 분명한 인도하심이 있었음에도 불구하고 끊임없이 하나님께 질문을 드렸다.

"하나님, 왜 제가 꼭 변호사가 되어야만 합니까? 세상에 유능한 변호사들이 얼마나 많은데, 왜 저까지 변호사가 되어야 하나요? 저는 교회를 떠나고 싶지 않습니다. 변호사 시험에 합격한다는 보장이라도 있으면 가겠습니다만 그런 보장도 없이 가족을 이끌고 유학길에 오른다는 것은 너무 지나친 모험입니다. 피할 수만 있다면 피하게 도와주십시오. 제가 변호사가 되어야 하는 이유를 더욱 명확하게 깨우쳐 주십시오."

밤마다 기도했다. 정말 피할 수만 있다면 피하고 싶었다. 내 안에 있었던 고민은 사실 믿음의 부족으로부터 오는 현실적인 고민이었다.

변호사가 되어야 하는 이유는 분명했다. 세상 속으로 들어가기 위해서다. 하나님의 창조 질서를 파괴하고 하나님의 이름을 욕되게 하는 세상 속으로 들어가서 하나님의 진리를 수호하고 변호하는 하나님의 변호사가 되고 싶었다.

저마다 하나님의 변호사가 될 수 있는 길이 있다. 어떤 이에게는 그것이 예술일 수 있다. 음란함으로 아름다움이 파괴되는 세상에 성령의 영감을 받은 예술 행동을 통해 하나님의 진정한 아름다움을 변호할 수 있는 일을 누군가는 감당해야 한다. 하나님의 창조 질서가 파괴되어 가는 세상에서 하나님의 정의, 하나님의 진리를 변호하는 일을 누군가는 감당해야만 한다.

어떤 사람은 예술로, 또 어떤 사람은 비즈니스로, 어떤 사람은 법으로 각자 모양과 방법은 다르지만 각자 하나님의 변호사가 되어야 한다.

목사 같은 변호사로 때로는 변호사 같은 목사로 하나님의 창조 질서를 하나님의 이름을 변호해 드리고 싶었다. 결국 미국에서 변호사 시험에 무사히 합격하고 2012년 1월 다시 한국으로 돌아왔다.

주중에는 법무법인에서 변호사로 활동하며, 주일에는 온누리교회에서 파트타임 사역자로 목회 일을 병행했다. 그렇게 변호사로서 또 목사로서 일을 하기 시작한 지 몇 개월이 지났을 무렵 마치 외국에 온 것처럼 세상 모든 것이 생소하게 느껴졌다. 만난 사람들의 삶의 방식과 가치관과 세계관, 이 모든 것들이 목회할 때 경험했던 익숙한 환경과는 너무나 달랐다. 다시 교회로 돌아가고 싶었다. 전임 목회자로 돌아가고 싶었다.

그렇게 고민하던 어느 날 맹장이 터져 버렸다. 수술 후 며칠은 너무 불편했다. 하루라도 빨리 퇴원하고 싶어서 안달이 났다.

하루이틀 지나가다 보니 병원 생활에 익숙해지기 시작했고 급기야 퇴원을 최대한 연기하고 싶은 유혹까지 받았다. 아침에 일어나서 밥 먹고 아내와 산책하다 점심 먹고 낮잠 자다가 일어나 저녁 먹고 그러다 말씀 보고 잠자리에 드니 얼마나 행복했겠는가. 그렇게 병원 생활을 즐기던 어느 날 아침, 큐티 말씀을 읽고 묵상에 잠겼다.

하나님이 노아에게 말씀하여 이르시되 너는 네 아내와 네 아들들과 네 며느리들과 함께 방주에서 나오고 너와 함께 한 모든 혈육 있는 생물 곧 새와 가축과 땅에 기는 모든 것을 다 이끌어내라 이것들이 땅에서 생육하고 땅에서 번성하리라 하시매 창 8:15-17

읽는 순간 내 자신이 노아가 되었다. 얼마나 방주를 떠나기 싫었을까 생각해 봤다. 방주를 떠나 세상 속으로 들어가라는 명령이 얼마나 부담스러웠을까. 방주는 살 만한 곳이 못 되는데, 밀폐된 공간에 갇혀 있는 것만으로도 부대끼고 힘들 텐데, 온갖 동물들과 함께 갇혀 있었으니 답답하고 괴로웠을 텐데….

그러나 바깥세상보다는 상대적으로 괜찮았을 것이다. 하나님의 심판으로 세상 모든 생명체들이 익사를 당했다. 익사한 시체와 동물 사체들이 이곳저곳에 널브러져 있었을 것이다. 보기 흉측한 것은 말할 것도 없고, 아마 썩은 냄새가 온 세상에 진동했을 것이다.

하나님이 노아에게 나오라고 명령하신 세상은 바로 그런 세상이었다. 그러니까 방주 밖으로 나오라는 명령은 노아에게 공포스럽게 느껴졌을 가능성이 매우 크다. 그대로 안주하고 싶었을 수도 있다.

하나님은 그와 같은 상황을 뻔히 아시고도 노아에게 "방주에서 나와 세상 속으로 들어가라"고 명령하셨다.

> 하나님이 노아와 그 아들들에게 복을 주시며 그들에게 이르시되 생육하고 번성하여 땅에 충만하라 창 9:1

죽음의 냄새가 가득한 세상 속으로 들어가 생명의 냄새를 회복하라는 명령이었다. 그리고 이것은 곧 나를 향한 명령이기도 했다.

그리스도인은 세상 속으로 들어가야만 한다. 우리가 모이는 이유는 나아가기 위함이다. 세상으로 나아가 세상을 섬기고 세상을 회복하는 일에 온전히 헌신해야만 한다.

이유는 단 하나다.

> 하나님이 세상을 이처럼 사랑하사 독생자를 주셨으니 이는 그를 믿는 자마다 멸망하지 않고 영생을 얻게 하려 하심이라 요 3:16

예수님은 하늘 보좌를 떠나 낮고 낮은 인간의 모습으로 이 땅에 오셨다. 세상에서 부귀영화를 누리기 위함이 아니었다. 자신을 아낌없이 내주실 만큼 세상을 사랑하셨기 때문이다.

하나님이 독생자를 아낌없이 내 주실 만큼 이 세상을 사랑하셨기 때문에 세상을 구원하길 원하셨다. 그것이 바로 하나님이 인간의 옷을 입고 이 세상 속으로 들어오신 이유다. 그러므로 세상을 사랑하지 않는 복음은 진정한 복음이 아니다. 세상을 구원하지 않는 복음도 마찬가지다. 우리가 진심으로 세상을 사랑한다면 세상을 구원하는 일에 온전히 헌신해야 한다. 이것이 예수님이 이 땅에 오신 이유요, 또한 우리가 이 세상에서 살아가는 이유다.

세상을 구원한다는 것은 말 그대로 온 세상을 구원하는 것이다. 개인의 삶 속에서 사탄의 통치가 떠나가고 하나님의 통치가 회복되는 것을 의미한다. 깨어진 가정 가운데 역사하고 있던 사탄의 통치가 떠나가고, 하나님의 통치가 회복되는 것을 의미한다. 폭력과 음란으로 얼룩진 학교에서 역사하고 있는 사탄의 통치가 떠나가고 하나님의 통치가 학교 안에 회복되는 것을 의미한다. 부패와 거짓으로 얼룩진 정치 안에 사탄의 통치가 떠나가고 하나님의 통치가 회복되는 것, 이것이 바로 구원이 의미하는 바다.

한국 교회의 위기

오늘날 많은 사람들이 한국 교회의 위기를 말한다. 미래학자 최윤식 박사는 《2020-2040 한국교회 미래지도》에서 "앞으로 10년은 한국 교회에게 있어서 매우 중요한 시기가 될 것"이라고 예측했다. 그러면서 "지금의 위기를 제대로 극복하지 못한다면 한국 교회는 기독교 역사상 가장 빠르게 몰락할 것"이라고 경고했다.

그에 따르면, 한국 교회는 일단 양적으로 쇠퇴하고 있다. 2005년 정부가 시행한 인구주택조사 결과를 분석해 보면 기독교인 수는 대략 870만 명(18.7%) 정도다. 이 가운데 자신을 기독교인이라고 응답한 150만~250만 명 정도의 이단을 감안하면 기독교인의 숫자는 2005년 기준으로 620~720만 명에 불과하다.

최 박사는 만일 한국 교회가 갱신하지 않고 이대로 가게 되면 2050~2060년경에는 기독교인의 숫자가 300만 명대로 줄어들 것이며, 주일학교는 30~40만 명대로 줄어들 것이라고 경고했다.

한국 교회의 양적인 쇠퇴보다 더 심각한 것은 질적 쇠퇴다. 2013년 기독교윤리실천운동의 한국 교회 신뢰도 여론조사 결과에 따르면, 한국 개신교에 대해 "신뢰한다"는 응답 비율은 19.4%에 불과한 반면, "신뢰하지 않는다"는 44.6%나 되었다. 가장 신뢰하는 종교 기관에 대한 물음에 있어서는 가톨릭(29.2%), 불교(28%), 개신교(21.3%) 순으로 나타나고 있어 개신교가 비교적 신뢰받지 못하는 종교임이 드러났다. 한국 교회에 대한 이러한 낮은 신뢰도가 한국 기독교의 정체 혹은 쇠퇴의 결정적인 요인이라고 볼 수 있을 것이다.

이것은 사실 교회 자체의 위기일 뿐 아니라 가정의 위기, 학교의 위기, 정치와 경제의 위기를 의미한다. 한마디로, 한국 교회의 위기는 "한국 사회의 총체적인 위기"를 의미한다. 왜냐하면 교회는 이 세상의 "소금과 빛"이기 때문이다. 소금이 짠 맛을 잃어버리면 세상이 부패해질 수밖에 없고, 빛이 빛을 잃어버리면 세상이 더욱 어두워지는 것은 너무나 당연한 이치다.

예컨대 썩은 고기를 탓하는 것은 아무 의미가 없다. 박테리아가 번식하도록 내버려 두면 저절로 그렇게 되는 법이다. 문제는 소금이 어디에 있는가다. 집 안이 어둡다고 밤을 탓하는 것은 아무 의미가 없다. 해가 지면 집이 어두워지는 것은 당연한 이치다.

마찬가지로 사회가 부패해 갈 때 사회를 탓하는 것은 아무 의미가 없다. 그대로 방치하면 저절로 그렇게 될 수밖에 없다. 문제는 세상의 소금과 빛인 교회가 어디에 있는가다. 결국 사회가 부패해

간다면 그것은 바로 우리의 책임인 것이다.

그러므로 세상의 회복은 궁극적으로 정치의 회복에 달린 것도 아니요, 경제의 회복에 달린 것도 아니다. 오직 교회의 회복에 달려 있다. 그리스도인은 세상의 정치와 경제의 회복을 위해서 힘써야겠지만, 그보다 먼저 교회의 회복을 위해 힘을 쏟아야 한다. 오직 교회의 회복만이 위기 가운데 있는 세상을 구원할 것이기 때문이다.

거룩한 두려움만이 세상을 바꿀 수 있다

존 비비어(John Bevere)가 쓴 《GOOD OR GOD? 무엇이 선인가》에 교도소에 수감된 어느 유명 부흥사 이야기가 나온다. 그는 1980년대 미국에서 가장 유명한 부흥사였는데 간통죄를 포함한 많은 죄목으로 교도소에 수감되었다. 존 비비어는 그토록 열정적으로 하나님을 사랑하고 섬기던 사람이 어쩌다 그렇게 심각한 범죄를 저지르게 되었는지 무척 혼란스럽고 궁금했다.

존 비비어가 물었다.

"당신은 어느 시점에서 예수님에 대한 사랑을 잃어버렸나요? 어쩌다가 하나님을 향한 열정을 잃고 죄를 짓게 되었습니까?"

그러자 그가 단호한 목소리로 대답했다.

"그런 적 없어요."

존 비비어는 그의 뻔뻔함에 깜짝 놀랐다.

나도 이와 비슷한 경험을 한 적이 있다. 일본에서 어느 교회를 방문했을 때의 일이다. 매일 새벽마다 기도하며 열정적으로 교회를 섬기는 한 자매가 유부남과 연애 중이라는 이야기를 들은 것이다. 나는 혼란스러웠다. 존 비비어 역시 그랬을 것이다.

그가 다시 부흥사에게 질문했다.

"그게 무슨 말입니까? 당신은 간통죄뿐 아니라 사기죄도 저질렀어요. 그래서 감옥에 수감되어 있지 않습니까? 어떻게 예수님에 대한 사랑을 잃지 않았다고 말할 수 있죠?"

이번에도 그는 망설임 없이 대답했다.

"존, 나는 죄를 저지르는 동안에도 늘 예수님을 사랑했습니다. 나는 정말 예수님을 사랑했어요. 하지만 그분을 두려워하지는 않았습니다."

매 주일 빠짐없이 예배를 드리고 열정적으로 교회를 섬기면서도 세상에서 사기를 치고 음란물에 빠져 살 수 있었던 이유, 간통죄를 저지르는 가운데서도 하나님에 대한 사랑을 고백할 수 있었던 이유, 그 이유는 하나님에 대한 사랑이 식어서가 아니라 하나님에 대한 '두려움'을 잃어버렸기 때문이었다.

우리는 종종 하나님이 전지전능하시고 무소부재하신 분이라는 사실을 망각한다. 매 순간 하나님 앞에 서 있는 존재임을 잊는다.

둘째 딸이 어렸을 때 사탕을 무척 좋아했다. 어느 날 선물로 받은 사탕을 집에 가져갔더니 아이들이 보고 아주 난리가 났다. 한꺼번에 다 먹으면 이가 썩고 배탈이 날 테니 그만 먹으라고 주의를 주었다. 잠시 자리를 비웠다가 돌아와 보니 루희가 사탕을 한 움큼 쥐고 테이블 밑에 들어가 자기 눈을 가린 채 까먹고 있는 것이었다. 이게 바로 우리 모습이다.

자기 눈에 안 보이면 남의 눈에도 안 보이는 줄 안다. 은밀한 죄는 아무도 모를 줄 안다. 그러나 흔한 착각에 불과하다. 사실 크고 작은 죄는 이와 같은 착각에서부터 비롯된다. 아무도 모르게 하면 정말 아무도 모를 것이라는 착각이 죄를 지을 수 있는 대범함을 만들어 낸다.

다윗이 그랬다. 하나님을 업신여기는 마음이 들어오자 자신을 바라보시는 하나님의 시선을 망각했다. 홀로 있는 왕궁 안에 정말 자기 혼자만 있는 줄 알았다. 밧세바를 몰래 데려와 범할 때도, 우리아를 몰래 죽일 때도 그는 아무도 보지 않는 줄로 믿었다. 그러나 그 순간에도 하나님은 다윗을 보고 계셨다. 그 앞에 서 계셨다. 하나님을 업신여기는 마음 때문에 하나님을 망각하고 있었을 뿐이다.

> 어찌하여 네가 여호와의 말씀을 업신여기고 나 보기에 악을 행하였느냐 삼하 12:9

오늘날 그리스도인임에도 불구하고 외도를 하고 사기를 치며 폭력과 탐욕에 사로잡혀 살아가는 것은 그의 마음 속에 하나님을 업신여기는 마음이 있기 때문이다. 자신을 바라보고 계시는 하나님의 시선을 망각했기 때문이다. 그러니 성경을 들고 다니면서도 정작 성경을 따라가지는 않고, 또 하나님을 사랑한다고 말하면서도 정작 하나님이 싫어하시는 악을 떠나지는 못한다.

이 시대는 하나님을 두려워하지 않는다. 그래서 교회를 조롱하고 말씀을 하찮게 여긴다. 옳고 그름에 대한 분별력을 상실한 것도 하나님에 대한 경외감을 상실한 탓이다.

그리스도인의 거룩을 회복하기 위해서는 하나님에 대한 두려움을 회복해야 한다.

> 그러므로 나의 사랑하는 자들아 너희가 나 있을 때뿐 아니라 더욱
> 지금 나 없을 때에도 항상 복종하여 두렵고 떨림으로 너희 구원을
> 이루라 빌 2:12

경외감으로 가득했던 초대교회는 당시 최강 문화를 자랑했던 로마제국을 변화시킬 수 있었다. 마틴 루터(Martin Luther)는 중세 시대 막강한 권력을 가지고 있던 교회보다 하나님을 더 두려워했기에 "오직 성경"을 외치며 타락한 교회 문화를 변화시킬 수 있었다.

구원을 이뤄 가는 삶, 거룩함이 성장하는 삶의 원동력은 바로 하나님을 향한 경외감(Fear of the Lord)에 있다. 거룩한 성품은 하나님을 두려워하는 가운데 자라난다. 하나님을 경외하는 자만이 이 세대를 본받지 않고 하나님의 선하신 뜻과 기뻐하시는 뜻을 분별하며 소금 맛을 낼 수가 있다. 거룩한 두려움으로 가득한 교회만이 세상을 바꿀 수 있다.

세상과 맞서라

동성애 문제가 심각한 이유는 동성애가 담고 있는 인본주의 세계관 때문이다. 결국 동성애의 정상화와 동성결혼의 합법화는 그와 같은 세계관을 우리 자녀와 가정, 학교와 사회 안에 뿌리내리게 할 것이다.

찰스 콜슨이 말했다.

"문화 전쟁은 낙태, 동성애자의 인권이나 공교육의 쇠퇴에 관한 것이 아니다. 이것들은 국지전에 불과하다. 진짜 전쟁은 기독교 세계관과 이에 대항하고 있는 여러 가지 세속적 세계관 사이의 우주적인 갈등이다. 오늘날 세계에 복음을 효과적으로 전하고, 또 이 세상이 창조주의 지혜를 반영할 수 있도록 변화시키고자 한다면 우리는 이것을 잘 이해하지 않으면 안 된다."

동성애 문제로 표출되고 있는 인류의 정신과 마음을 사로잡기 위한 거대한 투쟁에서 한국 교회는 절대로 중립을 지켜서는 안 된다.

엘리야는 갈멜산에서 바알과 아세라 선지자들을 대면했을 때 중립을 지키지 않았다(열상 18장). 예수 그리스도는 헤르몬산에서 사탄과 겨루셨을 때 중립을 지키지 않으셨다(마16-17장). 바울은 마르스산에서 세속적 인본주의자들과 뉴에이지 신봉자인 스토아학

파와 에피쿠로스학파와 맞섰을 때 중립을 지키지 않았다(행 17장).

이방인의 사도인 바울은 상대의 가치 체계를 분명히 이해했고, 상대의 연약함을 입증하면서 그들에 맞섰다(고후 10:5). 바울은 예수 그리스도의 부활, 하늘과 땅의 창조, 도래할 심판을 언급하며 인본주의자들에 맞섰다. 하나님의 지혜와 지식을 파괴하는 세력에 대하여 엘리야처럼, 예수님처럼, 바울처럼 맞서야 한다.

가톨릭의 미사(missa)는 오래전 라틴어로 예배드릴 때 예전(禮典)의 마지막 문장 "이테 미사 에스트"(Ite missa est)에서 나온 말이라고 한다. 번역하면 "이제 여러분은 해산하십시오"라고 할 수 있다. 투박하게는 "나가시오"다.

하나님이 만드셨고 하나님을 닮은 존재들이 사는 세상, 그리스도가 오셨고 이제 그리스도가 우리를 보내시는 그 세상 속으로 우리는 해산하여 나아가야 한다.

교회가 승리할 수밖에 없다. 승리는 확정된 것이다. 담대하게 전쟁에 임하라.

세상은 우리가 살고 사랑하고, 증거하고 섬기며, 그리스도를 위해 고난 받고 죽어야 하는 곳이다. 우리 모두 세상 속으로 들어가자. 그리고 사명을 감당하자. 이것이 우리가 살아가는 이유요 교회가 존재하는 이유다.

예수께서 나아와 말씀하여 이르시되 하늘과 땅의 모든 권세를 내게 주셨으니 그러므로 너희는 가서 모든 민족을 제자로 삼아 아버지와 아들과 성령의 이름으로 세례를 베풀고 내가 너희에게 분부한 모든 것을 가르쳐 지키게 하라 볼지어다 내가 세상 끝날까지 너희와 항상 함께 있으리라 하시니라 마 28:18-20

참고문헌

Chapter 1 세상은 세계관 전쟁 중이다

- John Stott, 김명희 역,《제자도》, 한국기독학생회출판부, 2010, 21쪽.
- Helmut Thielicke, 윤종석 역,《현실과 믿음 사이》, 두란노서원, 2015, 75쪽.
- 온라인뉴스팀, 〈"이러다 성경이 국어사전 될라…" 국립국어원에 비판 봇물〉, 한겨레, 2014년 3월 31일. http://www.hani.co.kr/arti/culture/culture_general/630567.html
- 남윤선, 〈거세지는 '동성결혼' 합법화 요구 물결 왜? 선거에 도움 되는데… 오바마도 '지지' 선언으로 재선에 성공〉, 한국경제, 2013년 3월 1일. http://www.hankyung.com/news/app/newsview.php?aid=2013030163741

Chapter 2 기독교 세계관 vs 인본주의 세계관

- 최인철,《프레임》, 21세기북스, 2011.
- Immanuel Kant, 김상현 역,《판단력 비판》, 책세상, 2005.
- James W. Sire, 김헌수 역,《기독교 세계관과 현대사상》, 한국기독학생회 출판부, 2007.
- Charles Colson, 정영만 역,《그리스도인 이제 어떻게 살 것인가?》, 요단

출판사, 2002.

- Samuel Huntington, 이희재 역,《문명의 충돌》, 김영사, 1997.

- Friedrich Nietzsche, 권영숙 역,《즐거운 지식》, 청하, 1989.

- 〈"동성결혼도 가능한데 일부다처제는 왜 안 돼?" 법원에 신청〉, 기독일
  보, 2015년 7월 3일. http://kr.christianitydaily.com/

Chapter 3 세계관 전쟁 1_충돌하는 인권 개념

- 〈학습자료 1〉,《중고등학생을 위한 인권교육 교수 학습 과정안》, 강원도
  교육연구원, 2013, 118쪽.

- 〈학습자료 2〉, 위의 책, 119~120쪽.

- 〈학습 활동 : 성소수자 바로 이해하기〉, 위의 책, 121쪽.

- 동성애문제대책위원회, 〈초중교 교과서의 동성애 옹호 및 조장내용 목
  록〉, 동성애조장 교과서 목록 및 세부내용 모음집, 2015년 9월 22일.
  http://www.cchp.kr/inopds/bbs_read.php?code=pds01&nbd=pds01&uid
  =24&page=1&start=0&thread=8&no=8&field=&key=&mode=&login_
  mode=&list_count=&dbcal=no&lng=kor

Chapter 4 세계관 전쟁 2_인본주의 세계관의 열매

- 전지은 글, 이혜조 그림,《Why? 사춘기와 성》, Why? 초등과학학습만화,
  예림당, 2008.

- Justin Richardson & Peter Parnell, 강이경 역,《사랑해 너무나 너무나》, 담푸스, 2012.
- 그레이스 임, 〈뉴욕 타임스퀘어에 바알의 신전이!〉, 크리스천투데이, 2016년 3월 30일. http://christiantoday.us/sub_read.html?uid=23706&section=sc73&section2=
- Kanishk Tharoor, 〈Life among the ruins〉, The NewYork Times, 2016. 3. 19. http://www.nytimes.com/2016/03/20/opinion/sunday/life-among-the-ruins.html

Chapter 5 문화 전쟁 1_세계관이 문화를 바꾼다

- 문창극,《문창극의 역사 읽기》, 기파랑, 2015.
- Niall Ferguson, 구세희, 김정희 공역,《니얼 퍼거슨의 시빌라이제이션》, 21세기북스, 2011.

Chapter 6 문화 전쟁 2_동성애에 대해 침묵하는 이유

- 백상현,《동성애 is》, 미래사, 2015.
- 길원평, 도명술, 이명진, 이세일, 임완기, 정병갑 공저,《동성애 과연 타고나는 것일까》, 라온누리, 2014.
- 〈한국의 동성애자 비율〉, 위의 책, 29~30쪽.
- Briar Whitehead, 이혜진 역,《나는 사랑받고 싶다》, 웰스프링, 2007,

162~163쪽.

- 위의 책, 158쪽.

- Francis S. MacNutt, 문금숙 역,《동성애 치유될 수 있는가?》, 순전한나드, 2006, 35쪽.

- 민성길, 〈동성혼의 정신의학적 문제〉, 동성혼과 한국 교회의 과제 2차 학술발표, 2016. 5~6쪽.

- 이훈재, 〈국가 에이즈 관리 사업 평가 및 전략 개발〉, 질병관리본부, 2014, 9~10쪽.

- 이용희, 〈세계 동성애 추세와 대응 전략〉, 통일한국과 동성애 세미나, 2015, 15쪽.

- 〈동성애와 차별금지법의 폐해와 문제점〉, 성과학연구협회, 2014, 9쪽.

- 질병관리본부, 〈언론과 미디어를 위한 HIV/AIDS 길라잡이〉, 질병관리본부, 2010, 14~16쪽.

- 질병관리본부, 〈2010 HIVAIDS 통계연보〉, 질병관리본부, 2014, 14~16쪽.

- Alfred C. Kinsey, Wardell B. Pomeroy, Clyde E. Martin, Paul H. Gebhard, 《Sexual Behavior in the Human Male》(1st edition), W. B. Saunders, 1948.

- Alfred C. Kinsey, Wardell B. Pomeroy, Clyde E. Martin, Paul H. Gebhard, 《Sexual Behavior in the Human Female》(1st edition), W. B. Saunders, 1953.

- Hughes TL, Haas AP, Razzano L, Cassidy R, Matthews, 〈Comparing lesbians' and heterosexual women's mental health: A multi-site survey〉, 《Journal of Gay & Lesbian Social Services》, Taylor & Francis Group, 11(1), 2000, p57.

- Saewyc EM1, Skay CL, Pettingell SL, Reis EA, Bearinger L, Resnick M, Murphy A, Combs L., 〈Hazards of stigma: The sexual and physical abuse of gay, lesbian, and bisexual adolescents in the United States and Canada〉, Child Welfare, 85(2), 2006, p195.

- Roberts, A. L., S. B. Austin, H. L. Corliss, A. K. Vandermorris, and K. C. Koenen, 〈Pervasive trauma exposure among US sexual orientation minority adults and risk of posttraumatic stress disorder〉, American Journal of Public Health, 100(12), 2010. p2433.

- Roberts, A. L., M. M. Glymour, and K. C. Koenen, 〈Does maltreatment in childhood affect sexual orientation in adulthood?〉, Archives of Sexual Behavior 42(2), 2013, p161.

- Andersen, J. P. and J. Blosnich, 〈Disparities in adverse childhood experiences among sexual minority and heterosexual adults: Results from a multi-state probability-based sample〉, PLOS ONE, 8, 2013, e54691.

- Gartner, R. B., 〈Sexual victimization of boys by men: Meanings and consequences〉, Journal of Gay and Lesbian Psychotherapy, 3, 1999, p1.

- Cameron, P. and K. Cameron, 〈Do homosexual teachers pose a risk to pupils?〉, Journal of Psychology, 130(6), 1996, p603.

- Marvasti, J. A., and V. Dripchak, 〈The trauma of incest and child sexual abuse: Psychobiological perspective〉, 《Psychiatric treatment of victims and survivors of sexual trauma》 Springfield, IL: Charles C Thomas, 2004, p.3~18.

- Bieber I. and T. B. Bieber, 〈Male Homosexuality〉, Canadian Journal of Psychiatry, 24, 1979, p416.

- Kronemeyer R., 《Overcoming Homosexuality》, Macmillan Publishing Company, 1980.

- Rosario, M., E. W. Schrimshaw, J. Hunter, and L. Braun, 〈Sexual identity development among gay, lesbian, and bisexual youths: consistency and change over time〉, Journal of Sex Research, 43, 2006, p46.

- Galceran, J., R. Marcos-Gragera, M. Soler, A. Romaguera, A. Ameijide, A. Izquierdo, J. Borras, S. L. de Sanjose and J. Casabona, 〈Cancer incidence in AIDS patients in Catalonia, Spain〉, European Journal of Cancer, 43(6), 2007, p1085.

- Judith A. Reisman, Edward W. Eichel, 《Kinsey, Sex and Fraud》, Vital Issues Pr, 1990.

- Neil Whitehead, Briar Whitehead, 《My Genes made me Do It!》, Huntington House Pub., 2010, p.43~45.

- Dean H. Hamer, Stella Hu, Victoria L. Magnuson, Nan Hu, "A linkage between DNA markers on the X-chromosome and male sexual orientation", Science, Vol. 261(No. 5119), 1993, p321.

- George Rice, Carol Anderson, Neil Risch, George Ebers, "Male homosexuality: absence of linkage to microsatellite markers at Xq28", Science, Vol. 284(No. 5414), 1999, p665.

- 백상현, 〈국회토론회서도 "에이즈, 주로 男동성애로 유행"〉, 국민일보,

2015. 6. 24.

- http://news.kmib.co.kr/article/view.asp?arcid=0923131295&code=23111
  111&sid1=chr

- 재경일보USA, 〈9살 생일잔치, 남성들로부터 집단성폭행을 당해 동성
  애자가 됐던 한 소년이 목회자가 됐다!〉, 기독일보, 2016. 2. 7. http://
  kr.christianitydaily.com/articles/86763/20160207/9살-생일잔치-남성들
  로부터-집단성폭행을-당해-동성애자가-됐던-한-소년이-목회자가-
  됐다.htm

- 김경희, 〈'에이즈 관리 사각' 부잣집 아드님들〉, 부산일보, 2013. 1.
  14. http://news20.busan.com/controller/newsController.
  jsp?newsId=20130114000154

- 편집국, 〈왜 에이즈환자를 보훈대상자보다 더 떠받드나?〉, 미디어펜,
  2016년 2월 5일. http://www.mediapen.com/news/view/116465

- 보도자료, 〈2014 HIV/AIDS 신고 현황〉, 질병관리본부, 2015. 7. 22. http://
  www.cdc.go.kr/CDC/intro/CdcKrIntro0201.jsp?menuIds=HOME001-
  MNU1154-MNU0005-MNU0011&cid=64360

- 보도자료, 〈2014 HIV/AIDS 신고 현황〉, 보건복지부, 2015. 7. 22.
  http://www.mohw.go.kr/front_new/al/sal0301vw.jsp?PAR_MENU_
  ID=04&MENU_ID=0403&page=1&CONT_SEQ=324393

- CDC Fact Sheet, 〈New HIV Infections in the United States〉, Centers for
  Disease Control and Prevention, 2012. http://www.cdc.gov/nchhstp/
  newsroom/docs/2012/HIV-Infections-2007-2010.pdf

- Joint United Nations Programme on HIV/AIDS, 〈Global Report: UNAIDS reports on the global AIDS epidemic〉, UNAIDS, 2012, p26~27. http://www.unaids.org/sites/default/files/media_asset/20121120_UNAIDS_Global_Report_2012_with_annexes_en_1.pdf

- Timothy J. Dailey, 〈Comparing the Lifestyles of Homosexual Couples to Married Couples〉, Marriage Resources for Clergy, 2015. http://www.marriageresourcesforclergy.org/site/Articles/articles011.htm

- Matt Slick, 〈Statistics on sexual promiscuity among homosexuals〉, Christian Apologetics & Research Ministry. http://carm.org/statistics-homosexual-promiscuity

- Exodus, 〈Is Homosexuality Healthy?〉, Exodus Global Alliance, 2016. http://exodusglobalalliance.org/ishomosexualityhealthyp60.php

- John R. Diggs, Jr., 〈The Health Risks of Gay Sex〉, Catholic Education Resource, 2002. http://www.catholiceducation.org/en/marriage-and-family/sexuality/the-health-risks-of-gay-sex.html

- MagicBishop, 〈So You Still Think Gays Should Be Allowed?〉, Nairaland Forum, 2013. http://www.nairaland.com/1508935/still-think-gays-should-allowed

- 〈Canadian Community Health Survey-2003〉(2003년 캐나다 공중위생조사), Statistics Canada, 2004. 6.15. http://statcan.gc.ca/daily-quotidien/040615/dq040615b-eng.htm

- Anjani Chandra, Ph. D., William D. Mosher, Ph. D., and Casey Copen,

Ph. D., Division of Vital Statistics, National Center for Health Statistics; and Catlainn Sionean, Ph. D., Division of HIV/AIDS Prevention, National Center for HIV/AIDS, Viral Hepatitis, STD, and TB Prevention, 〈Sexual Behavior, Sexual Attraction, and Sexual Identity in the United States: Data From the 2006 – 2008 National Survey of Family Growth〉, National Health Statistics Reports, U.S. DEPARTMENT OF HEALTH AND HUMAN SERVICES, 2011. 3. 3. http://www.cdc.gov/nchs/data/nhsr/nhsr036.pdf

- Simon Rogers, 〈Gay Britain: inside the ONS statistics〉, The Guardian, 2010. 1. 16. http://www.theguardian.com/news/datablog/2010/sep/23/gay-britain-ons

- J. Elisabeth Wells,corresponding author Magnus A. McGee, and Annette L. Beautrais, 〈Sexuality groups and current sociodemographic characteristics〉, 《Multiple Aspects of Sexual Orientation: Prevalence and Sociodemographic Correlates in a New Zealand National Survey》, U.S. DEPARTMENT OF HEALTH AND HUMAN SERVICES, 2010. 6.22.

- http://www.ncbi.nlm.nih.gov/pmc/articles/PMC3081103/table/T5

- Michael W. Chapman, 〈Johns Hopkins Psychiatrist: Transgender is 'Mental Disorder;' Sex Change 'Biologically Impossible'〉, CNSNews.com, 2015. 6. 2. http://cnsnews.com/news/article/michael-w-chapman/johns-hopkins-psychiatrist-transgender-mental-disorder-sex-change

- 충격 다큐 〈나는 더 이상 게이가 아닙니다〉 www.rtmusa.org

- Sue Bohin, 〈Same Sex Marriage: A Facade of Normalcy〉, Probe Ministries,

2014. 10. 1. https://www.probe.org/same-sex-marriage-a-facade-of-normalcy/

Chapter 7 입법 전쟁_입법은 세계관을 뿌리 내린다

- 조영길, 〈'성적 지향'을 차별사유로 규정한 국가인권위원회법 조항의 부당성과 '성적 지향'을 차별사유에서 삭제하는 법 개정의 필요성〉, "국가인권위원회법 '성적지향 차별금지조항'의 폐해 및 삭제 개정의 필요성" 포럼, 바른성문화를위한국민연합과 강서시민연대, 2016. 1.26.

- 〈2008도2222 가혹행위 등 - 군형법상 추행의 의미〉, 대법원 2008. 5. 29. 선고 중요판결 요지, 대법원, 2008. 5. 29. http://help.scourt.go.kr/portal/news/NewsViewAction.work?seqnum=1452&gubun=4

- 〈2008헌가21 - 군형법 제92조 위헌제청〉, 판례집 23-1상, 헌법재판소, 2011. 3.31.

- 이안나, 〈(특집)"교사가 '멘토'라야지 '지식전달자'는 아니잖아요"〉, 중앙일보-캐나다한국인, 2012.11.26. http://www.cktimes.net/board_read.asp?boardCode=board_column_opinion&boardNumber=520

- 김도훈, 〈퀴어문화축제 개막식에 16개국 대사관이 참석해 성소수자 권리 지지를 선언하다〉, 허핑턴포스트코리아, 2015. 6.10. http://www.huffingtonpost.kr/2015/06/10/story_n_7549894.html

- 〈유엔이 동성애 우표 발행! - 이를 반대하는 서명운동이 벌어지고 있다〉, 건강한 사회를 위한 국민연대, 2016. 2.11.

http://blog.naver.com/pshskr/220623574512

- 홍지연, 〈오바마, 한국 '동성애차별금지법' 제정토록 특사 파견〉, 희망 한국, 2016. 2.11. http://hopekorea.net/m/page/detail.html?no=613

- 최연진, 〈訪韓한 긴즈버그 미국 대법관 "대법원이 소수자 인권 지켜 야"〉, 조선일보, 2015. 8. 5. http://news.chosun.com/site/data/html_dir/2015/08/05/2015080500132.html

- 박길자, 〈진선미 의원, "가족은 변한다… 생활동반자 법적 권한 보 장해야"〉, 여성신문, 2013. 6.12. http://www.womennews.co.kr/news/58489#.VsHvcDpxmUk

- 허재현, 〈법률로 동거가족 보호하는 '생활동반자법' 기대하시라〉, 한겨레, 2014. 9.12. http://www.hani.co.kr/arti/politics/politics_general/654953.html

- Richard Page, 〈Lord Chief Justice disciplines Christian Magistrate for belief about family〉, Christian Concern, 2015. 1.19. http://www.christianconcern.com/our-concerns/family/lord-chief-justice-disciplines-christian-magistrate-for-belief-about-family

- Kwabena Peat, 〈Teacher suspended for Christian beliefs〉, Christina Concern, 2009. 4.26. http://www.christianconcern.com/our-concerns/religious-freedom/teacher-suspended-christian-beliefs

- 〈Cross case nurse Shirley Chaplin plans to appeal ruling〉, BBC News, 2013. 1.15. http://www.bbc.com/news/uk-england-devon-21028691

- Duke Amachree, 〈Shock decision against Council worker sacked

for mentioning God〉, Christian Concern, 2010. 8.11. http://www.
christianconcern.com/our-concerns/religious-freedom/shock-decision-
against-council-worker-sacked-mentioning-god

- Tony Miano, 〈Street preacher arrested and held in custody for
meentioning sexual sin〉, Christian Concern, 2014. 1.9. http://www.
christianconcern.com/our-concerns/free-speech/street-preacher-
arrested-and-held-in-custody-for-mentioning-sexual-sin

- 이대웅, 〈'인권보도준칙' 발표 후… 동성애 지지보도 약 25%↑〉, 크
리스천투데이, 2014년 8월 14일) http://www.christiantoday.co.kr/
articles/274319/20140814/인권보도준칙-발표-후…-동성애-지지보
도-약-25-↑.htm

- 김조광수, 김승환, 〈혼인신고 불수리처분에 대한 불복신청서〉, 2014년,
52~53, 58~60쪽.

- 〈제3차 국민건강증진종합계획(HP2020, 2011~2020)〉, 보건복지부, 2011.
7. 22 442-457쪽. http://www.mohw.go.kr/front_new/jb/sjb030301vw.
jsp?PAR_MENU_ID=03&MENU_ID=0319&CONT_SEQ=257824&page=1

Chapter 8 동성결혼 합법화가 바꿔 버릴 세상

- Edward Gibbon, 강석승 역, 《로마제국쇠망사》(2판), 동서문화사, 2007.
- Ryan T. Anderson, 《Truth Overruled》, Regnery Publishing, 2015, p91~92.
- Ibid, p152~153.

- Sherif Girgis, Ryan T Anderson, Robert P George, 《What Is Marriage?: Man and Woman: A Defense》, Encounter Books, 2012.

- Wayne Grudem, 《Politics According to the Bible: A Comprehensive Resource for Understanding the Modern Political Issues in Light of Scripture》, Zondervan, 2010.

- 〈60대 동물성애자의 충격 고백〉, 코리아헤럴드 한국어판, 2015. 2. 2. http://www.koreaherald.com/view.php?ud=20150202001076

- 양새롬, 〈'동물매춘' 왕국 덴마크 빗발치는 원성에 결국 백기…불법화〉, 뉴스1코리아, 2015. 4.22. http://news1.kr/articles/?2197257

- 노승현, 〈워싱턴주, 美 50개주 최초로 주 전역서 화장실·샤워실·라커룸 혼용 허용〉, 재경일보USA, 2016. 1. 5. http://www.jknus.com/articles/777364/20160105

- 강경윤, 〈레즈비언 부부의 입양아들, 8세 성전환 '논란'〉, 나우뉴스 2012년 11월 20일. http://nownews.seoul.co.kr/news/newsView.php?id=20110930601011

- 〈동성결혼 합법화 후 메사추세츠의 변화1(공립학교 교육)〉, 건강한 사회를 위한 국민연대, 2014. 8.13. http://blog.naver.com/pshskr/220090771261

- 〈성경을 고쳐 쓰는 공립학교 동성애 교육……. 창세기의 역사를 바꾸다!〉, 에스더기도운동, 2013. 4.22. http://cafe.naver.com/goodnews1691/2866

- Bil Browning, 〈Sweet Cakes by Melissa Owners Still Won't Pay Marriage

Discrimination Fine〉, Advocate, 2015. 9. 30. http://www.advocate.com/
marriage-equality/2015/9/30/sweetcakes-melissa-owners-refuse-pay-
fine

- Kirsten Andersen, 〈Catholic couple fined $13,000 for refusing to host
same-sex 'wedding' at their farm〉, Life Site News, 2014. 8.20. https://
www.lifesitenews.com/news/catholic-couple-fined-13000-for-refusing-
to-host-same-sex-wedding-at-their

Chapter 9 동성애에 대처하는 그리스도인의 자세

- Nancy Piercy, 홍종락 역,《세이빙 다빈치》, 복있는사람, 2015, 53쪽.
- Nancy Piercy, 홍병룡 역,《완전한 진리》, 복있는사람, 2006, 31~32쪽.
- 앞의 책, 59쪽.
- John Stott, 정옥배 역,《현대 사회문제와 그리스도인의 책임》, IVP, 2011.
- 〈Are Young Evangelicals Skewing More Liberal?〉, ABC News, 2008. 2.10.
http://abcnews.go.com/Politics/Vote2008/story?id=4269824&page=1

Chapter 10 세상에서 거룩한 영향력을 발휘하라

- Helmut Thielicke, 윤종석 역,《현실과 믿음 사이》, 두란노서원, 2015.
- Richard J. Mouw, 홍병룡 역,《무례한 기독교》, 한국기독학생회출판부,
2014.

- John Stott, 신기현 역,《살아 있는 교회》, 한국기독학생회출판부, 2009.

- John Stott, 정옥배 역,《현대 사회 문제와 그리스도인의 책임》, IVP, 2011.

- David A. Noebel, 류현진, 류현모 공역,《충돌하는 세계관》, 꿈을이루는 사람들, 2013.

- Rosaria Champagne Butterfield, 오세원 역,《뜻밖의 회심》, 아바서원, 2014.

- Christian Fuhrer, 최용준 역,《그리고 우리는 거기에 있었다》예영커뮤니케이션, 2015.

에필로그

- 최윤식, 최현식 공저,《2020-2040 한국교회 미래지도 2》, 생명의말씀사, 2015, 14쪽.

- John Stott, 한화룡 역,《온전한 그리스도인》, IVP, 2014, 92쪽.

- Helmut Thielicke, 윤종석 역,《현실과 믿음 사이》, 두란노서원, 2015, 73쪽.

- John Bevere, 유정희 역,《Good or God? 무엇이 선인가》, 두란노, 2015.

- 〈2013년 한국 교회의 사회적 신뢰도 여론조사 결과발표 세미나〉, 기독교윤리실천운동, 2014, 2, 5, 11, 16쪽.